MW01406291

Elementary Old English:

An Introduction To The Language

by Mary K. Savelli

For ðǽm ðe scopcræft for his ġecynde selfes ne mæġ ġewendde wesan.

(Because poetry, by its very nature, cannot be translated.)

Preface

In high school, I read a translation of *Beowulf.* Ever since that time, I've wanted to be able to read the poem in Old English. It was not until 1993, however, that I set out to find an Old English textbook in order to teach myself the language. It surprised me when all I could find were books called *grammars.* I had only previously heard the term used to describe the rules of Modern English, never to describe a foreign language textbook. I decided to try Mitchell and Robinson's *A Guide to Old English.* I hoped I would be able to use the book as a beginner. I could. In fact, it turned out to be my primary source in learning the language. I kept thinking, however, that if I hadn't studied several languages in college, I wouldn't have understood what they were describing.

Later, I found Diamond's *Old English Grammar and Reader.* It might have been an easier first book. However, even though he says that his principle purpose is to present the language 'as simply and attractively as a modern language,'[1] he sets out the grammar as a *reference grammar.* A *reference grammar* explains the syntax and morphology of a language, arranged by category. These are intended for individual reference.[2] These were the only type of Old English grammars I was able to find.[3] There seemed to be a need for a *pedagogical grammar*, or a grammar arranged in easily digestible lessons, gradually increasing in difficulty.

And so, I decided to try my hand at writing an Old English textbook. Since Old English grammar is similar to German, I used *Elementary German* by Meyer and Bicknese for a model. I intend this book to serve as an introduction to the language only. Once you learn the basics, there are several Grammars where you can learn more. The best way to learn the nuances of the language, however, is to read works written in Old English.

The chapters cover all the basic rules of Old English and I have tried to use early West Saxon spellings throughout. Following the lessons are several appendixes. These include tables showing the major noun declensions and verb conjugations.[4] Appendix 6, containing its own Table of Contents, gives translations of the readings and answers to the exercise drills[5]. Following that are two glossaries, one Old English to Modern English and the other Modern English to Old.

I would like to take this opportunity to thank several people. I would like to thank Patience Murphy, Lyle Gray and J. Kirk Bonner for their suggestions and Frank Juszczyk, who took the time to read the complete work, catching numerous small errors. I would like to especially thank my husband, without whose support (and computer upgrades) I could never have undertaken this project.

Mary Savelli
February 1999

---

[1] Robert E. Diamond, *Old English: Grammar and Reader*, (Detroit: Wayne State University Press, 1970), p. 7.

[2] Tom McArthur, ed., *The Oxford Companion to the English Language*, (Oxford: Oxford University Press, 1992), p. 446.

[3] While this book was reaching its conclusion, I discovered Steve Pollington's *First Steps in Old English: An Easy to Follow Course for the Beginner* (Anglo-Saxon Books, 1997). It is a good introduction to the language.

[4] Old English grammars often use names for the noun declensions based on thematic vowels no longer present in the case endings. I have included some of these names in the Appendices.

[5] The answers given are not always the *only* correct answer.

Grammatical Terms

The **ablative** is a case used to express meanings shown in English through the prepositions *by*, *with* and *from*.[1]

with my friends in *I go to the store with my friends.*

Absolute is the term that indicates a word, phrase or clause, which stands apart from the other elements in the sentence.

when she arrived in *When she arrived, her husband was very angry.*

Accent is the stress or pitch prominence of a syllable. It is often shown with an acute mark or by showing the stressed syllable in bold.

bét-ter or ***bet**-ter*

The **accusative** is the case marking the direct object.

ball in *He throws the ball.*

The **active** is the voice showing the subject as the 'doer' of the action.

Bill throws the ball.

An **adjective** is a word that modifies a noun.

tall in *He is a tall man.*

An **adverb** is a word used to modify a verb, adjective or another adverb.

very in *He is a very tall man.*

An **affix** is an element added to a word or root to produce an inflected or derived form.

-s in *balls*

Agreement is the relationship between words in matters of number, person and gender.

he and *his* in *He gets into his car.*

An **antecedent** is the word or words in the sentence to which a relative pronoun refers.

man in *They welcomed the man who came to dinner.*

article (see 'determiner')

Aspect is the category of verbs used to refer to the way of looking at the time of the situation such as duration or completion. An example is the *continuous*.

auxiliary verb (see 'helping verb')

Case is a term for the set of forms for a noun, pronoun or adjective. An example is the *ablative*.

A **clause** is a sentence-like structure included within a sentence.

who is crying in *The boy who is crying lost his mother.*

A **cognate** is a word related to others by descent.

English *mother* German *mutter* Latin *mater*

The **comparative** is the second degree of an adjective or adverb.

better as opposed to *good* or *best*

Condition shows the relationship between one situation and another.

He'll come inside, if it starts to rain.

Conjugation is the inflection of a verb. For example, *does* is a conjugated form of the infinitive 'to do'.

A **conjunction** is a word used to connect words, phrases or clauses.

but in *He was late, but no one noticed.*

Continuous is the aspect of a verb that shows a process that is on-going.

He is learning to speak German.

The **dative** is the case expressing the indirect object.

to me in *He throws the ball to me.*

Declension is the inflection of a noun or adjective. For example, *balls* is a declined form of the noun 'ball'.

---

[1] These definitions are based on those found in Floyd L. Moreland and Rita M. Fleischer, *Latin: An Intensive Course*, (Berkeley: University of California Press, 1972), pp. , Roger Lass, *Old English: A Historical Linguistic Companion*, (*Cambridge*: Cambridge University Press, 1994), pp. 253-71, and Tom McArthur, ed., *The Oxford Companion to the English Language*, (Oxford: Oxford University Press, 1992).

The **definite article** is the technical term for the word *the* when introducing a noun or noun phrase.
Degree is the category of items used to express relative intensity.
good, better, and *best*
A **demonstrative** is a pronoun or determiner used to show the location or relationship of the object to the speaker.
this and *that* in *This chair is smaller than that one.*
A **dependent clause** is a clause that cannot function independently as a sentence.
who is crying in *The boy who is crying lost his mother.*
A **determiner** is a word that limits a noun or noun phrase.
a in *A boy left the room.*
A **diphthong** is a vowel sound that starts with one quality and moves to another.
ay in *day*
The **direct object** is the person or thing affected by the action of the verb.
ball in *Bill throws the ball.*
Direct speech gives an exact report of what was said, using quotation marks.
"I am happy to be here" in *He said, "I am happy to be here."*
Dual is the number marking nouns and adjectives representing two persons or things. For example, *both* is a dual adjective.
A **finite verb** is limited by person, number, tense, voice and mood.
am in *I am hungry.*
The **future** is the tense concerned with actions or states that have not yet occurred.
will climb in *He will climb the hill.*
Gender is the distinction of nouns and adjectives marked as masculine, feminine, or neuter.
he as opposed to *she* or *it*
The **genitive** is the case showing possession and analogous relationships. In Modern English, *-'s* or the preposition *of* usually expresses this case.
of cake in *Have a piece of cake.*
A **gerund** is a verbal noun.
traveling in *He loves traveling in the summer.*
A **helping verb** is a verb that combines with a following main verb to form a verb phrase.
is in *He is going to the market.*
An **idiom** is an expression unique to a language, especially a phrase that does not use its literal meaning.
kick the bucket in *The old man kicked the bucket.*
The **imperative** is the mood to express commands and requests.
come in *Come here!*
The **imperfect** is the past tense showing the continuous aspect.
was climbing in *He was climbing the hill.*
An **impersonal verb** is a verb found only in the third person singular.
rains in *It rains.*
The **indefinite article** is the word *a* or *an* when introducing a noun or noun phrase.
The **indicative** is the mood used to express statements of fact.
comes in *He comes here.*
The **indirect object** is the recipient of the direct object.
me in *He throws the ball to me.*
In **indirect speech,** verbs are generally back-shifted in tense and other changes occur.
he was happy being here in *He said that he was happy being here.*
Indo-European is the language family to which English belongs.
The **infinitive** is a verb not limited by person or number.
to go in *He wanted to go.*
Inflection is the grammatical form of a word. For example, *me* is an inflected form of 'I', showing it's use as the object of a sentence.
Inflectional morphology is the study of inflections.

An **intransitive verb** does not need an object.
ran in *He ran.*
The **instrumental** is the case explaining *by means of.*
by foot in *He traveled here by foot.*
An **interjection** is a term used for expressions of surprise, disgust and the like.
oops and *yuk*
An **interrogative** is the structure through which questions are asked.
Lexical morphology is the study of word formation.
Lexicology is the study of the nature, meaning, history and use of words.
A **linking verb** joins the subject to its complement.
is in *John is tall.*
Locative is the case showing the location of the action. In Modern English, the preposition *at* usually expresses this case.
at home in *She read the book at home.*
A **modal auxiliary** is a verb showing states such as ability or obligation.
must in *He must go home.*
Mood is the term that encodes modality in a verb, such as necessity or reality.
Morphology is the study of the structure of words.
A **noun** is a word class identifying persons and things.
man in *He is a tall man.*
Number is the category used in nouns and verbs describing singular, dual and plural.
objective case (see 'accusative' and 'dative')
A **paradigm** is a set of all the forms of a word.
A **participle** is a verbal adjective.
traveling in *He is a traveling salesman.*
The **passive** is the voice showing the subject being affected by the action.
The ball is thrown by Bill.
The **past** is the verb tense concerned with actions or states that no longer occur.
The **past participle** is used with the verb *to be* to form the passive voice and with the verb *have* to form the perfect.
driven in *He was driven to work.*
and *He has driven to work.*
The **perfect** is the aspect of a verb showing completion.
has learned in *He has learned to speak German.*
Person is the category applying to pronouns and verbs describing the role of people and things. These include first, second and third persons.
we, you, he, and *they*
Philology is the study of language, especially a written language in its cultural setting.
Phonology is the study of the sound patterns of words.
A **phrase** is a group of words in a sentence or clause.
in small groups in *They gathered in small groups.*
The **pluperfect**, or past perfect, is the tense that shows actions completed in the past.
had climbed in *He had climbed the hill.*
Plural is the number showing more than one. It shows more than two when a dual form exists.
men as opposed to *man*
The **positive** is the base form of an adjective or adverb as opposed to the comparative or superlative forms.
good as opposed to *better* or *best*
Possession is the concept of one person or thing belonging to another.
The **possessive adjective** is an adjective that expresses possession.
my in *It is my house.*
possessive case (see 'genitive')

The **possessive pronoun** is a pronoun that expresses possession.
mine in *The house is mine.*
The **predicate** is the part of a sentence that follows the subject.
throws the ball in *Bill throws the ball.*
The **predicate adjective** is the adjective which follows a linking verb, such as 'to be' or 'to become'.
tall in *He is tall.*
The **predicate nominative** is the noun that follows a linking verb.
warrior in *He is a warrior.*
A **prefix** is an affix added to the beginning of a word or base.
un- in *unhappy*
A **preposition** is a word used with a noun to indicate position, direction or some other abstract relationship.
to in *He gave it to me.*
The **present** is the tense concerned with actions or states that occur at the time of speaking or writing.
climbs in *He climbs the hill.*
The **present participle** is used with the auxiliary *to be* to form the progressive or continuous.
driving in *He was driving to work.*
The **preterite** is the simple past tense.
climbed in *He climbed the hill.*
A **pronoun** is a word that can substitute for a noun.
he in *Even though Mike was late, he came to the party.*
The **reflective pronoun** is a pronoun ending in *-self* used when the direct object reflects back to the subject.
myself in *I blame myself.*
The **relative clause** is a clause that provides information about the antecedent.
who came to dinner in *They welcomed the man who came to dinner.*
The **relative pronoun** is a pronoun that replaces the antecedent in a relative clause.
who in *They welcomed the man who came to dinner.*
The **root** is 1. the element left after all the affixes are removed.
help in *unhelpful*
2. the historical source of a word or group of related words.
3. the historical base of the word.
/wR/ > wor*m*
A **sentence** is the unit that expresses a complete thought.
Singular is the number showing one person or thing.
man as opposed to *men*
A **stem** is a term used in word-formation for a root (3) plus an element that fits it into the language.
/wR-m/ = worm
Stress is the property that makes some syllables of a word stand out.
A **strong verb** is a verb that indicates tense through vowel change.
ride, rode
The **subject** is the major constituent of a sentence.
Bill in *Bill throws the ball.*
subjective case (see 'nominative')
The **subjunctive** is a category of mood showing uncertainty or non-factuality. In Modern English, a modal auxiliary usually shows this mood.
might come in *He might come here.*
subordinate clause (see 'dependent clause')
A **suffix** is an affix added to the end of a word or base.
-ness in *happiness*
The **superlative** is the third degree of an adjective or adverb.
best as opposed to *good* or *better*

The **syllable** is the smallest unit of speech.

hap and *py* in *hap-py*

Syntax is the study of the way words combine to make phrases, clauses and sentences.

Tense is the category that expresses a verb's location in time. Examples are the *present* and the *preterite*.

A **transitive verb** is followed by an object.

throws in *Bill throws the ball.*

An **umlaut** is a change in the vowel sound caused by another vowel to its right.

A **verb** is a word that serves to indicate the occurrence of an action or the existence of a state.

The **vocative** is the case used in direct address.

Mark in *Mark, come here!*

Voice is the verb category showing the relationship of the subject and the object.

A **weak verb** is a verb that indicates tense through the addition of inflections.

play, played

Abbreviations Used in This Work

± may take the prefix **ġe**
+a use with the accusative case
adj adjective
adv adverb
anom anomalous
comp comparative
conj conjunction
+d use with the dative case
def art definite article
dem pron demonstrative pronoun
f feminine
+g use with the genitive case
+ind use with the indicarive mood
indef art indefinate article
inter pron interrogative pronoun
m masculine
n neuter
pers pron personal pronoun
pl plural
poss adj possessive adjective
pp preterite-present
prep preposition
pron pronoun
rel pron relative pronoun
supl superlative

Table of Context

Introduction

The Alphabet and its Pronunciation

The Anglo-Saxons adopted the Roman alphabet, adding symbols from their runic alphabet for sounds not found in Latin. These letters are **æ** (ash), **ð** (eth), and **þ** (thorn).[1]

Vowels

a as in cot and bother
Examples: **and** (and), **mann** (man)
ā as in father and ha
Examples: **gān** (to go), **hām** (home)
æ as in cat and trap
Examples: **ðæt** (that), **cræft** (art)
ǽ as in bad and had
Examples: **dǽd** (deed), **lǽst** (least)
e as in get or less
Examples: **feld** (field), **met** (manner)
ē as in bake and lake
Examples: **dēman** (to judge), **mēċe** (sword)
i as in trip and pick
Examples: **biddan** (to ask), **findan** (to find)
ī as in easy and machine
Examples: **flītan** (to quarrel), **wīf** (wife)
o as in flaw and fall
Examples: **folc** (people), **god** (God)
ō as in flow and go
Examples: **dōn** (to do), **scōl** (school)
u as in put and foot
Examples: **bufan** (above), **cuman** (to come)
ū as in loot and flute
Examples: **būtan** (but), **nū** (now)
y as in the German word *müssen* and the French *tu*
To pronounce, round lips as if to say (u), but pronounce (i). If you are unable to make this sound, pronounce as the diphthong in *fear*.
Examples: **ymbe** (around), **wyrd** (fate)
ý as in the German word *über* and the French *ruse*.
To pronounce, round lips as if to say (ū), but pronounce (ī). If you are unable to pronounce this sound, say (ū) as in flute.
Examples: **fýr** (fire), **lýtel** (little)

Diphthongs

Pronounce both vowel sounds, but say them close together.

ea (æ + a)
Examples: **bealu** (harm), **ealdor** (prince)

[1] They also used the letter *wynn* which represented the **w** sound.

ēa (ǽ + a)
Examples: **ċēapian** (to buy), **ġēa** (yes)
eo (e + o)
Examples: **ġeong** (young), **leornian** (to learn)
ēo (ē + o)
Examples: **brēost** (breast), **frēond** (friend)
ie (i + e)
Examples: **ġieldan** (to yield), **siex** (six)
īe (ī + e)
Examples: **hīeran** (to hear), **līefan** (to allow)

Consonants

Generally, consonants are pronounced as they are in modern English. Exceptions are listed below.

c as in cat and car
'Hard c' usually occurs before a, o, u, y, and consonants.
Examples: **cræft** (skill), **cuman** (to come)
ċ as in church and change
'Soft c' usually occurs before e and i and when doubled.
Examples: **ċēosan** (to choose), **reċċan** (to narrate)
f as in fair and fan
'Voiceless f' usually occurs at the beginning and end of words, when doubled, and before other voiceless consonants.
Examples: **findan** (to find), **eft** (again)
f as in van and very
'Voiced f' usually occurs between vowels and other voiced consonants.
Examples: **bufan** (above), **hēafod** (head)
g as in gear and gone
'Hard g' usually occurs before a, o, u, y and consonants.
Examples: **gān** (to go), **god** (God)
ġ as in year and young
'Soft g' usually occurs before e and i.
Examples: **ġeard** (yard), **ġeong** (young)
h as in hat and hand
'Soft h' usually occurs at the beginning of words.
Examples: **habban** (to have), **healdan** (to hold)
h as in the German word *ich* or the Scottish *loch*
Examples: **niht** (night), **dryhten** (lord)
s as in soap and sang
'Voiceless s' usually occurs at the beginning and the end of words, when doubled and when before another voiceless consonant.
Examples: **hors** (horse), **sendan** (to send)
s as in zoo and zip
'Voiced s' usually occurs between vowels and other voiced consonants.
Examples: **Frisan** (Frisian), **lōsian** (to be lost)

þ/ð as in this and thirst

The 'th' sound can be represented by either **þ** or **ð**. 'Soft' or 'voiceless ð' usually occurs at the beginning and end of words, and when doubled.[1]

Examples: **ðancian** (to thank), **wið** (with)

þ/ð as in that and though

'Hard' or 'voiced ð' occurs in the middle of words.

Examples: **niðer** (down), **hwæðer** (whether)

Letter Combinations

æġ/eġ/ēġ as in day and way

Examples: **dæġ** (day), **weġ** (way)

cg as in dodge and edge

Examples: **bycgan** (to buy), **ecg** (edge)

iġ as in silly and chilly

Examples: **hāliġ** (holy), **hrēmiġ** (boasting)

sc as in shoe and shot

Examples: **sculan** (should), **scip** (ship)

Additional Rules of Pronunciation

There are no silent letters. In words beginning with two consonants, pronounce both letters. For example: **cnēo** (knee) and **hlāf** (loaf). In words with double consonants, pronounce both letters. For example: **habban** (to have) and **winnan** (to win).

Accentuation

In polysyllables, accent the first syllable.

Examples: **hab**-ban (to have), **win**-nan (to fight)

When a prefix is added to a noun or an adjective, accent the first syllable.

Examples: **forð**-weard (advanced), **tō**-dæġ (today)

When a prefix is added to a verb, accent the second syllable.

Examples: for-**ġiet**-an (to forget), of-**slēan** (to kill)

The prefixes *be-* and *ġe-* are never accented.

Examples: be-**gān** (to traverse), ġe-**sīð** (companion)

Syllabication

When a disyllable contains one internal consonant, the word divides before the consonant.

Examples: **hlā-ford** (lord), **scu-lan** (should)

When the word contains two consonants, the word divides between the consonants.

Examples: **hab-ban** (to have), **sen-dan** (to send)

The combinations **cg** and **sc** do not divide.

Punctuation

In the Old English manuscripts, punctuation does not follow strict rules. In general, full stops were marked with two points at mid-level, divided by a comma, or with three dots. Pauses were marked with a diagonal slash or a single

[1] I have chosen to use **ð** throughout the text, because I felt it is unlikely to be confused with another letter.

dot. Scribes also used semi-colons, quotation marks, and question marks. For the convenience of beginning students, however, I use modern punctuation throughout the text.

1. Chapter One

1.1 Vocabulary

The vocabulary lists included with each chapter are alphabetical. The nouns are listed in their nominative singular form, followed by the nominative plural. They are listed with the definite article, which shows gender. In the case that the noun appears only in the plural form, the gender follows in square brackets. If the noun has an irregular declension, the genitive singular is shown in parentheses.

Verbs are listed with the number of the conjugation to which they belong. The three weak classes use roman numerals; the strong conjugations use arabic numbers. The listing also shows the principle parts of the verb. For strong verbs, this includes the third person singular preterite indicative, the plural preterite indicative, and the past participle. If the verb experiences a vowel change in the second and third person singular present tense, the third person present indicative form is listed before the other principle parts. Anomalous and Preterite-Present verbs, marked as "anom' or 'pp', show the first and second person singular present indicative forms and the first person singular preterite.

The adjectives and the prepositions, which include the case they require, are not marked as to function. Other words are listed with their function in parentheses. These include adverbs, conjunctions and idioms. All words that are preceded by the prefix *ge-* are listed alphabetically as if they have no prefix. When the prefix is optional, a ± is used.

ac (conj) but
ān (adj, indef art) a, an, one
and (conj) and, but, or
sēo **andswaru, -a** answer
(ðā) **Angle‡ [m]** English, England
bēon (anom) bēo, bist, wæs to be
sē **biscopstōl, -as** bishopric
(sēo) **Cantwaraburg** Canterbury, Kent
sēo **ċeaster, ċeastra** town
sē **cræft, -as** art
sē **cynestōl, -as** throne, royal city
sē **dæġ, dagas (dæġes)** day
ēadiġ happy
eald old
(ðæt) **Eoforwīċ** York, Yorkshire
for ðǣm (conj) because
(adv) therefore
sē **frēond, friend (frēondes)** friend
ðæt **folc, -** people
(ðā) **Frisa (Frisna) [m]** Frisia, Frisian
glæd glad, bright
gōd good
hē, hit, hēo, hīe (pers pron) he, it, she, they
sē **hlāford, -as** lord, husband
sēo **hlǣfdiġe, -an** lady
hū (adv) how
hwā, hwæt (inter pron) who, what
hwǣr (adv, conj) where
hwæt what
hwý (adv, conj) why
ġēa (adv) yes
hēr (adv) here
iċ, wit, wē (pers pron) I, we two, we
ðæt **lǣringmǣden, -mǣdnu** female pupil
sē **leornere, -as** student
±leornian (II) to learn, study
ġelīċ [+ d] like, alike
lýtel little, unimportant
(adv) little, slightly
sē **magister, magistras** teacher
ðæt **mæġden, mæġdnu** girl
mīn (poss adj) my
(pron) mine
nā (adv) no, never
sē **nama, -an** name
nān (adj, indef art) no, none, not a
ne (adv)‡‡ no, not
nīewe new, fresh
(ðā) **Norðhymbre (Norðhymbra) [m]** Northumbria, Northumbrian
nū (adv) now, immediately
of [+ d] out of, of
oft (adv) often
on [+ a *or* d] in, into, on, onto, to
±risne proper, fit
samod (adv) also, too
sēo **scōl, -a** school
sē, ðæt, sēo (def art, dem pron) the, that

(rel pron) who, which
±secgan (III) to say, speak
sēo **sprǣċ, -a** language, speech
ðæt **ġesprec, -u** talk, discussion
sēo **stōw, -a** site
stunt stupid
swa (adv, conj) so, thus
ðēs, ðis, ðēos (dem pron) this

ðū, ġit, ġē (pers pron) thou, you two, you
tō [+ a *or* d] to, into, as a
(adv) too, excessively
wes ðū hāl (idiom) hello
wesan (anom) eom, eart, wæs to be
(ðā) **West Seaxe (Seaxna) [m]** Wessex, West Saxons
ðæt **wīf, -** woman, wife
(sēo) **Witanċeaster** Winchester, Hampshire

‡Plural nouns denoting nationality can also be used as adjectives.
‡‡ The adverb **ne** is generally used only before finite verbs. **Nā** is used with all other words.

1.2 Reading

Ān Frisa Leornere on Cantwarabyriġ

Redbod sæġð:
Wes ðū hāl and gōdne dæġ! Mīn nama is Redbod and iċ eom Frisa. Ac iċ eom nū on Anglum. Hwǣr on Anglum? On Cantwarabyriġ. Iċ leornie hēr. Hwæt leornie iċ? Angle, ðā sprǣċe and ðæt folc. Ġēa, iċ eom leornere. Mīn frēond, Frēaġifu, is Angle. Is hēo samod leornere? Ġēa, hēo is ān mæġden and samod ān lǣringmǣden. Ac hēo ne is hēr, for ðǣm hēo on Witanċeastre leornað.

'Hit is tō stunt, Redbod,' sæġð hēo oft. 'Hwý ne eart ðū samod hēr on Witanċeastre?'

Mīn andswaru: 'Cantwaraburg is cynestōl and iċ eom of Frisum. Sēo ċeaster Cantwaraburg and sēo scōl sindon swa risne.'

Frēaġifu: 'And ne eart ðū ēadiġ on Witanċeastre?'

'O ġēa, ac Witanċeaster ne is Cantwaraburg. Mīn magister, Billferhð, hlāford, sæġð: "Witanċeaster is cynestōl and āne scōl is on Witanċeastre, ac Witanċeaster ne is biscopstōl ġelīc Cantwarabyriġ."'[1]

1.3 Grammar

1.3.1 The Noun System

Nouns have two numbers, (singular and plural), three genders, (masculine, feminine, and neuter), and four cases, (nominative, accusative, dative and genitive). Personal pronouns have a third number, (dual).

1.3.2 Uses of the Nominative

Subject
The subject is the word or words denoting the major constituent of the sentence.

Example: <u>Sē hlāford</u> sæġð. (<u>The lord</u> speaks.)

Predicate Nominative
When 'to be' or 'to become' is the only verb, it acts as an equal sign. Therefore, both the subject and the object are in the nominative.

Example: Sē hlāford is <u>sē magister</u>. (The lord is <u>the teacher</u>.)

[1]The Readings for Chapters 1-8 are based on the readings in Erika Meyer and Gunther Bicknese, *Elementary German*, 3rd ed. (Boston: Houghton Mifflin Co., 1976). The readings selected from this book were used because of their simple sentence structure. They do not necessarily reflect Anglo-Saxon life accurately.

Vocative
When you address someone by his or her name, you use the vocative.

Example: Billferhð, saga ðū! (Billfrith, speak!)

1.3.3 Nominative Forms

Strong Nouns
Masculine and feminine nouns differ from each other in several places. Neuter nouns differ from the masculine only in the nominative and accusative plural. There are two subclasses of neuter nouns. Type A has a short stem (a short vowel followed by a single consonant) and Type B has a long stem (a long vowel or a short vowel followed by two consonants) or two short syllables. For examples we will use **hlāford (m)** lord, **ġesprec (n)** discussion, **folc (n)** people, and **andswaru (f)** answer.

	Masculine-singular	Masculine-plural	Neuter A-singular	Neuter A-plural	Neuter B-singular	Neuter B-plural	Feminine-singular	Feminine-plural
Nominative endings	-	**-as**	-	**-u**	-	-	-	**-a**
Examples	**hlāford**	**hlāfordas**	**ġesprec**	**ġesprecu**	**folc**	**folc**	**andswaru**	**andswara**

Weak Nouns
Weak nouns take the same endings, regardless of gender. Masculine weak nouns end in **a** in the nominative singular; feminine weak nouns end in **e**.[1] The nominative singular takes no additional ending, while the plural adds **an**. For examples we will use **nama (m)** name and **hlǽfdiġe (f)** lady.

	Masculine-singular	Masculine-plural	Feminine-singular	Feminine-plural
Examples	**nama**	**naman**	**hlǽfdiġe**	**hlǽfdiġan**

Long-Stemmed Dissyllabic Nouns
Long-stemmed dissyllabic nouns, that is two-syllable nouns with a long first syllable and short second syllable, drop the medial vowel in the second syllable when taking an ending. For example, **mæġden**, but **mæġdnu**. This can also occur in short-stemmed dissyllabic nouns.

1.3.4 Adjectives

Adjectives must agree with the noun they modify in number, gender and case. For example, a masculine singular noun in the nominative is modified by an adjective using the masculine nominative singular ending. For an example we will use **nīewe** (new) and **eald** (old). They are like neuter nouns in that one is a short stem, and the other is a long stem. A long-stemmed adjective never takes **u** as an ending.

Strong Adjectives
Strong adjectives are used when they stand alone, without a definite article or a possessive pronoun. They generally precede the noun they modify. When two adjectives modify the same noun, that noun and a conjunction separate them.

Example: **eald ċeaster and lýtlu** (little, old town)

[1] Neuter weak nouns are rare.

	Masculine-singular	Masculine-plural	Neuter-singular	Neuter-plural	Feminine-singular	Feminine-plural
Nominative endings	-	**-e**	-	**-u**	**-u**	**-e**
nīewe	**nīewe**	**nīewe**	**nīewe**	**nīewu**	**nīewu**	**nīewe**
eald	**eald**	**ealde**	**eald**	**eald**	**eald**	**ealde**

Weak Adjectives

Weak adjectives are used whenever a definite article or a possessive pronoun already modifies the noun.

Example: **ðā ealdan hlāfordas** (the old lords)

	Masculine-singular	Neuter-singular	Feminine-singular	All-plural
Nominative endings	-	**-e**	**-e**	**-an**
Example	**eald**	**ealde**	**ealde**	**ealdan**

'Æ' Adjectives

Monosyllabic adjectives with the vowel **æ** change that vowel to **a** when the case ending begins with a vowel. For example, the nominative singular forms of **glæd** are **glæd, glæd,** and **gladu**.

Long-Stemmed Dissyllabic Adjectives

Long-stemmed dissyllabic adjectives lose the medial vowel only when they take an ending that begins with a vowel. For example, **lýtel, lýtlu**, but **lýtelre** (feminine genitive singular).

Pronouns and Articles

The indefinite articles **ān** and **nān**, as well as the possessive pronoun **mīn**, decline as adjectives. The demonstrative pronouns **sē** and **ðēs**, and the personal pronoun **hē**, have their own declension. The interrogative pronoun **hwā, hwæt** also declines.

	Masculine-singular	Neuter-singular	Feminine-singular	All-plural
the, that/those	**sē**	**ðæt**	**sēo**	**ðā**
this/these	**ðēs**	**ðis**	**ðēos**	**ðās**
he, it, she/they	**hē**	**hit**	**hēo**	**hīe**
who, what	**hwā**	**hwæt**[1]	**hwā**	--

Uses of the Definite Article: Sē, ðæt, sēo

Sē, ðæt, sēo is used, as in Modern English, as an article before a noun and can be translated as 'the' or 'that'. A noun, however, does not require an article. For example: **Guma gæð.** (The man goes.) The article can also stand alone as a pronoun or as a relative pronoun. As a pronoun, it can be translated as 'that (one)' and as a relative pronoun, 'who'. For example: **Sē sægð.** (That [man] speaks.) and **Hlāford sē sægð is sē magister.** (The lord who speaks is the teacher.)

First and Second Persons

The first and second persons include three numbers, singular, dual and plural. Unlike many modern languages, there is no formal 'you'.

	Singular	Dual	Plural
I, we two, we	**iċ**	**wit**	**wē**
thou, you two, you	**ðū**	**ġit**	**ġē**

[1] This is a relative pronoun. The adjective **hwæt** is declined like other 'Æ' adjectives.

1.3.5 The Anomalous Verbs: Bēon and Wesan

The verbs **bēon** and **wesan** both mean 'to be'. Their conjugations are irregular and must be memorized. Below are the present forms. The present forms of **bēon** can also be used with a future sense and mean 'will be'.[1]

Infinitive	**bēon**	**wesan**
First person	**bēo**	**eom**
2nd person	**bist**	**eart**
3rd person	**bið**	**is**
Plural, all persons	**bēoð**	**sindon**[2]

1.4 Pattern Drills

A. *Answer the following questions affirmatively.*
Example: Is ðæt mæġden hēr?
Ġēa, ðæt mæġden is hēr.

1. Is sē magister hēr?
2. Is sē hlāford hēr?
3. Is sē frēond hēr?
4. Is sē leornere hēr?
5. Is ðæt lǽringmǽden hēr?
6. Is Frēaġifu, hlǽfdiġe, hēr?
7. Is sē nama Angle?
8. Is ðæt mæġden stunt?
9. Is sēo ċeaster lýtlu?
10. Is sēo scōl eald?

B. *Answer the following questions affirmatively.*
Example: Is ðēos ān ċeaster?
Ġēa, ðēos is ān ċeaster.

1. Is ðēs ān magister?
2. Is ðēs ān leornere?
3. Is ðēs ān hlāford?
4. Is ðis ān mæġden?
5. Is ðēs ān nama?
6. Is ðēos ān andswaru?
7. Is ðēos ān sprǽċ?
8. Is ðis ān wīf?
9. Is ðis ān lǽringmǽden?

---

[1]When using the infinitive, the West Saxons preferred the use of **beon**.
[2] Occasionally, you will see **sind**, which is a shortened form of **sindon**.

C. *Answer in the negative, using the correct form of* nān.

Example: Is ðēs ān leornere?

Nā, ðēs is nān leornere.

1. Is Billferhð, hlāford, ān leornere?
2. Is Redbod ān magister?
3. Is sē hlāford ān lǽringmǽden?
4. Is ðēos ān scōl?
5. Is ðēos ān andswaru?
6. Is ðis ān mæġden?
7. Is ðēs ān nama?
8. Is ðēos ān ċeaster?

D. *Answer the following questions negatively, replacing each noun with the correct pronoun.*

Example: Is sē frēond hēr?

Nā, hē ne is hēr.

1. Is sē magister hēr?
2. Is Billferhð, hlāford, hēr?
3. Is ðæt lǽringmǽden hēr?
4. Sindon ðā leorneras stunte?
5. Is sēo andswaru gōd?
6. Sindon ðā andswara gōde?
7. Is sē frēond ēadiġ?
8. Is sēo ċeaster lýtlu?
9. Is sēo scōl eald?

E. *Restate the following sentences, using the noun or pronoun in parentheses as the subject, changing the verb and adjective as needed.*

Example: Sēo sprǽċ is eald. (ðā hlāfordas)

Ðā hlāfordas sindon ealde.

1. Iċ ne eom stunt. (ðū)
2. Ðū eart hēr. (sē magister)
3. Redbod ne is eald. (iċ)
4. Ġē sindon ēadġe. (ðā lǽringmǽdnu)
5. Ðū ne eart stunt. (wē)
6. Ðā ċeastra sindon ealde. (sēo scōl)
7. Wē sindon hēr. (ġit)
8. Frēaġifu is ēadġu. (hēo)
9. Sē leornere is hēr. (iċ)

F. *Change the following sentences from the singular to the plural.*

Example: Sē frēond ne is eald.

Ðā friend ne sindon ealde.

1. Ðæt wīf ne is hēr.
2. Sēo andswaru is gōd.
3. Sēo scōl is Angle.
4. Ðæt mæġden is ēadiġ.
5. Sē magister ne is eald.
6. Sē hlāford samod is hēr.
7. Sēo sprǽċ is eald.
8. Ðæt mæġden is lýtel.

1.5 Exercises

A. *Answer the following questions orally.*

1. Hwæt sæġð Redbod?
2. Hwǽr is Redbod nū?
3. Hwý is hē on Cantwarabyriġ?
4. Hwǽr eart ðū nū?
5. Hwæt leornað Redbod?
6. Hwæt leornast ðū?
7. Is Frēaġifu, hlǽfdiġe, ān leornere?
8. Is hēo ān lǽringmǽden?
9. Hwǽr leornað Frēaġifu, hlǽfdiġe?
10. Hwǽr is Witanċeaster?
11. Eart ðū stunt?
12. Eart ðū of Anglum?
13. Is Redbod on Cantwarabyriġ ēadiġ?
14. Is Billferhð, hlāford, ān leornere?
15. Eart ðū hēr ēadiġ?

B. *Fill in the blanks where necessary.*

1. Gōd__ dæġ, Redbod.
2. Ð_ lǽringmǽden is ān_ mæġden.
3. Hēo is nān_ leornere.
4. Hēo is ān_ lǽringmǽden.
5. Ān_ mæġden is hēr.
6. Sē_ andswaru is gōd_.
7. Sē_ magister ne is stunt_.
8. Ð_ leorner__ sindon hēr.
9. Ð_ lǽringmǽd__ samod sindon hēr.
10. Is sē_ hlǽfdiġe ēad __?
11. Is nān_ magister stunt_?
12. Sē_ sprǽċ is gōd_.
13. Ðū eart mīn_ frēond_.
14. Redbod leornað ān_ sprǽċ.
15. Ð_ mæġden is on Norðhymbrum.

C. *Change sentences 2-4, 6, 7, and 10-12 in Exercise B to the plural.*

D. *Supply* ðū, ġit, *or* ġē *as required.*

1. Hwæt sæġst ___, Redbod?
2. Eart ___ hēr, Frēaġifu?
3. Sindon ___ hēr, Redbod and Frēaġifu?
4. Hwǽr sindon ___, Redbod, Frēaġifu, and Billferhð?

E. *Form questions concerning the words in italics, introducing each with* hwæt, hwā, hū, *or* hwǽr *as required.*

Example: Sēo ċeaster is *eald.*
Hū is sēo ċeaster?

1. *Mīn frēond* is on Anglum.
2. Ðæt mæġden is *ēadiġ.*
3. Ðæt lǽringmǽden is *stunt.*
4. Witanċeaster is *ān cynestōl.*
5. Sē frēond is *on Eoforwīċe.*
6. Billferhð, hlāford, is *ān magister.*
7. Frēaġifu is *on Norðhymbrum.*
8. Sē is *ān nama.*
9. Sē leornere is *mīn frēond.*
10. Sēo ċeaster is *lýtlu.*

F. *Write the following sentences in Old English.*

1. Hello, Redbod.
2. Are you a teacher?
3. Freagifu is a female pupil.
4. She isn't stupid.
5. Where is Lord Billfrith?
6. Why is Redbod in Canterbury?
7. Is Freagifu a girl?
8. Where is she?
9. Are she and Lord Billfrith here?
10. Are you here, Redbod?
11. Why is the girl happy?
12. The answer is good; it isn't stupid.
13. Is the answer good?
14. Yes, it is good.
15. No, no answer is good.

1.6 Pronunciation Practice

Read the columns aloud from top to bottom, then from left to right.

a	**ā**	**æ**	**ǽ**	**e**	**ē**
and	gān	ðæt	dǽd	feld	dēman
mann	hām	cræft	lǽst	met	mēċe
habban	nāht	hwæðer	hlǽfdiġe	eft	ðēs
ðancian	lār	glæd	sprǽċ	ecg	sē
andswaru	bāt	ætsamne	sǽ	hremiġ	hēr
nama	rād	fæder	ǽfen	sendan	bēġen

2. Chapter Two

2.1 Vocabulary

±andswarian (II) to answer
āscian (II) to ask
sē **ǽfen, ǽfnas** evening
ǽfre (adv) ever
ǽlċ (adj, pron) each
ǽnliċ only
  ǽnlīċe (adv) only
ǽr (adv) soon, already
ætsamne (adv) together
besēon (5) [-siehð] -seah, -sāwon, -sewen [2] to visit
sē **±brōðor, - (brēðer)** brother
(sēo) **Bunne** Boulogne-sur-mer, France
sēo **burg, byriġ (burge)** fort, walled town
eahta eight
erian (I) to plow
fēower four
fīf five
for [+ a *or* **d]** for, during, before
fram [+ d] from, since, as a result of, about
±gān (anom) gā, gǽst, ēode to go
sē **ġeard, -as** yard
sē **guma, -an** man
habban (III) to have
hefiġ serious, heavy
hliehhan (6) hlōh, hlōgon, hlagen to laugh
lang long, tall
  lange (adv) long, far
man (pron) one
mǽst (adv) very much
miċel much, great, many
  (adv) much, greatly
mid [+ a *or* **d]** with, in
sēo **mil, -a** mile
ðæt **ġemōt, -** court
ðæt **mynster, mynstru** minster
nāht (adv) not, not at all
nigon nine
ōnettan (I) to hasten on
oð [+ a] until
oððe (conj) or
sēo **sǽ, sǽ (sǽ)**‡ lake, sea
scīene beautiful
seofon seven
siex six
stoppian (II) to stop
±strīenan (I) to acquire
±talian (II) to count
sēo **tīd, -a** time, hour
tīen ten
sē **tīma, -an** time
sē **tōdæġ, -dagas (-dæġes)** today
sē **tōmorgen, -morgnas** tomorrow
twēġen two
ðǽr (adv, pron) there
ðæt (adv, conj) that, so that
ðrīe three
ðurh [+ a, d, *or* **g]** through, during, by, by means of
  (adv) through, throughout
wið [+ a *or* **d]** with, against
  [+ g] towards
wiðūtan [+ d] outside of, except, without
±wyrċan (I) to work, make
ymbe [+ a *or* **d]** around, about

‡The noun **sǽ** shows declension only in the dative plural where it takes the form **sǽm**.

2.2 Reading

Ān Angle Hlāford on Bunnan

Frēaġife brōðor leornað on Bunnan. Hē besiehð ðæt ġemōt Æðelwulfes. Hē is ēadiġ ðǽr for ðǽm sēo ċeaster is mǽst scīenu. Hēo hæfð ānne ġeard and āne sǽ. Frēawine samod hæfð ǽr ānne frēond, Æðelswīðe.

'Hwý wyrċst ðū swa miċel?' hēo āscað. 'Fēower tīda ǽlċne dæġ is tō lange.'

'O, nā,' andswarað Frēawine. 'Man wrycð oft fīf tīda for ðæt ġemōt on Anglum.'

'Ac ðū hæfst swa oft nānne tīman for mē,' sægð Æðelswīð. 'Iċ samod wyrċe mǽst, ac iċ talie ðone tīman nāht. Iċ talie ǽnliċne tīman wiðūtan ðē.'

Frēawine hliehð and sægð, 'ðū eart tō hefiġu, Æðelswīð. Gāð wit tōdæġ ymbe siex oððe seofon ymbe ðā sǽ?'

Æðelswīð: 'Iċ sægð ðæt wit gāð tōdæġ ymbe eahta ymbe ðā sǽ, tōmorgen ymbe nigon ðurh ðone ġeard and...'

'Stopa!' andswarað Frēawine. 'Wes ðū hāl oð ðisne ǽfen ymbe siex.'

2.3 Grammar

2.3.1 Uses of the Accusative

Direct Object

This is the object of the main verb.

Example: Sē hlāford āscað ðone leornere. (The lord asks the student.)

With Some Prepositions

While most prepositions take the dative case, some take the accusative. Prepositions that can take either case usually use the accusative to show motion.

Example: Sē hlāford gǽð tō ðā sǽ. (The lord goes toward the sea.)

Extent of Time and Space

The accusative can be used to show a length of time or a distance of space.

Examples: Sē hlāford sægð ealne dæġ. (The lord speaks all day.)

Sē hlāford gǽð āne mīle. (The lord goes one mile.)

2.3.2 Accusative Forms

Strong Nouns

The masculine and neuter accusative endings are identical to the nominative endings. Feminine nouns differ only in the singular, taking the ending **e**. For example: **andsware, andswara**.

Weak Nouns

Masculine and feminine weak nouns take the ending **an** in both the singular and plural accusative. For example: **naman, naman**. Neuter nouns take the ending in the plural only. The accusative singular form of neuter nouns is always the same as the nominative singular.

Strong Adjectives

	Masculine-singular	Masculine-plural	Neuter-singular	Neuter-plural	Feminine-singular	Feminine-plural
Accusative endings	**-ne**	**-e**	**-**	**-u**	**-e**	**-e**
nīewe	**nīewne**	**nīewe**	**nīewe**	**nīewu**	**nīewe**	**nīewe**
eald	**ealdne**	**ealde**	**eald**	**eald**	**ealde**	**ealde**

Weak Adjectives

	Masculine-singular	Neuter-singular	Feminine-singular	All-plural
Accusative endings	**-an**	**-e**	**-an**	**-an**
Example	**ealdan**	**ealde**	**ealdan**	**ealdan**

Pronouns and Articles

	Masculine-singular	Neuter-singular	Feminine-singular	All-plural
the, that	**ðone**	**ðæt**	**ðā**	**ðā**
this	**ðisne**	**ðis**	**ðās**	**ðās**
he, it, she/they	**hine**	**hit**	**hīe**	**hīe**
who, what	**hwone**	**hwæt**	**hwone**	--

First and Second Persons

	Singular	Dual	Plural
I, we two, we	**mē**	**unc**	**ūs**
thou, you two, you	**ðē**	**inc**	**ēow**

2.3.3 Irregular Noun Declensions

'Æ' Declension Nouns

'Æ' nouns, such as **dæġ**, change the vowel to a simple **a** in the plural. For example: **dæġ, dagas**. This is true in all four cases.

'I-Mutation' Nouns

Some nouns change their root vowel to **e** or **ie**. They are called 'i-mutation' nouns. At one time in the history of the language an 'i' in the case ending caused a sound change. The vowel change occurs in the dative singular and the nominative and accusative plural. The other cases decline normally. For an example, we shall look at the full declension of **frēond** (friend).

	Singular	Plural
Nominative	**frēond**	**friend**
Accusative	**frēond**	**friend**
Genitive	**frēondes**	**frēonda**
Dative	**friend**	**frēondum**

2.3.4 Numerals

Numerals are adjectives, though only the numbers **ān**, **twēġen**, and **ðrīe** decline. **Ān** declines like other adjectives. Generally, if it is declined weak, it means 'only'. The declensions of **twēġen** and **ðrīe** are shown here.

Masculine/Neuter and Feminine	**twēġen/twā**	**ðrīe/ðrēo**
Genitive	**twēġra**	**ðrēora**
Dative	**twæm**	**ðrim**

2.3.5 The Verb System

The inflection of a verb is called a conjugation. Finite or inflected verbs are limited by five qualities, which are listed below.

Person

There are three persons. The first is represented in Old English by **iċ**, **wit**, and **wē**; the second person by **ðū**, **ġit**, and **ġē**; and the third by **hē**, **hēo**, **hit** and **hīe**.

Number

There are two numbers, singular and plural. Singular is used with one person or thing. Plural is used for two or more persons or things. The dual pronouns **wit** and **ġit** both take plural verbs.

Tense

Tense shows when the action takes place. In Old English, there are two tenses, present and preterite (or past). The present tense has three uses. They are a) simple present, b) continuous present and sometimes c) future. For example: **Sē hlāford sægð** can mean a) The lord speaks, b) The lord is speaking, or c) The lord will speak. The preterite will be discussed in a later chapter.

Voice

There are two voices, active and passive. Active means the subject performs the action. (I throw the ball.) Passive means the action is performed on the subject. (The ball was thrown by me.) Old English verbs normally have an active meaning. Like Modern English, a 'helping verb' must be used to express the passive voice.

Mood

There are three moods in Old English: indicative, subjunctive and imperative. Generally, the indicative expresses facts, while the subjunctive is used for conditional statements. The imperative is used for direct commands.

2.3.6 Conjugations

There are three weak conjugations and seven strong ones. The conjugation to which a verb belongs is determined by the way the past tense is formed. In Modern English, weak verbs show the past tense by adding the suffix **ed**. For example: **love, loved**. This is similar to the Old English suffix. Strong verbs change the stem vowel to show past tense. For example: **ride, rode**.

2.3.7 The Present Tense

Strong Verbs

The present tense of both strong and weak verbs is similar. The conjugation of the strong verbs will be shown first. For an example, we will use **hliehhan (6)** to laugh.

	Present endings	**hliehhan**
First person	**-e**	**hliehhe**
Second person	**-(e)st**	**hliehst**
Third person	**-(e)ð**	**hliehð**
Plural, all persons	**-að**	**hliehhað**

• It was common in the West Saxon dialect to simplify the forms by dropping the **e** in the second and third person endings. This makes verb stems ending in **d** or **t** difficult to pronounce. These forms are further simplified in the third person; verbs ending in **dð** and **tð** reduce the ending to **tt**.

• There is another common simplification with present tense strong verbs. When a plural verb precedes the first or second person pronoun, the ending is reduced to **e**. For example: **wē hliehhað**, becomes **hliehhe wē**.

Weak Verbs

Class I weak verbs fall into three categories. Type A have a double consonant, like **ōnettan**. Type B end in **ian**, as do Class II weak verbs. Type C have a long stem, like **strīenan**. These verbs take the same endings as the strong verbs, and also simplify the second and third persons. The weak forms, however, are less often reduced. The points to remember are that Type A drops the one of its double consonants in the second and third person (as **hliehhan** did) and Type B drops the **i** in the same spots.

Infinitive	**ōnettan**	**erian**	**±strīenan**
First person	**ōnette**	**erie**	**strīene**
Second person	**ōnet(e)st**	**er(e)st**	**strīenst**
Third person	**ōnet(eð)**	**er(e)ð**	**strīenð**
Plural, all persons	**ōnettað**	**eriað**	**strīenað**

- Class II weak verbs similarly lose the **i** in the second and third persons. Here, however, the endings in those two persons differ slightly and the verb is not simplified. For an example, we will use **leornian**.

	Class II endings	**leornian**
First person	**-e**	**leornie**
Second person	**-ast**	**leornast**
Third person	**-að**	**leornað**
Plural, all persons	**-að**	**leorniað**

Class III Weak Verbs: Habban and Secgan
Class III weak verbs are irregular in their conjugation. Here are the present forms of **habban** and **secgan**.

Infinitive	**habban**	**secgan**
First person	**hæbbe**	**secge**
Second person	**hæfst**	**sægst**
Third person	**hæfð**	**sægð**
Plural, all persons	**habbað**	**secgað**

2.4 Pattern Drills

A. *Answer the following questions negatively in the first person.*
Example: Talast ðū ðā dagas?
Iċ talie ðā dagas nāht.

1. Leornast ðū ðā sprǣċe?
2. Āscast ðū ðone frēond?
3. Āscast ðū ðā hlǣfdiġan?
4. Āscast ðū ðæt mæġden?
5. Hæfst ðū ðā andsware?
6. Besiehst ðū ðæt mynster?
7. Leornast ðū ðæt folc?
8. Talast ðū ðā leorneras?

B. *Restate the following sentences, replacing the definite article with the indefinite article.*
Example: Hē āscað ðæt mæġden.
Hē āscað ān mæġden.

1. Hē āscað ðone guman.
2. Iċ āscie ðone frēond.
3. Hē leornað ðā sprǣċe.
4. Wē besēoð ðā burg.
5. Sē leornere hæfð ðā andsware.
6. Billferhð gǣð ymbe ðā sǣ.
7. Wē gāð ðurh ðone ġeard.
8. Hēo wyrċð for ðone frēond.

C. *Change the nouns in the accusative to the plural.*
Example: Iċ āscie ðone hlāford nāht.
Iċ āscie ðā hlāfordas nāht.

1. Hēo āscað ðone leornere.
2. Iċ āscie ðā hlǣfdiġan.
3. Hē besiehð ðone magister.
4. Hē wyrċð for ðæt mæġden.
5. Hwý āscað hē ðæt wīf?
6. Hīe gāð ðurh ðone ġeard.
7. Hē ne gǣð ymbe ðā sǣ.
8. Wē leorniað ðæt folc.
9. Ðū āscast ðone guman nāht.

D. *Complete the following sentences with the correct form of the noun in parentheses and the correct definite article.*

Example: Hē wyrċð mid... (frēond)
Hē wyrċð mid ðone frēond.

1. Hē is mid... (magister)
2. Hē wyrċð for... (hlǣfdiġe)
3. Hē wyrċð for... (hlāford)
4. Wē gāð ymbe... (sǣ)
5. Wē gāð ðurh... (ġeard)
6. Wē wyrċð for... (burg)
7. Hē is hēr wið... (brōðor)
8. Wē sindon for... (mynster)

E. *Complete the following sentences with the correct form of the noun in parentheses and the correct indefinite article.*

Example: Hēo gǣð ðurh... (ġeard)
Hēo gǣð ðurh ānne ġeard.

1. Hē wyrċð for... (magister)
2. Hēo wyrċð for... (frēond)
3. Wē gāð ymbe... (sǣ)
4. Hē andswarað for... (mæġden)
5. Hīe gāð ðurh... (ġeard)
6. Hē gǣð ðurh... (mynster)

F. *Change the nouns in the accusative to the plural.*

Example: Hē gǣð for ðone frēond.
Hē gǣð for ðā friend.

1. Hē leornað fram ðā hlǣfdiġan.
2. Hēo gǣð ymbe ðā sǣ.
3. Wē wyrċð for ðone guman.
4. Ðū andswarast for ðæt mæġden.
5. Wē leorniað for ðone magister.
6. Hē ne gǣð ðurh ðone ġeard.
7. Hē ne wyrċð for ðone leornere.
8. Ġē andswariað for ðone frēond.

2.5 Exercises

A. *Answer the following questions orally.*

1. Leornað Frēawine on Bunnan?
2. Besiehð hē ān mynster?
3. Hwý is hē ðǣr ēadiġ?
4. Eart ðū hēr ēadiġ?
5. Hæfð Frēawine ǣr ānne frēond?
6. Hæfst ðū ānne frēond?
7. Wyrċð Frēawine miċel?
8. Hū lange wyrċð hē ǣlċne dæġ?
9. Hū lange wyrċð man oft for ðæt mōt on Anglum?
10. Hū lange wyrċst ðū ǣlċne dæġ?
11. Is ðæt tō miċel for ðē?
12. Hæfð Frēawine miċel tīman for Æðelswīðe?
13. Hwæt talað Æðelswīð nāht?
14. Hwý hliehð Frēawine?
15. Besiehst ðū oft āne sǣ oððe ānne ġeard?

B. *Underline the accusative nouns and pronouns in the reading.*

C. *Fill in the blanks where necessary.*

1. Hē hæ__ nān__ frēond.
2. Wit wyrc__ nān__ tīma_ tō lange.
3. Đ__ mæġden g__ ðurh ð___ ġeard.
4. Iċ hæ__ nān__ frēond.
5. Đū wyrċ__ ǣlċ__ dæġ_ for ān__ frēond.
6. Đ___ leorneras g_ ymbe ð___ sǣ.
7. Sē_ magister āsc__ ð___ leorneras.
8. Mīn__ brōðor g__ ymbe ð___ sǣ.
9. Sē_ guma hæ__ nān__ tīd_ for mīn__ brōðor.
10. Wē leorn__ hēr ǣlċ_ ǣfen.
11. Wē oft āsc__ and ðū nāht andswar__.
12. Hū oft āsc__ ðū mē, Frēawine?
13. Tal__ ðū mīn__ friend?
14. Đ___ hlāfordas bes__ nān__ mynster.

D. *Change everything possible to the plural in sentences 1, 3-5, 7, 11, and 12 in Exercise C.*

E. *Replace the nouns in italics with pronouns.*

1. *Sē leornere* āscað *ānne frēond.*
2. *Sēo sǣ* is scīenu.
3. *Sē magister* āscað *ðæt mæġden.*
4. Wē leorniað *ðā sprǣċe.*
5. *Sēo hlǣfdiġe* besiehð *ðæt mynster.*

F. *Write in Old English.*

1. She works for a teacher.
2. This is for you, Freawine.
3. Freagifu, do you visit the lake often?
4. The students are going through the yard.
5. My brother asks a friend: 'Do you have the time?'
6. He answers that he has no time.
7. Do you two study in England?
8. Lord Billfrith is often for the teachers.
9. I work much and my friend works four hours each evening.
10. We count: 'one, two, three, four, five, six, seven, eight, nine, ten.'

2.6 Pronunciation Practice

Read the columns aloud from top to bottom, then from left to right.

i	ī	y	ȳ	ie	īe
biddan	flītan	ymbe	fȳr	ġieldan	hīeran
findan	wīf	wyrd	lȳtel	siex	līefan
Frisan	fīf	dryhten	cȳðð	ġieta	strīenan
biscop	hwīlum	bycgan	cȳðan	ġefielled	scīene
iċ	sīðian	cynd	ðȳ	ierfian	tīen
risne	rīdan	wyrċan	hwȳ	fierd	ðrīe

3. Chapter Three

3.1 Vocabulary

andlang entire
(prep) [+ g] along, by the side of
āsettan (I) to put, set
beforan [+ a *or* d] before, in front of
behindan [+ a *or* d] behind
betweox [+ a *or* d] between, among
sē **±camp, -as** battle
clipian (II) to call
±cunnan (pp) cann, canst, cūðe to be acquainted with, know, can
ġecynde natural
ġecyndelīċe (adv) naturally
±dōn (anom) dō, dēst, dyde to do, make, act
dōnliċ active
ealneġ (adv) always
Ēasterliċ Pascal
ellenwōd zealous
±fiellan (I) to fell, destroy
findan (3) fand, fundon, funden to find, discover
±flītan (1) flāt, fliton, fliten to quarrel
forġietan (5) -ġeat, -ġēaton, -ġieten [+ a *or* g] to forget
forðweard progressing
sēo **forðweardnes, -sa** progress
ġief (conj) if, whether
ġieta (adv) yet, still
±hīeran (I) to hear
[+ d] to obey
hlūd loud
hlūde (adv) loudly
hwæðer (adj, adv, conj, pron) whether, which of two
hwīlum (adv) sometimes, once
sēo **lār, -a** learning, study
līefan (I) to allow
ġelīefan (I) to believe
macian (II) to make, do
ġemetliċ moderate, fitting
miċellīċe (adv) very
mildeliċ propitious
sē **munuc, muncas** monk
ne...ne (conj) neither...nor
ðæt **reċed, -** building, hall
±riht right, correct
(ðā) **Seaxe (Seaxna) [m]** Saxons, Saxony
siððan (prep, conj) [+ a] since, after
sē **sliten, -as** heretic
sōðliċ true
twēoniġendlīċe (adv) perhaps
ðā (adv, conj) then, when, at that time
ðætte (pron) that, that which
(conj) that, so that, in order that
ðe (rel pron) who, which, that
ðonne (adv, conj) then, when, than
under [+ a *or* d] under, beneath
sē **ūðwita, -an** scholar
wisliċ certain, true
wislīċe (adv) certainly, truly, indeed
wiðerræde rebellious
sēo **wiðerwenning, -a** controversy
ðæt **word, -** word
ðæt **±writ, -u** letter, treatise
±wrītan (1) wrāt, writon, writen to write
sēo **ġewyrht, -a** work
sē **wyrhta, -an** worker

3.2 Reading

Wiðerwenning oððe Forðweardnes

Redbod sægð:
Mīn frēond, Iōhann of Frisum, wrītt ān writ: 'Redbod, ðū eart nū on Cantwarabyriġ. Sēo burg is ġecyndelīċe miċellīċe scīenu. Ac hwā wislīċe leornað ðǽr? Iċ ealneġ hīerð ðæt ðæt mynster is wiðerræde. Fintst ðū ðæt sēo Ēasterliċ wiðerwenning is ðǽr?'

Iċ hlūde hliehe, for ðǽm miċel leorneras sindon ne wiðerrǽde ne mildeliċe, ac ellenwōd. Swa iċ andswarie Iōhann: 'Hit is riht ðæt sēo burg is scīene. Ac hit nis riht ðæt ðæt mynster is wiðerrǽde. Ðā leorneras oft flītað, ac hīe slitnas ne sindon.'

Hwīlum iċ āscie mē, ġief sēo scōl is forðweard. Miċel ġelīefað ðæt, for ðǽm miċlu reċed nīewu sindon. Hīe samod ġelīefað for ðǽm man ðæt word 'forðweardnes' hīerð swa oft. Ac iċ ne cann, for ðǽm ġesprec nis forðweardnes. Wislīċe flītað ðā leorneras hēr miċel, ac iċ ġelīefe ðæt hīe leorniað ǽnliċ lýtel. Twēoniġendlīċe is ðæt ġesprec swa miċel for hīe, ðæt hīe hwīlum forġietað hira lāra.

3.3 Grammar

3.3.1 Word Order

Normal Word Order

The most common word order is **SV(O)** (Subject-verb [object]).

Examples: Sē hlāford wrītt. (The lord writes.)

Sē hlāford wrītt ān writ. (The lord writes a letter.)

- This order can also be used after the conjunctions **and** and **ac**. A word can separate the subject and verb if it is an adverb or if the object is a pronoun.

Example: Sē hlāford hit drincð. (The lord drinks it.)

Other Word Orders

In questions the normal word order is **VS** (Verb-subject). This order is also used with some adverbs.

Examples: Wrītst ðū? (Do you write?)

Ðā hīerð Redbod. (Then Redbod hears.)

- The word order **S...V** (Subject...verb) is used especially in subordinate clauses and is common after the words **and** and **ac**. The verb may be followed by an adverbial extension.

Example: Sē hlāford ascað miċel, ac hē ðā andswara nīerð. (The lord asks much, but he doesn't hear the answers.)

Negatives

Ne (not) immediately precedes a finite verb.

Example: Sē hlāford ne drincð. (The lord doesn't drink.)

- **Ne** contracts when it precedes a verb that begins with a vowel, an **h**, or a **w**. It drops the **e** and the verb drops the **h** or **w**. Verbs beginning with **wi** change the **i** to **y**.

Examples: **ne + andswarian = nandswarian**

ne + hīeran = nīeran

ne + willan = nyllan

- **Nā** is used to negate words other than finite verbs.

Example: Nā hlāford hliehð ðonne hē ðǽr wyrċð. (No lord laughs when he works there.)

- Old English allows 'double-negatives'.

Titles

Titles follow the noun they modify.

Example: Ælfrǽd cyning (King Alfred)

3.3.2 Dependent Statements and Other Clauses

Dependent Statements and Questions

The conjunction **ðæt** or **ðætte** introduces dependent statements. The clause follows using the normal word order.

Example: Redbod sægð ðæt Frēaġifu is hēr. (Redbod says that Freagifu is here.)

• There are two types of dependent questions. The first are those introduced by an interrogative. They are similar to dependent statements. The second are questions with a choice of answers. These include yes/no answers. While these questions need no interrogative when they stand alone, they take either **ġief** or **hwæðer** as a conjunction when they are dependent.

Example: Redbod āscað hwæðer Æbbe besiehð ðæt mynster. (Redbod asks whether Æbbe visits the minster.)

Splitting 'Heavy' Groups

The Anglo-Saxons sometimes separated groups of words we would expect to find together. We have already discussed dividing two adjectives by the noun they modify and the conjunction **and**. Noun groups were also divided.

Example: Redbod gǽð ymbe ðone sǽ and Frēaġifu. (Redbod and Freagifu go around the lake.)[1]

Adjective Clauses

The relative pronoun introducing an adjective clause must agree in gender and number with the noun it modifies. There are four ways to introduce an adjective clause.

• The simplest way to introduce the clause is to use the relative pronoun **ðe**. The disadvantage to this is that the pronoun is indeclinable and thus we do not always know which noun it represents.

Example: Sē hlāford hierð ðone guman ðe sægð. (The lord hears the man who speaks.)

• The second way is to combine the personal pronoun with **ðe**. The pronoun takes its case from its function within the clause. When the first or third person pronoun is used, **ðe** follows. When using the second person, **ðe** precedes the pronoun. **Ðe** always precedes any preposition that modifies it.

Example: Sē hlāford hierð ðone guman hē ðe sægð. (The lord hears the man, [he] who speaks.)

• The third method is to use the definite article **sē, sēo, ðæt**. This can be confusing if the sentence uses more than one pronoun.

Example: Sē hlāford hierð hine sē sægð. (The lord hears him who speaks.)

• The last method is to follow the definite article with **ðe**. The article can take it's case from it's function in the clause. In early Old English, however, it was more common to use the case of the antecedent.

Example: Sē hlāford hierð ðone guman ðone ðe sægð. (The lord hears the man, [he] who speaks.)

3.3.3 Independent Questions

Independent questions that have a choice (either stated or implied) can be asked in one of two ways.

• The question can take the word order **VS**.

• The question can be introduced by **hwæðer [ðe]** and take the word order **S...V**.

Example: Hwæðer ðū ān writ wrītst tōdæġ? (Do you write a letter today?)

3.3.4 Ðā and Ðonne

These words are used in temporal clauses, meaning 'when...then' or 'then...when'. The 'then' clause takes the word order **VS**, and the 'when' clause uses the order **SV** or **S...V**.

• While **ðā** and **ðonne** can both mean 'when', they are used in different circumstances. Use **ðā** when a single act takes place at a known time. Use **ðonne** when a single act takes place at an unknown time or when multiple acts take place.

Example: Ðonne hē gǽð, ðonne siehð hēo hine. (When he goes, then she'll see him.)

---

[1]Notice the Old English uses the singular verb.

3.4 Pattern Drills

A. *Restate the following sentences, using the last word to begin the sentence, changing the word order as needed.*

Example: Hē besiehð mē wislīċe.
Wislīċe besiehð hē mē.

1. Ðæt mæġden is hēr.
2. Hē leornað ealneġ.
3. Wē ġelīefað hit ġieta.
4. Sē brōðor cann ðæt ġecyndelīċe.
5. Iċ hīere ðæt oft.
6. Hīe forġietað ðā lāra hwīlum.
7. Sē magister hliehð hlūde.
8. Ðā leorneras flītað miċellīċe.

B. *Answer the following questions in the affirmative, replacing the object with a pronoun and arranging the word order accordingly.*

Examples: Is Billferhð ān hlāford?
Ġēa, Billferhð hē is.

1. Besiehð hē ðā burg?
2. Sindon ðā leorneras ðā slitnas?
3. Hīerð man ðæt word?
4. Āsciað ðā lǽringmǽdnu ðone magister?
5. Eart ðū sē leornere?
6. Talað Frēaġifu ðā tīda?
7. Hæfð Frēawine ān frēond?
8. Cann Redbod ðæt writ?

C. *Combine the two sentences, using* ðæt *or* ġief *as required.*

Example: Redbod andswarað. Hē nis ān flītere.
Redbod andswarað ðæt hē nis ān flītere.

1. Frēawine sægð. Ðā reċed on Cantwarabyriġ sindon nīewu.
2. Man hīerð. Ðæt word is forðweardnes.
3. Mīn brōðor āscað. Leornast ðū on Eoforwīċe?
4. Iċ secge. Iċ hæbbe ðone tīman for lāre.
5. Sē magister āscað. Andswariað ðā leorneras?
6. Ðā leorneras andswariað. Sē frēond cann miċel.
7. Man hīerð. Flītað ðā hlāfordas?

D. *Negate the following sentences using the word* ne.

Example: Iċ hīere ðā andsware.
Iċ nīere ðā andsware.

1. Hēo āscað ðone magister.
2. Iċ forġiete ðā lāra.
3. Billferhð andswarað Frēaġife.
4. Hīe cunnon Westmynster.
5. Sēo andswaru is riht.
6. Sēo scōl is miċellīċ wiðerrǽd.
7. Hēr eom iċ ēadiġ.
8. Iċ eom ēadiġ hēr.

E. *Restate the sentences as temporal clauses, using* ðonne *and changing the word order as needed.*

Example: Hīe habbað tō miċel tīman and hīe flītað.
Ðonne hīe habbað tō miċel tīman, ðonne flītað hīe.

1. Ðā leorneras sindon hlūde and hē nīerð mē.
2. Ðæt reċed is nīewe and iċ ne cann hit.
3. Hit is scīene ðǽr and hīe gāð ymbe ðā sǽ.
4. Wē flītað and wē forġietað ðā lāra.
5. Hē wyrċð and sē magister nliehð.
6. Hē hæfð ðone tīman and hē besiehð mīnne brōðor.
7. Iċ hæbbe ġewyrhte and iċ ne gā ðurh ðone ġeard.
8. Ðā leorneras flītað and hīe forġietað ðā lāra.

3.5 Exercises

A. *Answer the following questions orally.*

1. Hwā is Redbodes frēond?
2. Hwǽr is hē?
3. Hwǽr eart ðū?
4. Hū is sēo burg Cantwaraburge?
5. Hīerð Iōhann ðæt ðæt mynster is forðweard?
6. Hwý hliehð Redbod?
7. Hliehst ðū oft?
8. Hwæt is riht on ðǽm write?
9. Is ðæt mynster wiðerrǽde?
10. Hwý ġelīefað miċel ðæt ðæt mynster is forðweard?
11. Hwæt hīerð man oft on Cantwarabyriġ?
12. Is ġesprec forðweardnes?
13. Leorniað ðā leorneras miċel on Cantwarabyriġ?
14. Ġelīefst ðū ðæt ðā leorneras hēr leorniað miċel?
15. Hwæt forġietað ðā leorneras hwīlum?

B. *Restate the following sentences, beginning each with the word in italics.*

1. Ðū *nū* eart on Witanċeastre.
2. Ðā leorneras *oft* flītað.
3. Miċel *hwīlum* ġelīefað ðæt.
4. Wē wyrcað *ǽlċne dæġ* eahta tīda.
5. Hīe cunnon ðā writu *miċellīċe*.

C. *Connect the following statements, using the conjunction indicated.*

1. Iċ ne cann Angle. Iċ cann Ealde Seaxe. (ac)
2. Redbod is Frisa. Hē leornað on Cantwarabyriġ. (and)
3. Hīe ġelīefað. Sēo hlǽfdiġe forġeat ðā lāra. (ðæt)
4. Sē magister āscað ðæt lǽringmǽden. Wyrċð hēo tōdæġ? (hwæðer)
5. Mīn frēond wrīt. Hē leornað on Witanċeastre. (ðæt)
6. Billferhð hliehð hlūde. Ðæt nis riht. (ðonne...ðonne)
7. Iċ ne cann. Hwý flītað ðā leorneras? (--)
8. Wē oft hīerað. Sēo scōl is wiðerrǽd. (ðæt)
9. Ðā leorneras leornað lýtel. Ðæt ġesprec is swa miċel for hīe. (for ðǽm)

D. *Write the following in Old English.*

1. The students don't quarrel often.
2. Does Billfrith write that the female pupils know York?
3. I'm studying in Canterbury, because the city is pretty.
4. The school isn't new.
5. Redbod is happy in Winchester, because Freagifu is there.
6. The teacher is not a heretic, but he is zealous.
7. I hear that they quarrel with him.
8. Talk isn't progress.
9. Today, study isn't great (important) for them.

3.6 Pronunciation Practice

Read the columns aloud from top to bottom, then from left to right.

o	**ō**	**u**	**ū**
f**o**lc	d**ō**n	b**u**fan	b**ū**tan
g**o**d	sc**ō**l	c**u**man	n**ū**
of	st**ō**w	sc**u**lan	hl**ū**d
f**o**r	l**ō**sian	st**u**nt	**ū**ðwita
w**o**rd	t**ō**	c**u**nnan	r**ū**m
oððe	br**ō**ðor	d**u**r**u**	br**ū**can

4. Chapter Four

4.1 Vocabulary

æfter [+ d] after, along
[+ a] for
(adv) after, afterwards
æt [+ d] at, toward, near
sēo **bāt, -a** boat, ship
be [+ d] by, with, about, concerning
bēġen both
beġietan (5) beġeat, beġēaton, beġieten to receive, attain
beorht bright
ðæt **bord, -** table
bufan [+ a *or* d] over, on
sēo **ċiriċe, -an** church
sē **cuma, -an** guest
sē **cynedōm, -as** kingdom
sē **cyning, -as** king
sēo **cýðð, -a** home
dēore dear, costly
sēo **duru, -a (dura)** door, gate
ēac [+ d] besides
(adv) also
sē **ealdor, ealdras** parent
[pl] ancestors
ðæt **efenweorod, -** band of comrades
sē **ende, -as** end, border
sē **eorl, -as** earl, warrior
sē **fēond, fiend (fēondes)** fiend, devil
for [+ a *or* d] on account of, instead of, because of
(conj) for
sēo **frēolstīd, -a** feast-day
ðæt **ġear, -u** year
ġiefan (5) ġeaf, ġēafon, ġiefen [+ a *or* d] to give
ġieldan (3) ġeald, guldon, golden to pay
ġeond [+ a] throughout
±helpan (3) (hilpð) healp, hulpon, holpen [+ d *or* g] to help, support
sē **hīredmann, -menn (-mannes)** retainer
sēo **hwīl, -a** while
lǽst (supl) least
lēoht light [*not heavy*], easy
mā (adv) more, longer
sē **ġemāna, -an** company
māra more, greater
māre (adv) in addition, more
nā mā (indcl adj, adv) no more
nēah [+ d] near, close to
ofer [+ a *or* d] over, in spite of, contrary to
onġēan (adv) opposite, back, again
sē **plega, -an** play
plegian (II) to play
±rīdan (1) rād, ridon, riden to ride, sail
sēon (5) (siehð) seah, sāwon, sewen to see, appear
±sittan (5) sæt, sæton, seten to sit
sīðian (II) to travel
±standan (6) (stent) stōd, stōdon, standen to stand, remain
sēo **strǽt, -a** street
sē **strēam, -as** stream
trīewe true
±ðancian (II) [+ d *of person*, g *of thing*] to thank
ðiċċe thick
unġelīċ different
sē **wæġn, -as** wagon
wel (adv) well, very
yfel bad

4.2 Reading

Wyrhtan oððe Flītan

For ðǽm hīe habbað gewyrhte, Frēawine ne fint tīman for dagum and Æðelswið tō gānne ðā sǽ oððe ðone ġeard. Ac on ānre frēolstīde, gāð hīe on ðone ġeard and sēoð ānne plegan. On him flītað ðā muncas wið ðǽm fiend and ðā leorneras.

'Hit is wel yfel ðæt ðā hīredmenn ne cunnon helpan,' sægð Frēawine æfter tō Æðelswiðe. 'Hīe nabbað hit lēoht.'

Bēġen sittað æt ānum borde on ðǽm reċēde and secgað mid ānum efenweorode. Ān leornere andswarað, 'Ac æt lǽstum sindon hīe dōnliċe! Tōdæġ sindon wē hēr on Bunnan dōnliċe nāht.'

'Wislīċe is hit swa,' clipað Æðelswið. 'Hit is ġearu siððan ðǣr is wiðerwenning æt ðǣm ġemōte. Ðā muncas nā mā gāð on ðā strǣta.'

'Is hit unġelīċ on Anglum?' āscað ān mæġden.

Frēawine andswarað hīe. 'On Anglum ġielt sē cynedōm miċel for ðǣre ċiriċe and for ðǣm muncum. Ac ðā muncas ne ðanciað ðǣm cynedōme for ðǣre forðweardnesse æt ðǣre ċiriċe. Hīe oft flītað. On Bunnan beġiet ðā muncas nā swa miċel fram ðǣm cynedōme and sēo gewyrht is māran dēor tō him. For ðǣm hēr wrycð man miċel māran.'

4.3 Grammar

4.3.1 Uses of the Dative

There are five uses specifically for the dative. Since not all nouns and adjectives have an instrumental case, the dative case also takes the uses of that case. Those will be discussed in a later chapter.

Indirect Object
This is often, but not always, introduced by a preposition. The noun or pronoun can precede the preposition. The preposition may also be understood.

Example: Sēo hlǣfdiġe sæġð hit tō him. (The lady says it to him.)

Possession
The dative can take the role of the genitive in showing possession.

Example: Hit is him on heafde. (It is on his head.)

Adverbial Phrases
Adverbs and adverbial phrases may be formed using the dative form of a word.

Example: Hē is ēadiġ hwīlum. (He is happy sometimes.)

Dative Absolute
This is formed with a participle and will be discussed in a later chapter.

Required Dative
Some prepositions, adjectives and verbs take the dative. When a preposition can take either the dative or the accusative, generally the accusative is used to show motion and the dative to show rest.

Example: Hē ðancað ðǣm wyrhtan. (He thanks the worker.)

4.3.2 Dative Forms

Nouns
All three genders of strong nouns show the same endings in the dative. This is also true of weak nouns. For examples of strong nouns, we will use **hlāford** and **folc**. For an example of a weak noun, we will use **hlǣfdiġe**.

	Strong endings	**hlāford**	**folc**	Weak endings	**hlǣfdiġe**
Singular	**-e**	**hlāforde**	**folce**	**-an**	**hlǣfdiġan**
Plural	**-um**[1]	**hlāfordum**	**folcum**	**-um**	**hlǣfdiġum**

[1]You will notice all nouns and adjectives, weak and strong, have **um** in the dative plural.

Adjectives
The weak adjective endings are the same as those for the weak nouns. The strong adjective dative endings are given here, using **eald** for an example.

	Masculine-singular	Neuter-singular	Feminine-singular	All-plural
Dative endings	**-um**	**-um**	**-re**	**-um**
eald	**ealdum**	**ealdum**	**ealdre**	**ealdum**

Pronouns and Adjectives

	Masculine-singular	Neuter-singular	Feminine-singular	All-plural
the, that	**ðǽm**	**ðǽm**	**ðǽre**	**ðǽm**
this	**ðissum**	**ðissum**	**ðisse**	**ðissum**
he, she, it/they	**him**	**him**	**hire**	**him**
who, what	**hwǽm**	**hwǽm**	**hwǽm**	--

First and Second Person Pronouns
The dative forms of these pronouns are the same as the accusative forms.

4.3.3 Irregular Declensions

The Irregular Noun: Burg
The irregular feminine noun **burg** declines similarly to the 'I-Mutation' nouns. It uses the nominative form as the accusative singular, and declines regularly in the dative and genitive plural. The nominative and accusative plural, and the dative singular forms are **byriġ**.
The Irregular Adjective: Bēġen
The adjective **bēġen** declines like the numeral **twēġen**. The neuter and feminine nominative and accusative forms are **bā**. The dative form for all three genders is **bæm** and the genitive is **bēġra**.

4.3.4 The Contracted Verb: Sēon

Sēon is a contracted verb and conjugates in a slightly irregular manner. If you know how to conjugate strong verbs and use **sēon** as an example, the contracted verbs should give you no problem. The present tense forms are **sēo, siehst, siehð,** and **sēoð**.

4.4 Pattern Drills

A. *Change the definite article to the indefinite article.*
Example: Iċ ðancie ðǽm friend.
Iċ ðancie anum friend.

1. Hēo gǽð of ðǽre byriġ.
2. Wē gāð mid ðǽm menn.
3. Iċ secge hit ðǽm leornere.
4. Hē sitt æt ðǽre sǽ.
5. Wē helpað ðǽm efenweorode.
6. Iċ ġiefe hit ðǽre hlǽfdiġan.
7. Hit is hlūd on ðǽm reċēde.
8. Hēo sægð mid ðǽm mæġdne.

B. *Answer the following questions in the affirmative, using the dative form of the first person singular pronoun.*
Example: Wyrċð hē be ðē?
Ġēa, hē wyrċð be mē.

1. Wrītt hē ðē ān writ?
2. Sægð hē ðē miċel?
3. Wrītt hē ðē oft?
4. Ġelīefð hē ðē ealneġ?
5. Ġiefað ðā leorneras ðē ðā ġewyrhte?
6. Helpað ðā magistras ðē hwīlum?

C. *Add prepositional phrases using the words in the parentheses.*

Example: Iċ gā tōdæġ. (of...sēo burg)
Iċ gā tōdæġ of ðǣre byriġ.

1. Iċ cann ðæt ġesprec. (siððan...ān ġēar)
2. Wē besēoð Angle. (mid...sē frēond)
3. Hīe sittað ðǽr. (siððan... ān tīd)
4. Ġieta gǽð hēo. (of...ðæt reċed)
5. Beġietað ðā leorneras wel miċel? (fram...sē cynedōm)
6. Ǽlċne ǽfen gǽð hē. (tō...sēo sǽ)
7. Iċ ne sēo ðē oft. (be...sē wyrhta)
8. Wē oft flītað. (æfter...sē plega)

D. *Answer affirmatively, changing nouns to pronouns whenever possible.*

Example: Gǽð hē tōdæġ mid ðǽm friend?
Ġēa, tōdæġ gǽð hē mid him.

1. Sægð hē oft be ðǽm magistre?
2. Gǽð hēo tōdæġ mid ðǽre hlǽfdiġan?
3. Beġietað wē miċel tō ðǽm cynedōme?
4. Fint man ðē oft nēah Frēawine?
5. Is hē ealneġ mid ðǽm efenweorode?
6. Gǽð hē ġieta tō Frēaġife?
7. Sægð hēo miċel be ðǽm cynedōme?

E. *Change the indefinite articles to definite articles.*

Example: Hē is on ānre byriġ.
Hē is on ðǽre byriġ.

1. Iċ gā æt ānum end.
2. Hēo wyrċð on ānum reċēde.
3. Hē sitt æt ānum borde.
4. Ðæt writ is on ānum borde.
5. Wē sindon on ānum ġearde.
6. Wē gāð on ānne ġeard.
7. Hīe sindon beforan ānum ġearde.
8. Hīe gāð behindan ān reċed.
9. Hēo sitt on ānum reċēde.

4.5 Exercises

A. *Answer the following questions orally, replacing nouns with pronouns whenever possible.*

1. Hwý ne gǽð Frēawine for dagum and Ǽðelswið on ðone ġeard?
2. Hwone on gāð hīe on ānre frēolstīde?
3. Hwæt sēoð hīe ðǽr?
4. Hwǽm wið flītað ðā muncas on ðǽm plegan and ðā leorneras?
5. Hwæt is wel yfel?
6. Hwǽr sittað Frēawine and Ǽðelswið?
7. Hwǽm mid sittað hīe ðǽr?
8. Sindon ðā muncas on Bunnan tōdæġ miċel dōnliċ?
9. Hwone on gāð ðā muncas nā mā?
10. Hwǽm for ġielt sē cynedōm on Anglum?
11. Hwǽm ne ðanciað ðā muncas ðǽr?
12. Hwý wyrcað ðā muncas on Bunnan māra?

B. *Fill in the blanks where needed.*

1. S__ leornere gǽð ymbe ān__ sǽ.
2. Nēah ð__ leornerum sitt ān__ lǽringmǽden.
3. Wē gāð ðurh ān__ burg.
4. Ð__ friend sittað on ān__ reċede.

5. Ð__ reċed sindon scīenu.
6. Wē gāð of ð__ burg on ð__ ġeard.
7. On ð__ ġearde is ān sǣ.
8. Betweox ð__ scōle and ð__ mynstre is ān__ strǣt.
9. Iċ leornie ð__ sprǣċe siððan ān__ ġēar.
10. Gǣst ðū æfter ð__ ġewyrhte on ð__ ġeard?
11. Ġē ne ðanciað ð__ magistre for ð__ ġewyrhte.
12. Mid ān__ friend sitt hēo æt ð__ borde.
13. Ð__ efenweorod hliehð mid ð__ magistre.
14. Frēaġifu fint ð__ writ on ð__ borde.

C. *Use each group of words to make a sentence.*

1. Frēond, leornian, on, reċed.
2. Iċ, gān, tō, scōl.
3. Frēaġifu, secgan, be, scōl.
4. Ǣbbe, hīeran, be, forðweardnes.
5. Mæġden, sittan, æt, bord.
6. Brōðor, wyrċan, for, magister.
7. Sēon, ġit, reċed, nēah, ġeard?
8. Friend, ðancian, iċ.
9. Sīðian, ðū, oft, mid, hē?
10. Redbod, wrītan, writ, tō, magister.
11. Frēond, gān, ofer, strǣt.

D. *Write the following in Old English.*

1. Æthelswith and Frēawine aren't going to the park.
2. After work, they go to a play.
3. The students are against the devil.
4. Often they don't have it easy.
5. We are not able to help them.
6. In a hall, they discuss the play.
7. In Boulogne, they are not active.
8. One doesn't hear them on the streets.
9. The studies are costly here.
10. It's different in England.
11. The kingdom pays much for the monks.

4.6 Pronunciation Practice

Read the columns aloud from top to bottom, then from left to right.

ea	**ēa**	**eo**	**ēo**
b**ea**lu	ċ**ēa**pian	ġ**eo**ng	br**ēo**st
ealdor	**ġēa**	**leo**rnian	fr**ēo**nd
h**ea**ldan	h**ēa**fod	s**eo**fon	b**ēo**n
ċ**ea**ster	**ēa**diġ	betw**eo**x	f**ēo**nd
eahta	**Ēa**sterliċ	w**eo**rod	s**ēo**n
f**ea**llan	gr**ēa**t	b**eo**rht	l**ēo**d

5. Chapter Five

5.1 Vocabulary

sē **Angliscmann, -menn (-mannes)** Englishman
ǽnes (adv) once
ðæt **ǽs, -u** carrion
ðæt **bebod, -u** command
ġebiddan (5) ġebæd, ġebǽdon, ġebeden to ask
sē **bita, -an** bit, piece
ðæt **būr, -a** chamber
sē **bytla, -an** builder
cuman (4) (cymð) cōm, cōmon, cumen to come, approach
ðæt **cynren, -** family
sē **eġesa, -an** fear
±etan (5) (itt) æt, ǽton, eten to eat
sē **fæder, - (fæder)** father
sē **fōda, -an** food
sēo **fōr, -a** way
forlǽtan (7) -lēt, -lēton, -lǽten to lose
forma first, earliest
frōd old, wise
grǽġ grey
grēat great, tall
hār old, grey
sē **healstān, -as** shortbread
sē **hlāf, -as** bread
ðæt **hūs, -** house
hwæt (adv) surely
hwæðere (adv) however
hwonne (adv) when, at some time
sē **landhlāford, -as** landlord
ðā **lēode (lēodena) [m]** people
lēof dear; [*in addressing a person*] sir, ma'am
ðæt **līf, -** life, existence
maniġ many, many a, much
sē **mǽġ, māgas, (mǽġes)** kinsman
sē **medu, -was (medwes)** mead
sēo **meoluc, meolca** milk
sēo **mōdor, - (mēder)** mother
sēo **morgentīd, -a** morning
nēah (adj, adv) near
sēo **nytt, -a** use, advantage
ōðer (adj, pron) other, another, next, second
sæd [+ g] filled, full
sendan (I) to send
sē **seġl, -as** sail, veil
self (pron) self, own
sē **sīð, -as** journey
sē **stepegang, -as** walk
sēo **sweoster, - (sweoster)** sister
tacan (6) (tæcð) tōc, tōcon, tacen to take
ðēah (adv, conj) nevertheless, although, though
ðæt **ðing, -** thing, event
sē **weġ, -as** way
±weorðan (3) (wierð) wearð, wurdon, worden to become, get, be
willan (anom) wille, wilt, wolde to will, wish
sēo **wucu, -a** week
±wunian (II) to dwell
sēo **wynn, -a** joy

5.2 Reading

Healstān and an Stepegang

Redbod sægð:
'Lēof Redbod, cum ðū tō ðā duru. Hēr is ān writ fram Frēaġife, hlǽfdiġan,' clipað mīn landhlāford ānum ǽfne.

'Hwonne besiehst ðū ānre wuce ende for on Witanċeastre?' āscað mīn Frēaġifu hire on write. 'Mīn fæder samod wile ðæt ðū cymst and mīne mōdor.

On ðǽre wuce ende, eom iċ ðonne on Witanċeastre and iċ sēo Frēaġife ealdras for ðǽm forman tīman and Frēaġife sweostor, Godġife. Frēaġife fæder, Frēawulf, hlāford, wyrċð tō ānum bytlan for ðǽm cyninge. Ðæt cynren wunað on nīewum hūse. Hit hæfð fīf būra.

'Wē habbað hit gōd,' sægð Frēaġife mōdor, Godswīð. 'Nis hit swa, Frēaġifu and Godġifu? Weorað ġit ealneġ sade?'

'Ġēa,' hliehð Godġifu. 'And wit samod weorað wel ðiċċe, for wit etað swa miċel healstān.'

'Līef ðone healstān tō standanne ǣnes. Hit nierð eald mid ðē hēr,' clipað Godswīð, hlǣfdiġe. And ðonne ġebitt hēo mē 'Tac ðū ānne oðerne bitan, lēof Redbod.'

Sē healstān is gōd, twēoniġenlīċe tō gōd, and for ðǣm iċ glæd eom ðæt Frēawulf, hlāford, nū clipað, 'Hit wierð tīman ðæt wē sīðiað. For ðǣm cuman, maciað wē tōdæġ ānne sīð.'

On lýtelre tīde, wē sittað on ðæs cynrenes wæġne and wē sīðiað tō ānne strēam. Nēah ðǣm strēame maciað wē ānne stepegang and wē samod rīdað mid ānre seġlbāte. On ðǣm ǣfne, sindon wē onġēan on ðæs cynrenes hūse and wē sittað twā tīda and wē secgað.

5.3 Grammar

5.3.1 Uses of the Genitive

Possession

The most recognizable use of the genitive is that of possession. The noun or pronoun showing possession generally precedes the word it modifies.

Example: Hīe sīðiað mid <u>Frēawulfes</u> wæġne. (They travel in <u>Freawulf's</u> wagon.)

Subjective Genitive

The subject of the phrase is in the genitive.

Example: Hīe hierð <u>Frēawulfes</u> bebode. (They obey <u>Freawulf's</u> command.)

Objective Genitive

The object of the phrase is in the genitive.

Example: Hīe habbað <u>Frēawulfes</u> eġesan. (They have a fear <u>of Freawulf.</u>)

Descriptive Genitive

The genitive can be used to define or describe.

Example: Hēo is <u>miċles fægres</u> hlǣfdiġe. (She is a lady <u>of great beauty</u>.)

Paritive Genitive

Here the genitive separates a part from a larger group. While numerals can, like other adjectives, agree with the noun they modify, they can, also, take the genitive.

Example: Hē is ān <u>hiera</u>. (He is one <u>of them</u>.)

Adverbial Genitive

The genitive can be used to turn a noun into an adverbial phrase.

Example: Hīe sīðiað <u>dæġes</u>. (They travel <u>by day</u>.)

Required Genitive

Some prepositions, adjectives and verbs take the genitive.

Example: Ðā mæġdnu sindon sadu <u>healstānes</u>. (The girls are full <u>of shortbread</u>.)

5.3.2 Genitive Forms

Strong Nouns

	Masculine-singular	Neuter-singular	Feminine-singular	All-plural
Genitive endings	**-es**	**-es**	**-e**	**-a**
Examples	**hlāfordes**	**folces**	**andsware**	**hlāforda**

Weak Nouns

Weak nouns of all genders take the expected **-an** in the singular, but in the plural they take **-ena**. For example: **naman, namena**.

Strong Adjectives

	Masculine-singular	Neuter-singular	Feminine-singular	All-plural
Genitive endings	**-es**	**-es**	**-re**	**-ra**
Examples	**ealdes**	**ealdes**	**ealdre**	**ealdra**

Weak Adjectives
Weak adjectives take the same endings as weak nouns in the genitive. For example: **ealdan, ealdena**.
Pronouns and Articles

	Masculine and Neuter-singular	Feminine-singular	All-plural
the/that	**ðæs**	**ðǽre**	**ðāra**
this	**ðisses**	**ðisse**	**ðissa**
he, she, it/they	**his**	**hire**	**hiera**
who, what	**hwæs**	**hwæs**	**--**

First and Second Persons

	Singular	Dual	Plural
I, we two, we	**mīn**	**uncer**	**ūre**
thou, you two, you	**ðīn**	**incer**	**ēower**

5.3.3 The Anomalous Verbs: Dōn, Gān and Willan

Infinitive	**dōn**	**gān**	**willan**
First Person	**dō**	**gā**	**wille**
Second Person	**dēst**	**gǽst**	**wilt**
Third Person	**dēð**	**gǽð**	**wile**
Plural	**dōð**	**gāð**	**willað**

5.3.4 Imperatives

The verb takes the imperative mood to show a request or a command. When you say 'Come to the door', you are using the imperative. In Old English, the use of a noun or a pronoun with the imperative is optional. For example, **cum ðū tō duru** and **cum tō duru** both mean 'come to the door.'

- The plural form is the same for all conjugations. It is simply the present indicative plural form of the verb.
  Example: **willað**.
- For the singular form, strong verbs and anomalous verbs use the present stem without an ending.
  Examples: **hlieh** and **gā**.
- Class I weak verbs of Type C are like strong verbs, using the stem and adding no ending. Types A and B both take the ending **e** after dropping the second of the doubled consonants and the **i**, respectively.
  Examples: **ōnete**, **ere,** and **strīen**.
- Class II weak verbs add **a** after dropping the **i**.
  Example: **leorna**.
- The singular imperatives of the Class III verbs **habban** and **secgan** are **hafa** and **sege**.

5.4 Pattern Drills

A. *Replace the definite article with the indefinite article.*

Example: Iċ gā on ðæs magistres hūs.
Iċ gā on ānes magistres hūs.

1. Hē cymð on ðæs frēondes hūs.
2. Wē sēoð ðǣre bāte seġl.
3. Hīe sīðiað mid ðæs magistres wæġne.
4. Hēr is ðæs mæġdnes bord.
5. Hīe flītað for ðǣre scōle forðweardnesse.
6. Ðæs leorneres ġewyrht ealneġ nis gladu.
7. Wē hīerað be ðæs efenweorodes slitne.

B. *In the following sentences, change the noun in the genitive to the plural.*

Example: Ðǣre burge hūs sindon nīewu.
Ðāra burga hūs sindon nīewu.

1. Ðæs magistres andswara sindon rihte.
2. Wē sēoð ðǣre bāte seġlas.
3. Ðæt efenweorod besiehð ðǣre burge mynstru.
4. Ðæs hūses būr sindon nīewe.
5. Hēo talað ðæs frēondes writu.
6. Tōdæġ cumað ðæs leorneres ealdras.
7. On ðæs reċedes būrum flītað ðā wyrhtan.
8. Iċ ne cann ðǣre hlǣfdiġan andswara.

C. *Restate the following sentence, using the noun or pronoun given as the subject.*

Example: Ðū wilt ðæt. (sēo hlǣfdiġe)
Sēo hlǣfdiġe wile ðæt.

1. iċ
2. ðæt mæġden
3. wē
4. sē brōðor
5. sēo mōdor
6. ġē
7. ġit
8. Frēawulf
9. wit
10. ðā ealdras

D. *Restate the following, using the genitive of the noun in parentheses.*

Example: Hē sitt æt ðǣm borde. (ðæt lǣringmǣden)
Hē sitt æt ðæs lǣringmǣdnes borde.

1. Hē sitt æt ðǣm borde. (sē magister)
2. Hē sitt æt ðǣm borde. (sēo hlǣfdiġe)
3. Hē sitt æt ðǣm borde. (ðæt mæġden)
4. Hē sitt æt ðǣm borde. (ðā wyrhtan)
5. Hē sitt æt ðǣm borde. (ðā hlāfordas)
6. Hē sitt æt ðǣm borde. (sē landhlāford)
7. Hē sitt æt ðǣm borde. (sē leornere)
8. Ðǣr sēoð hīe ān hūs. (ān leornere)
9. Ðǣr sēoð hīe ān hūs. (ān Angliscmann)
10. Ðǣr sēoð hīe ān hūs. (ān lǣringmǣden)
11. Ðǣr sēoð hīe ān hūs. (āne hlǣfdiġe)
12. Iċ gā ðurh ðā strǣta. (āne burg)
13. Wē besēoð ðæt reċed. (ān cyning)
14. Talað ġit ðā būr? (ān hūs)
15. Hīe flītað wið ðǣm fiend. (sē cynedōm)

E. *Give the command* Come into the house *using the correct pronoun for the following.*

Example: Redbod, hlāford
Lēof Redbod, cum ðū on ðæt hūs!

1. Billferhð, hlāford
2. Frēaġifu and Godġifu
3. Fæder, mōdor and mīn brōðor
4. Frēawulf, hlāford
5. Frēawine and Ǣbbe

6. Mīn cynren
7. Godswīð, hlǣfdiġe
8. Cyneheard
9. Mīn frēond

5.5 Exercises

A. *Answer the following orally.*

1. Hwǣr clipað sē landhlāford Redbod ānum ǣfne?
2. Hwæt clipað hē?
3. Hwæt ġebitt Frēaġifu Redbod hire on write?
4. Hwǣr is Redbod ðurh ðǣre wuce ende?
5. Hwā besiehð Redbod ðǣr?
6. Hwǣm for wyrċð Frēawulf, hlāford?
7. Hū maniġ būra hæfð ðæs cynrenes hūs?
8. Is ðæt hūs eald?
9. Hwæt hliehð Godġifu?
10. Is sē healstān gōd?
11. Hwý is Redbod glæd?
12. Hwæt macað ðæt cynren?
13. Hwǣm on sīðiað hīe tō ðone strēam?
14. Hwǣm mid rīdað hīe ðǣr?
15. Hwǣr sindon hīe ðǣm ǣfne?
16. Hū lange sittað hīe?

B. *Fill in the blanks.*

1. Ðurh ð__ ǣfne maciað wē ān__ stepegang.
2. Iċ sīðie mid mīnes frēond__ wæġn_.
3. Sitst ðū oft mid ð__ cynren_?
4. Æfter ð__ plegan besiehð hēo ān__ reċed_.
5. Ð__ hūs__ būr sindon nīew_.
6. Maciað ġē ān__ stepegang_ ðurh ð__ ǣfne?
7. Wierst ðū sæd ð__ healstān _?

C. *Supply an appropriate preposition.*

1. Hīe rīdað ___ ðǣre seġlbāte.
2. Hē besiehð ___ ānes frēondes frēond.
3. Wē ne leorniað __ ðǣre scōle.
4. ___ ðā gewyrhte fint hē tīman ___ ānum stepegange.
5. Ne flītað ġit ___ ðǣm fiend?

D. *Change the statements to commands.*

1. Tōdæġ netað ġit miċel healstān.
2. Ðū clipast ðone landhlāford.
3. Ǣlcum dæġe ġē leorniað fēower tīda.
4. Ðū ne forġietst ðā andsware, lēof Billferhð.
5. Ðū talast Angla mynstru.

E. *Write the following in Old English.*

1. During the day, the teacher stands by the table.
2. Go to the door, Freagifu.
3. The wagon is getting old.
4. Godgifu's parents say, 'Come to Winchester, Lord Redbod.'
5. I don't attend (visit) the school because I work.
6. This is the builder's house.
7. We eat a lot of (much) shortbread in the evening.
8. You are getting fat (thick), Lord Billfrith.
9. Lady Godswith, speak to me about the walk near the stream.
10. Freawine and Æbbe, take another piece of shortbread.
11. Instead of the language, I now study the company of warriors.
12. My mother is coming instead of my father.

5.6 Pronunciation Practice

Read the columns aloud from top to bottom, and then from left to right.

c	**ċ**	**g**	**ġ**
cræft	**ċ**eosan	**g**ān	**ġ**eard
cuman	re**ċċ**an	**g**od	**ġ**eong
camp	**ċ**easter	**g**ār	**ġ**iefan
cost	**ċ**ild	**g**rēat	si**ġ**le
cempa	**ċ**iri**ċ**e	**g**rōwan	**ġ**ræ**ġ**
bæ**c**	ben**ċ**	**g**ūð	e**ġ**esa

6. Chapter Six

6.1 Vocabulary

æt ende (idiom) finally
±bringan (3) brang, brungon, brungen to bring
±brūcan (2) [brýcð] brēac, brucon, brocen to use, enjoy
±bycgan (I) to buy, acquire
±ċēapian (II) to trade, buy
sē **ċīeping, -as** marketing
sēo **dohtor, - (dohtor)** daughter
drēoriġ sad
±drincan (3) dranc, druncon, druncen to drink
eall all, every, whole
  (adv) fully
sē **esne, -as** slave, servant
fǽġe doomed
ðæt **feoh, fēo (fēos)** property, money
±folgian (II) [*often* + **d**] to follow
frēols free, festive
ðæt **fýr, -** fire
glædlīċe (adv) gladly
sēo **hand, -a (handa)** hand, control
hasupād grey-coated
hēah high, tall
ðæt **hol, -u** hole
hwā, hwæt (pron) someone, something
ġehwelċ each, every
ðæt **land, -** land
līcian (II) [*impersonal* + **d**] to please
±līcwyrðe pleasing
sē **mangere, -as** merchant
ðæt **mangunghūs, -** house of merchandise
sē **mann, menn (mannes)** man
ðæt **market, marktu** market
ðæt **±met, -u** manner
sē **mete, -as** meat
mid mē selfum (idiom) by myself
sē **middæġ, -dagas (-dæġes)** noon, sext
sē **mōnað, mōnðas** month
sē **morgen, morgnas** morning
nāthwæt (pron) something or other
nāwa (adv) never
sēo **nīed, -a** need, duty
onġietan (5) -ġeat, -ġēaton, -ġieten to understand
sē **pohha, -an** bag
sēo **±sǽlð, -a** fortune
sē āna *or* **hē āna (idiom)** alone
ðæt **setl, -** seat, place
sē **ġesīð, -as** retainer
ðæt **spell, -u** statement, story
sē **spring, -as** spring, source
sum a certain, some
sē **sunu, -a (suna)** son
swelċ such, which
  swelċe (adv, conj [+ ind]) as, as if, likewise
±tǽse convenient
sē **ðeġn, -as** thane
±ðenċan (I) to think
unġesæliġlīċe (adv) unfortunately
sēo **wyrd, -a** fate, chance
sēo **wyrt, -a** vegetable

6.2 Reading

Ðæs Ċīepinges Fōr

Redbod sægð:
Frēaġifu sægð mē ðæt hire brōðor Frēawine on Bunnan is wel glæd. Hē fint līf ðǽr swa tǽse.

'Ðīn Redbod sægð ðæt iċ on Bunnan stande,' wrītt hē on his write. 'Hē wislīċe is riht ðæt his Cantwaraburg is scīene, ac līf ðǽr nis nāht tǽse. Ðenċ ǽnlīċe be ðīnum ċīepinge. Ǽlċum morgne ġieta gǽð ġehwelċ wīf mid his pohhan fram ðis mangunghūs tō ðæt. Hēr bycgð man meolce, ðǽr his hlāf, and on ðæt market for his wyrtum. Ðonne ðū middæġe is on ðīnum hūse, ðonne hæfst ðū ġesǽlðe.'

Iċ sēo ðæt Frēawine on maniġum ðingum is riht. For ðǽm esne nis swelċ ċīeping lēoht. Man forlǽtað miċel tīman and unġesæliġlīċe samod oft miċel feoh. Ðēah hit samod hæfð his nytte, for meoluc, hlāf, wyrta, and mete sindon on ðissum marktum ealneġ nīewe.

Mīn landhlāford, Cyneheard hlāford, sent his esne for his fōdan. Ðǽr is an market wel nēah ūrum hūse. Cyneheard hlāford sægð ðæt hē fint ðǽr eallne his fōdan. Hit līcað mē ðæt iċ gā ðǽr mid mē selfum for ðǽm iċ glædlīċe brūce mīn Angle. Ðǽr sindon mangeras on ðǽm markte. Hwonne āscie iċ for hwate, hīe mē andswariað glædlīċe.

6.3 Grammar

6.3.1 Uses of the Instrumental

Means and Manner

The dative and the instrumental express by what means and in what manner.

Example: Hē is his friend holpen. (He is helped by his friend.)

Accompaniment

The dative and the instrumental can express accompaniment.

Example: Hēo gǽð hire friend. (She goes with her friend.)

Time

The dative and the instrumental can express time.

Example: Hēo gǽð ðys ġēare. (She will go this year.)

Prepositions

Prepositions which take the dative can also take the instrumental case.

Example: Hē sīðað mid ðý wæġne. (He travels in the wagon.)

6.3.2 Instrumental Forms

Only some adjectives and pronouns retain an instrumental form. These include **sē, ðæt; ðēs, ðis,** and **hwā, hwæt**. This form appears only in the masculine and neuter singular. The form for **sē, ðæt** is **ðý**; for **ðēs, ðis**, is **ðýs**; and for **hwā, hwæt**, is **hwý**. Strong adjectives form the masculine and neuter singular by adding an **e**. For example, **ealde**. When an instrumental form is not available, the dative takes its function.

6.3.3 Irregular Noun Declensions

Nouns Denoting Family Relationships

Nouns denoting family relationships ending in **r** generally retain their nominative form, except in the genitive and dative plural. There are two exceptions.

- **Fæder** becomes **fæderas** in the nominative and accusative plural.
- **Brōðor, mōdor,** and **dohtor** all show 'i-mutation' in the dative singular and thus, are **brēðer, mēder,** and **dehter.**

'U' Declension Nouns

'U' declension nouns often end with **u**, but sometimes are long-stemmed monosyllables. For examples, we will use **sunu** and **hand**.

	sunu		**hand**	
	Singular	Plural	Singular	Plural
Nominative	**sunu**	**suna**	**hand**	**handa**
Accusative	**sunu**	**suna**	**hand**	**handa**
Genitive	**suna**	**suna**	**handa**	**handa**
Dative	**suna**	**sunum**	**handa**	**handum**

'H' Declension Nouns
'H' declension nouns are nouns which end in a vowel followed by an **h,** like **feoh**. When these nouns take an ending that begins with a vowel, the **h** and the following vowel are absorbed. Also, these nouns take the weak ending in the genitive plural.

	Singular	Plural
Nominative	**feoh**	**fēo**
Accusative	**feoh**	**fēo**
Genitive	**fēos**	**feona**
Dative	**fēo**	**feom**

6.3.4 Possessive Adjectives

The first and second person genitive pronouns can be used as possessive adjectives and are declined like other adjectives. The possessive adjectives, as well as the word **ōðer**, always decline strong. When an ending begins with **r**, the adjectives that end with **r** drop the second one. For example, the feminine dative singular form of **ēower** is **ēowre**.[1]

6.3.5 Irregular Adjectives: 'H' Adjectives

Adjectives ending in the letter **h** drop the **h** and contract whenever possible. For an example, we will use **nēah**.

	Masculine-singular	Masculine-plural	Neuter-singular	Neuter-plural	Feminine-singular	Feminine-plural
Nominative	**nēah**	**nēa**	**nēah**	**nēa**	**nēa**	**nēa**
Accusative	**nēane**	**nēa**	**nēah**	**nēa**	**nēa**	**nēa**
Genitive	**nēas**	**nēara**	**nēas**	**nēara**	**nēare**	**nēara**
Dative	**nēam**	**nēam**	**nēam**	**nēam**	**nēare**	**nēam**
Instrumental	**nēa**	--	**nēa**	--	--	--

6.4 Pattern Drills

A. *Replace the indefinite articles with the possessive adjective* **mīn**.
Example: Hē gǽð on ān mangunghūs.
Hē gǽð on mīn mangunghūs.

1. Hē cann ān cynren.
2. Hē wrītt ān writ.
3. Hē bycgð ānne hlāf.
4. Hē ðancað ānum friend.
5. Hē besiehð āne burg.
6. Hē fint ān reċed.

B. *Replace the indefinite article with* **ēower**.
Example: Hēo āscað ānne frēond.
Hēo āscað ēowrne frēond.

---

[1] The medial vowel is dropped because **eower** is a long-stemmed dissyllabic adjective.

1. Hēo cann ānne ġeard.
2. Hēo besiehð ān mynster.
3. Hēo leornað on ānre scōle.
4. Hēo bycgð ānne healstān.
5. Hēo hæfð ān mangunghūs.
6. Hēo sitt on ānre bāte.
7. Hēo stent beforan ānum hūse.
8. Hēo ðenċð be ānre wuce ende.

C. *Answer the questions affirmatively in the first person.*

Example: Cunnon ġē ēowre burg?
Ġēa, wē cunnon ūre burg.

1. Is incer mynster forðweard?
2. Is ðīn landhlāford nēah ðǽre dura?
3. Secgað ġē be ēowre scōle?
4. Canst ðū ðīnne magister?
5. Is incer hūs grēat?
6. Bycgað ġē ēowre wyrta of ðǽm markte?
7. Gāð ġit ġieta on incre būr?
8. Sīðast ðū mid ðīnum ealdrum?

D. *Answer the questions affirmatively, using the corresponding personal pronoun or possessive adjective.*

Example: Ðancað hē ðǽm magistre?
Ġēa, hē ðancað his magistre.

1. Bycgð hē ðone fōdan hēr?
2. Bycgð hēo ðone fōdan hēr?
3. Bycgað wē ðone fōdan hēr?
4. Gāð wē ðurh ðone ġeard?
5. Gǽð hē ðurh ðone ġeard?
6. Ðencað hīe be ðǽm scōlum?
7. Ðenċð hēo be ðǽre scōle?
8. Wrītað hīe ðǽre sweoster?

E. *Answer each question with* Nā, *but affirm in the first person plural.*

Example: Siehst ðū ðīn hūs?
Nā, ac wē sēoð ūre hūs.

1. Siehst ðū ðīne sweoster?
2. Siehst ðū ðīnne fæder?
3. Siehst ðū ðīn feoh?
4. Siehst ðū ðīnne frēond?
5. Siehst ðū ðīn cynren?
6. Siehst ðū ðīne mōðor?
7. Siehst ðū ðīne friend?
8. Siehst ðū ðīnne landhlāford?

6.5 Exercises

A. *Answer the following questions orally.*

1. Is Frēawine glædlīċe on Bunnan?
2. Hū fint hē his līf ðǽr?
3. Hū fint hē ðæt līf on Cantwarabyriġ?
4. Hū fintst ðū ðīn līf hēr?
5. Is sē ċīeping on Cantwarabyriġ lēoht?
6. Hwǽm mid gǽð ðæt wīf fram ðis mangunghūs tō ðæt?
7. Hwǽr bycgð man his fōdan?
8. Is hit ġieta morgen, hwonne ðæt wīf on his hūse is?
9. Sindon ðā fōdan of ðǽm markte oft ealde?
10. Hwǽr is ðæt market ðæt ðe æt Redbod bycgð?

B. *Supply the correct possessive adjective or the genitive pronoun, as necessary.*

1. Wē sittað on ___ hūse.
2. Iċ sēo ___ frēond.

3. Sē leornere hilpð ___ magistre and ðǣm lǣringmǣdne.
4. Ðæt wīf bycgð ___ wyrta on ðǣm markte.
5. Sē hlāford hæfð feoh on ___ pohhan.
6. Sēo hlǣfdiġe beġiet ___ meolce.
7. Sēo sweoster stent nēah ___ ealdrum.
8. Hē bycgð ___ būr.

C. *Wherever possible, change all nouns in Exercise B to the plural, making other changes as necessary.*

D. *Supply the correct form of* ðīn, incer, *or* ēower *as needed.*

1. Hwǣr hæfst ðū ___ writ, Redbod?
2. Forġietað ġē ___ cynrenes?
3. Frēaġifu and Godġifu, forġietað ġit ___ ealdra?
4. Frēawine and Ǣbbe, ne sēoð ġit ___ nytte nāht?
5. Hwǣr bycgað ġē ___ hlāf?
6. Is sē ___ frēond, Cyneheard?

E. *Change the words that are in italics to the correct form of those that are in parentheses.*

1. Ðæt hūs is *grēat*. (nēah)
2. Hīe sīðiað mid *ðǣm pohhan*. (ðæt feoh)
3. Hīe sīðiað mid *mīnum hlāford*. (mīn sunu)
4. Hit is *ðāra hlǣfdiġena* hūs. (ðā dohtor)
5. Cum ðū tō *ðæt hūs*. (sēo duru)
6. *Ðā landhlāfordas* gāð tō Witanċeastre. (ðā fæderas)
7. *Mīn frēond* is hēr. (mīne mōdor)
8. Hit is *ðāra hlǣfdiġena* hūs. (mīn brōðor)

F. *Translate the following sentences into Old English.*

1. Freagifu's brother is happy in Boulogne-sur-mer.
2. In his letter, he writes about his life there.
3. He knows Canterbury and he finds that it is pretty.
4. But he thinks that life is not easy there.
5. He often thinks that shopping in Canterbury is not convenient.
6. The women go from this store (house of merchandise) to that.
7. They buy their milk, bread and their vegetables.
8. By noon, they are in their houses.
9. The food is always fresh.
10. Redbod always asks something.

6.6 Pronunciation Practice

Read the columns aloud from top to bottom, and then from left to right.

voiceless **f**	*voiced* **f**	*voiceless* **s**	*voiced* **s**	**sc**
findan	bu**f**an	**s**endan	Fri**s**an	**sc**ulan
e**f**t	hēa**f**od	**s**tōw	lō**s**ian	**sc**ip
æ**f**ter	ġelīe**f**an	magi**s**ter	eġe**s**a	bi**sc**op
wī**f**	y**f**el	**S**eaxe	ċēo**s**an	**sc**eaft
folc	slīe**f**e	lǣ**ss**a	bisiġnes	**sc**īr
o**f**	del**f**an	**s**ecgan	lo**s**ing	fi**sc**

Review I

Vocabulary

sē **abbod, -as** abbot
ġebedian (II) to pray
sē **beorn, -as** hero, warrior
sēo **candel, candla** candle
sēo **cæppe, -an** cap, cape
±cnāwan (7) cnæwð, cnēow, cnēowon, cnāwen to know, recognize
±dēman (I) to decide
dēop deep
sē **eafora, -an** son, heir
ealdorlang eternal
ēċe eternal
efne (adv) even, evenly
sē **fōt, fēt (fōtes)** foot
sē **frið, -as** peace
sē **glīwingmann, -menn (-mannes)** reveler
grǣdiġ greedy
sē **hām, -as** home
±hātan (7) hæt, hēt, hēton, hāten to command
(passive) to be called
sē **hereflīema, -an** deserter
sē **hettend, -as** enemy
sē **hilderīnc, -as** warrior, hero
hindan from behind
ðæt **hors, -** horse
sē **hosa, -an** hose
sē **hosebend, -as** garter
ġehwā (pron) each one, any one, whoever
iċ hātte ___ (idiom) my name is ___
libban (III) to live
ðæt **lāc, -** sport, play
sē **lǣċecræft, -as** leech-craft
līciendliċ pleasant
ðæt **mōthūs, -** moot-hall
munucliċ monkish
nēodliċ diligent
nēodlīċe (adv) diligently
ġenōg enough
(adv) quite
oð ðæt (conj) until
ġerǣċan (I) to reach
ġereċlīċe (adv) directly
ðæt **sōð, -** truth
±sprecan (5) (spricð) spræc, sprǣcon, sprecen to speak, say
±stīgan (I) to ascend, mount
seldliċ strange
sēo **sunne, -an** sun
ðæt **ġetæl, ġetalu (ġetæles)** number
±tīegan (I) to tie, join
ðenden (adv, conj) meanwhile, while
sē **ðōht, -as** thought
unriht wrong
sēo **unstillnes, -sa** trouble
ūt (adv) out, without, outside
sēo **ūðwitegung, -a** philosophy
ūðwitian (II) to study philosophy
sē **weald, -as** forest
wēriġ weary
wīs wise
wlanc splendid
ðæt **wordloc, -u** art of logic
wund wounded

Reading

Redbodes Nytt

'Redbod besiehð ūs on maniġra wuca endum on Witanċeastre,' wrītt Frēaġifu tō hire brēðer Frēawine on Bunnan. 'Fæder fint hine līciendliċne and hē oft sægð mid him, ġecyndelīċe on Anglum. Godġifu sægð ðæt hē is hire frēond for seġlbāta līciað hire and Redbod samod hæfð āne seġlbāte on Frisum. And mōdor fint hine wīsne.'

On Cantwarabyriġ sitt Redbod on ðæs mynstres reċde and hē wrītt tō his abbode on Frisum. 'Fram tīman tō tīman sīðie iċ tō Witanċeastre, unġesæliġlīċe nāht mid mīnum horse, for ðǣm iċ næbbe nānne. Swa sīðie iċ on fōtum. On Witanċeastre lifað mīn frēond. Hēo hēt Frēaġifu and hēo is ān lǣċecræftes lǣringmǣden.

'Ġieta ne sege: "O Redbod, leorna ðenden eart ðū on Anglum and besēoh ðīne friend hwonne ðū onġēan eart on Frisum!"

'Nā, nā, lēof abbod, ðæt nis nāht riht. For ðǣm iċ sēo, hīere and leornie māra hwonne besēo iċ Frēaġife ealdras and hire sweoster on Witanċeastre: hū wyrcað hīe, hū libbað hīe, and hwæt dōð hīe ðurh hiera frēolsum tīman. Tōdæġ sindon Witanċeaster and West Seaxe for mē miċle māra ðonne ǣnliċne naman. Ġecyndelīċe, iċ leornie nēodlīċe, oft siex oððe seofon tīda dæġes. Iċ samod gā tō ðǣre Angla scōle and hwīlum secge iċ oðerum scōle leornerum mid.

'On mīnum hūse, ġereċlīċe under mē lifað ān ūðwitegunge leornere. Iċ finde hine seldliċ for ðǣm hē is on his ðōhtum munucliċ, ac on sōðe is hē ān glīwingmann. Đonne leorneras ġebediað, ðonne is hē ealneġ ðǣr. Ac hē ān hors hæfð and for lāce itt hē and drincð hē.

'Ġelīef mē ðæt mīn līf hēr bringð mē mǣst nytt and mīne lāra. And for ðǣm ðancie iċ ðē. Ǣnlice ðurh ðē cann iċ hēr leornian on Cantwarabyriġ. Ac iċ samod Frēaġife cynrene ðancie for mīnum wuca endum on Witanċeastre.'

Grammar

The Class III Weak Verb: Libban

Here is the present tense of **libban**. Compare it with **habban** and **secgan** and notice the similarities.

Infinitive	**libban**
First-singular	**libbe**
Second-singular	**lifast**
Third-singular	**lifað**
All-plural	**libbað**

The Strong Verb: Hātan

The meaning of the verb **hātan** depends on the form used. The present forms take the active voice and mean 'command'. The preterite forms take the passive voice and mean 'be called'. In this form, it takes the nominative case. A second preterite developed as the active past. The table shows all three conjugations.

	Present (active)	Preterite (active)	Present/Preterite (passive)
First-singular	**hāte**	**hēt**	**hātte**
Second-singular	**hæst**	**hēte**	**hātte**
Third-singular	**hæt**	**hēt**	**hātte**
All-plural	**hātað**	**hēton**	**hātton**

Pattern Drills

Review Drill 1A

A. *Answer the following questions affirmatively, using the possessive adjective or the genitive form of the pronoun, as needed.*

Example: Gāð wē on ān reċed?
Ġēa, wē gāð on ūre reċed.

1. Leornað hē for ānre scōle?
2. Leornað hēo for ānre scōle?
3. Leorniað wē for ānre scōle?
4. Leorniað ðā leorneras for ānre scōle?
5. Wyrċð sē hlāford for ānum cynrene?
6. Wyrċð sēo hlǣfdiġe for ānum cynrene?
7. Wyrcað wē for ānum cynrene?
8. Wyrcað ðā hlāfordas for ānum cynrene?

B. *Answer in the first person singular, using the noun in parenthesis.*

Example: Hwǽm nēah lifast ðū? (mīn ġewyrht)

Iċ libbe nēah mīnum ġewyrhte.

1. Hwǽm mid gǽst ðū? (mīn fæder)
2. Hwǽm mid sīðast ðū? (mīn brōðor)
3. Hwǽm be sægst ðū? (mīn stepegang)
4. Hwǽm mid bycgst ðū? (mīn feoh)
5. Hwǽm mid itst ðū? (mīn mōdor)
6. Hwǽm be sægst ðū? (mīn sweoster)
7. Hwǽm on sitst ðū? (mīn reċed)
8. Hwǽm mid sīðast ðū? (mīne ealdras)

C. *Answer using* nā, *but add a clause using* gān *and showing motion toward the place.*

Example: Is hē on ðǽre byriġ?

Nā, ac hē gǽð on ðā burg.

1. Is hē on ðǽm būre?
2. Is hē on ðǽm ġearde?
3. Is hē beforan ðǽre dura?
4. Is hē of ðǽre strǽte?
5. Is hē on ðǽm markte?
6. Is hē of ðǽm markte?
7. Is hē beforan ðǽre ġewyrhte?
8. Is hē behindan ðǽm reċede?

D. *Answer in the affirmative, placing the word or words in italics at the beginning of the sentence.*

Example: Cymð hē *hwīlum* tō ūs?

Ġēa, *hwīlum* cymð hē tō ūs.

1. Gǽð hē *oft* on ðā burg?
2. Gǽð ðēos hlǽfdiġe *ǽlċe morgne* of ðæm markte?
3. Sīðiað wē mid ðý wæġne *tō Witanċeastre*?
4. Sīðiað wē *mid ðý wæġne* tō Witanċeastre?
5. Gǽst ðū *middæġe* on ān reċed?
6. Cymð his frēond *ðýs ǽfne*?
7. Besiehst ðū ðīne sweoster *on ðǽre byriġ*?

E. *Change the subject to the plural, making any additional changes as needed.*

Example: Mīn frēond is hēr.

Mīne frīend sindon hēr.

1. Sē ǽfen is scīene.
2. Sē dæġ is lang.
3. Ðæt mæġden nis lýtel.
4. Ðis folc is wel eald.
5. Sēo tīd nis gōd.
6. Ðēs wyrhta wel cann hīe.
7. Mīn ġewyrht is lēoht.
8. Ūr strǽt is lang.
9. Ðīn hlāf is nīewe.
10. Ðīn landhlāford nis stunt.

Review Drill 1B

A. *Answer the following affirmatively, using possessive adjectives and genitive pronouns.*

Example: Bringð hēo ðæt feoh?

Ġēa, hēo bringð hire feoh.

1. Cann hē ðone landhlāford?
2. Cunnon wē ðone landhlāford?
3. Cann hēo ðone landhlāford?
4. Cunnon ðā leorneras ðā landhlāfordas?
5. On ðǽm frēolsum tīman leornað hēo Angle?
6. On ðǽm frēolsum tīman leorniað wē Angle?
7. On ðǽm frēolsum tīman leorniað ðā leorneras Angle?
8. Hæfð hēo ānne pohhan?
9. Habbað wē ānne pohhan?
10. Habbað ðā hlǽfdiġan ānne pohhan?

B. *Replace the definite article with* swelċ.

Example: Sēo hlǽfdiġe næfð hit nāht lēoht.
Swelċ hlǽfdiġe næfð hit nāht lēoht.

1. Sēo ġewyrht is lēoht.
2. Sē medu ealneġ is gōd.
3. Iċ nete ðone hlāf.
4. Iċ ne cann ðā hlāfordas.
5. Ðā leorneras sindon nēodliċe.
6. Sē ċīeping tæcð miċel feoh.

C. *Answer* nā, *but add a statement showing motion.*

Example: Is hē on ānum hūse?
Nā, ac hē gǽð on ān hūs.

1. Is hē ofer ānre sǽ?
2. Is hē on ānum būre?
3. Is hē on ānre byriġ?
4. Is hē beforan ðǽm ġearde?
5. Is hē on ðǽm reċede?
6. Is hē beforan ðǽm efenweorode?

D. *Replace the subject with the correct form of* ðēs *and the object with the correct pronoun.*

Example: Ðæt writ is his writ.
Ðis is hit.

1. Ðæt hūs is mīn hūs.
2. Sē wæġn is ūre wæġn.
3. Ðæt būr is ðīn būr.
4. Ðæt bord is incer bord.
5. Ðæt reċed is uncer reċed.
6. Sēo scōl is ēowre scōl.
7. Sē medu is mīn medu.
8. Sēo duru is mīn duru.

E. *Answer affirmatively in the first person singular.*

Example: Wyrċst ðū ǽlċum dæġe eahta tīdum?
Ġēa, ǽlċum dæġe wyrċe iċ eahta tīdum.

1. Gǽð hit ðē wel?
2. Eart ðū oft riht?
3. Wyrċst ðū miċel?
4. Cannst ðū Frēaġife cynren?
5. Cymst ðū ǽlċum dæġe on ðis būr?
6. Eart ðū hēr tōdæġe for ðǽm forman tīman?
7. Itst ðū healstānes bitan?
8. Gǽð ðū oft ċīeping?

Exercises

A. *List the regular nouns by gender; then list the irregular nouns grouping them by type. Do not list names of places or peoples.*

B. *Answer orally.*

1. Hwǽm tō wrītt Frēaġifu ān writ?
2. Hwǽr besiehð Redbod on maniġra wuce endum?
3. Hwā fint Redbod līciendliċe?
4. Hū sæġð Redbod mid hire fæder?
5. Hæfð Redbod on Frisum āne seġlbāte?
6. Hwǽr sitt Redbod?
7. Hwæt dēð hē ðǽr?
8. Hwǽm wrītt hē?
9. Hwǽr is Witanċeaster?
10. Hwý cymð Redbod tō Cantwaraburg?
11. Hwæt leornað Redbodes frēond?
12. Hwæt sæġð ġieta Redbodes abbod?
13. Hwý fint Redbod ðæt nis riht?
14. Wyrċð Redbod tō lýtel for his scōle?
15. Hwǽm mid sæġð hwīlum Redbod?
16. Hwā lifað on Redbodes hūse?
17. Hwý fint Redbod hine seldliċe?
18. Hwǽr lifað ðēs leornere?

19. Hwǽr is hē hwonne sē leorneras ġebediað?
20. Hæfð hē ān hors?
21. Hwæt dēð hē for lāce?
22. Hwý ðancað Redbod his abbode?
23. Hwý ðancað Redbod Frēaġife cynrene?

C. *Change the definite article to the indefinite article.*

1. Ðæt writ is on ðǽm borde.
2. Sēo scōl is on ðǽre byriġ.
3. Ðæt mæġden cann ðæt market.
4. Sē fēond nis gōd.
5. Wē sēoð ðā sǽ.
6. Wē sēoð ðone plegan.
7. Iċ sitte æt ðǽm borde.
8. Iċ gā mid ðý frīend.
9. Sē wæġn is dēore.
10. Sē hlāf is nīewe.
11. Ðæt cynren wunað on ðǽm reċede.
12. Sēo ġewyrht nis lēoht.
13. Sēo scōl is forðweard.
14. Ðæs healstānes bita ne macað ðē nāht ðiċċe.
15. Hē wyrċð for ðǽre forðweardnesse.
16. Sē ðōht nis stunt.
17. Sē landhlāford clipað mē tō ðā duru.

D. *Change the singular subjects in Exercise C to the plural and the plural subjects to the singular.*

E. *Supply an appropriate preposition.*

1. Sē cynren sīðað ___ hiera wæġn.
2. Redbod besiehð Frēaġifu ___ ðāra wuca ende.
3. Ūre hūs nis ___ ðǽm mynstre.
4. Sē hlāford gǽð ___ ðone ġeard and ðonne, ___ ðā sǽ.
5. Sēo strǽt is ___ ðǽm markte.
6. Iċ flīte ___ his ðōhtas.
7. Frēaġifu sitt ___ hire friend ___ ðǽm borde.
8. Redbod wunað ___ ānum hūse.
9. Hēo ne sæġð hit ___ Anglum, ac ___ Frisum.
10. Hīe sēoð ðā seġlbāte ___ ðǽre sǽ.
11. Sē fōda ___ ðǽm markte is ealneġ nīewe.

F. *Form sentences from the following groups of words.*

1. hē, ðancian, frēond, for, hlāf.
2. hē, sittan, betweox, friend.
3. hēo, sittan, æt, bord.
4. iċ, wesan, on, reċed.
5. wē, helpan, frēond.
6. Redbod, gān, tō, abbod.
7. wē, sīðian, on, burg.
8. hēo, wunian, on, hūs.
9. ġē, findan, writ.
10. fæder, macian, sīð, mid, hlǽfdiġe.
11. hīe, flītan, wið, fēond.
12. ðū, drincan, medu, on, reċed.
13. iċ, forġietan, scōl, ðurh, frēolstīd.

G. *Translate into Old English.*

1. Redbod is a Frisian; he now lives in England.
2. He studies English in Canterbury.
3. His friend lives in Winchester.
4. That city is in Wessex.
5. Her name is Freagifu and she is a female pupil.
6. She studies leech-craft and works diligently.
7. The school in Canterbury is not rebellious.
8. One finds it progressive (progressing), because the buildings are new.
9. But that is not right.
10. They quarrel against many things, but they sometimes forget their work.
11. Redbod writes his abbot that he knows a student of philosophy.
12. He thinks that he is monkish.

13. His horse is very expensive.
14. Freagifu often asks Redbod, ‘Come to Winchester.’
15. Her father works for the king.
16. Her family lives in a new house.
17. They ride in a wagon.
18. Freagifu’s brother, Freawine, is a student in Boulogne-sur-mer.
19. He wants to remain there.
20. Every morning the women in Canterbury go into the town with their bags.
21. They buy their milk and their meat there.
22. There are too many markets.
23. Freagifu knows her brother very well.
24. She writes him, ‘Visit Canterbury when you are here again.’
25. Don’t study too much.

7. Chapter Seven

7.1 Vocabulary

āgan (pp) āh, āhst, āhte to own, have
sēo **±āscung, -a** question
ġeæðele natural
sēo **bōc, bēċ (bōce)** book, charter
ðæt **ċild, -ru (ċildes)**‡ child
cyneliċ royal
sē **drohtað, drohtðas** mode of living, condition
dugan (pp) dēah, -, dohte to be capable of
durran (pp) dearr, dearst, dorste to dare
sē **ealdormann, -menn (-mannes)** prince, nobleman
eallswā (conj) just as, as if, likewise
sē **eard, -as** region
earfoðliċ difficult
earfoðlīċe (adv) with difficulty
±fæstnian (II) to fasten, secure
sē **feld, -a (felda)** field
(ðæt) **fēowerhund, - [+ g]** four hundred
ðæt **ġeflit, -u** conflict
sē **flota, -an** pirate
fullīċe (adv) fully
±gadrian (I) to gather, unite
±gyrdan (I) to gird, surround
hāliġ sacred
hāmweard (adv) homeward
sēo **lagu, -a** law
sē **lārcwide, -as** maxim, proverb
lenden (I) to land
līnen linen
magan (pp) mæġ, meaht, meahte to be able
mǽre famous, great
mōste iċ (idiom) I would like
mōtan (pp) mōt, mōst, mōste may
ġemunan (pp) ġeman, ġemanst, ġemunde to remember
nealles ān (idiom) not only
rīcsian (II) to govern
sēo **scadu, scadwa (scadwe)** shadow
sēo **scēawungstōw, -a** point of view
(ðā) **Scottas [m]** Scots
sculan (pp) sceal, scealt, scolde to be obliged, shall, must
(sē) **Scyttisc-** the Scottish, the Scottish language
±seġlan (I) to sail
seolcen silken
sē **siġe, -as** victory, success
slēan (6) [slīehð] slōh, slōgon, slagen to slay
sēo **slīefe, -an** sleeve
sumes (idiom) to some extent, somewhat
swā...swā (idiom) so...as, as...as
sēo **tunece, -an** tunic
twēoġendliċ doubtful
ðurfan (pp) ðearf, ðearft, ðorfte to need, must
sē **undersyrċ, -as** undershirt
unnan (pp) ann, -, ūðe to allow
sē **wæstm, -as** result
ðæt **wæter, - (wætres)** water, sea
sē **wīcing, -as** viking
ðæt **wīġ, -** strife, battle
sē **winter, wintras** year, winter
±witan (pp) wāt, wāst, wiste to understand, know
sēo **±witnes, -sa** witness
wyllen woolen

‡ This noun takes the **r** in all the plural forms.

7.2 Reading

Angle for Ealneġ

'Iċ sēo ðæt mōste ðū on Anglum ealneġ standan,' spricð Redbodes abbod on write tō his leornere. 'Ac ðū ġieta ne scealt tō ðīnum ealdrum be him wrītan. Ðū wāst hū nēodlīċe wyrcað hīe ðæt ðū, hiera ċild, canst leornian. Ġecyndlīċe willað hīe hēr sēon ðīnra lāra wæstmas on Frisum and nāht on Anglum.'

'On ðissum mōnðum,' andswarað Redbod, 'iċ wislīċe leornie hwæt is ġeflit. Iċ cann Angle sumes wel and ġieta cann iċ secgan ðæt iċ eom of gōdum lande. Man meaht ðenċan be Anglum hwæt wile man. Ofer eallum unstillnessum cann man libban hēr wel. And nealles ān for ðǽm drohtðe. Ðæt spell "Leofa and ann tō libbanne" is hēr ān lārcwide. Ac iċ ġieta ðenċe ðæt mid tīman sceal iċ weorðan twēogendliċ for iċ leornie Angle tō sēonne of ðǣre scēawungstōwe Angla. Sceal Angle wislīċe mīn hām weorðan?'

Ġecyndelīċe hit līcað Frēaġife, Redbodes friend, tō sprecanne be his ðōhtum. 'Ðū ne ðearf onġēan gān tō Frise ġief ðū nilt,' sægð hēo. 'Oððe nis Angle swā nā līcwyrðe ðē swā Frise?'

'Ðæt nis swā lēoht tō secganne swā ðū meaht ðenċan,' andswarað Redbod. 'Fram ofer cd ġēara cymð Frise tō Anglum and eall ðearf āne andsware findan for āscunge hwæðer willað hīe ealneġ on Anglum libban. For ðǣm Frisum tōdæġe is hit hwīlum earfoðliċe, for ðǣm ūre drohtað samod is hēah and Frise æt ende frið hæfð.'

'Iċ onġiete,' sægð Frēaġifu, 'ðæt ēower maniġ wile onġēan hāmweard gān. Hīe findað Frise wel līcwyrðe. Ac hit līcað mē ðæt ðū hēr stent, Redbod. Iċ ne cann ðē helpan tō findanne āne andsware tō ðǣre āscunge hwæðer sceal Angle ðīn hām weorðan.'

Redbod ðearf hliehhan. 'Unġesæliġlīċe is ðæt sōðliċ. Ǣnliċ cann iċ and ðearf iċ sē āne ðā andsware findan.'

7.3 Grammar

7.3.1 Preterite-Present Verbs

Preterite-present verbs lost their original present tense. The preterite forms have taken the present meanings and new past forms developed. Most of these verbs function as modal auxiliaries or 'helping verbs'. The chart below shows the present conjugation of these verbs. The asterisk (*) denotes those that function as modals.

Infinatives	First	Second	Third	Plural
āgan	**āh**	**āhst**	**āh**	**āgon**
cunnan*	**cann**	**canst**	**cann**	**cunnon**
dugan	**dēah**	**--**[1]	**dēah**	**dugon**
durran*	**dearr**	**dearst**	**dearr**	**durron**
magan*	**mæġ**	**meaht**	**mæġ**	**magon**
mōtan*	**mōt**	**mōst**	**mōt**	**mōton**
ġemunan	**ġemann**	**ġemanst**	**ġemann**	**ġemunon**
sculan*	**sceal**	**scealt**	**sceal**	**sculon**
ðurfan*	**ðearf**	**ðearft**	**ðearf**	**ðurfon**
unnan	**ann**	**--**	**ann**	**unnon**
witan	**wāt**	**wāst**	**wāt**	**witon**

7.3.2 Infinitives

- The modal auxiliaries listed above and the verb **willan** are used with uninflected infinitives (infinitives as they are given in the vocabulary list).

  Example: Hē wile tō Witanċeastre gān. (He wishes to go to Winchester.)
- Other verbs, including **bēon**, take inflected infinitives preceded by the preposition **tō**. To form an inflected infinitive, simply add **ne** to the uninflected form.

  Example: Hē bið tō Witanċeastre tō gānne. (He is to go [will go] to Winchester.)
- The infinitives of verbs of motion, such as **gān**, are sometimes 'understood', or left unstated, when used with a modal.

  Example: Hē wile tō Witanċeastre. (He wishes to go to Winchester.)

---

[1] The second person forms for **dugan** and **unnan** are not recorded. They would probably be **deahst** and **anst**.

• The subject infinitive is used with verbs of command and where Modern English usually takes the present participle. The subject may either be stated or understood.

Examples: Hē bitt helpan. (He ordered [them] to help.)

Hē hīerð hīe clipian. (He hears her crying out.)

7.3.3 Imperatives

The imperative forms for the Class III verb **libban** are **leofa** and **libbað**. For the preterite-present verbs, use the first person form for the singular. As is usual, the plural present form is also the plural imperative.

7.3.4 Numerals

Eleven (11) **endleofan**
Twelve (12) **twelf**
Thirteen (13) **ðrīetīene**
Fourteen (14) **fēowertīene**
Fifteen (15) **fīftīene**
Sixteen (16) **siextīene**
Seventeen (17) **seofontīene**
Eighteen (18) **eahtatīene**
Nineteen (19) **nigontīene**
Twenty (20) **twēntiġ**
Twenty-one (21) **ān and twēntiġ**
Thirty (30) **ðrītiġ**
Forty (40) **fēowertiġ**
Fifty (50) **fīftiġ**
Sixty (60) **siextiġ**
Seventy (70) **seofontiġ**
Eighty (80) **eahtatiġ**
Ninety (90) **nigontiġ**
[One] Hundred (100) **[ān]hund [+ g]**
One hundred and twenty-one **ānhund and ān and twēntiġ**
[One] Thousand (1000) **[ān] ðūsend [+ g]**

7.4 Pattern Drills

A. *For each item, give the next higher numeral.*

Example: ðrīe and fīftiġ

fēower and fīftiġ

1. siex and twēntiġ
2. seofontīene
3. ān and fēowertiġ
4. nigontīene
5. ðrīetīene
6. twēntiġ
7. fīf and fēowertiġ
8. eahtatīene
9. seofon and seofontiġ
10. ðrītiġ
11. twēġen and siextiġ
12. nigon and twēntiġ
13. nigon and fīftiġ
14. fēower and eahtatiġ
15. endleofan
16. nigon and nigontiġ

B. *Identify the following Roman numerals in Old English.*

Example: xvi

siextīene

1. xxii
2. ccclv
3. dxxxi
4. xlix
5. cd
6. xciii
7. md
8. lxviii
9. xii
10. xiv

C. *Answer affirmatively in the first person plural.*

Example: Magon ġē tōdæġe sīðian on ðā burg?
Ġēa, tōdæġe magon wē on ðā burg sīðian.

1. Ðurfon ġē tōdæġe leornian miċel?
2. Willað ġē helpan ðǽm frīend?
3. Magon ġē on ðā burg?
4. Sculon ġē ǽlċum dæġe wyrċan?
5. Mōston ġē swelċne wæġn?
6. Cunnon ġē leornian eall?
7. Mōston ġē ān hūs?
8. Ðurfon ġē gān ðurh burg?
9. Witon ġē sum be Anglum?

D. *Answer affirmatively in the first person singular.*

Example: Ðearft ðū hwīlum wyrċan?
Ġēa, hwīlum ðearf iċ wyrċan.

1. Wilst ðū leornian Angle?
2. Mōste ðū swelċ lāc?
3. Scealt ðū leornian sum?
4. Wilst ðū sum leornian be him?
5. Canst ðū eall onġietan?
6. Ðearft ðū oft helpan ðīnre mēder?
7. Mōst ðū sēon hine?
8. Wilst ðū ðissum ǽfne wyrċan?
9. Meaht ðū talian hīe?
10. Canst ðū eall?

E. *Restate each sentence, using the correct form of the modal auxiliary given in parentheses.*

Example: Iċ nete. (magan)
Iċ ne mæġ etan.

1. Wē ne secgað. (cunnan)
2. Hē āscað ðone magister. (ðurfan)
3. Man hæfð hit lēoht. (magan)
4. Mīn frēond sīðað ðurh Angle. (willan)
5. Tōdæġe leorniað wē for ðǽre scōle. (sculan)
6. Iċ nete miċel. (mōtan)
7. Iċ ne ġelīefe hit. (cunnan)
8. Wē leorniað miċel. (ðurfan)

7.5 Exercises

A. *Underline the modal auxiliaries in* **Angle for Ealneġ**.

B. *Answer orally.*

1. Hwæt ne mæġ Redbod wrītan his ealdrum?
2. Hwý ðurfon Redbodes ealdras wyrċan nēode?
3. Ðearft ðū samod wyrċan nēode?
4. Hwæt leornað Redbod wislīċe?
5. Hwæt sæġð hē be Anglum?
6. Hwæt spell on Anglum is lārcwide?
7. Cann Redbod hwæðer hē ealneġ on Anglum wile standan ?
8. Ðearf Redbod gān tō Frisan ġief hē ne mōste?
9. Wilst ðū on Anglum libban?
10. Canst ðū ðīnne hām wel?
11. Tala ðū fram tīen tō twēntiġ.
12. Tala ðū fram twēntiġ tō ðrītiġ.

C. *Change the subjects in the following sentences to the singular.*

1. Wē ne cunnon hwæt hīe willað.
2. Ðā leorneras ne magon wyrċan.
3. Ðā ċildru willað cuman.
4. Ðā hlǽfdiġan sculon tōdæġe on ðā burg gān.
5. Wē ðurfon ðæt sēon.
6. Hīe mōston Angle leornian.
7. Ðā ċildru nyton nāht eall.

D. *Translate the sentences in Exercise C into Modern English.*

E. *Write the following in Old English.*

1. Are you obliged to go to Frisia again, Redbod?
2. He says that he cannot find an answer.
3. We know England somewhat well.
4. He learns to understand the troubles of the land.
5. You are not able to do that, Æbbe.
6. I know that you do not like England.
7. This year she wants to visit Frisia.
8. She wants to learn the language.
9. My parents must work diligently so that I can attend school.
10. You need not write a letter, because you shall see him this weekend.

7.6 Pronunciation Practice

Read the columns aloud from top to bottom, and then from left to right.

soft **h**	*hard* **h**	*soft* **ð**	*hard* **ð**
habban	ni**h**t	**ð**ancian	ni**ð**er
healdan	dry**h**ten	wi**ð**	hwæ**ð**er
hlāford	po**hh**a	cý**ðð**	wi**ð**er
hōn	feo**h**	**ð**urh	ō**ð**er
hræd	hlie**hh**an	o**ðð**e	weor**ð**an
hwīt	nēa**h**	ū**ð**wita	lo**ð**a

8. Chapter Eight

8.1 Vocabulary

æftan (adv) from behind, in the rear
bānlēas boneless
ðæt **bæc, -u** back
bærbære barbarous
sē **bearu, bearwas (bearwes)** grove
sē **belt, -as** belt
sē **bosm, -as** breast, ship's hold
sēo **brōc, brēċ, (brōce)** breeches
±beran (4) (birð) bær, bǽron, boren to bear
birnan (3) (birnð) barn, burnon, burnen to burn
būtan (conj) but, except, unless
bytlan (I) to build
ðæt **cnēo, - (cnēowes)** knee
±cwellan (I) to kill
±ealgian (II) to defend
ēastan eastern
efne even, equal
±endian (II) to end
forð (adv) forth, forwards, onwards
ġearu prepared
sē **gyrdel, grydlas** girdle, belt
ðæt **hēafod, hēafdu** head
hider (adv) hither, to this side
healdan (7) (hielt) hēold, hēoldon, healden to hold
sē **healsmyne, -as** necklace
ġehelmian (II) to cover
hōn (7) (hēhð) hēng, hēngon, hengen to hang
hrēodan (2) (hrīett) hrēad, hrudon, hroden to adorn
ðæt **landfolc, -** natives
ðæt **lid, -u** ship
sē **loða, -an** mantle
ðæt **middel, middlu** middle
ðæt **nāht, -** nothing
±namnian (II) to call, name
nearwian (II) to become small
niðer (adv) down, downwards, beneath
norð north, northern
(adv) north, northwards
on bæce (idiom) backwards
sēo **±sceaft, -a** creation, origin
sēo **scīr, -a** district
scort short
sē **sculdor, sculdru (sculdre)**‡ shoulder
ðæt **siġle, -u** brooch
sēo **strengu, -a** strength
sūð south, southern
sē **tūn, -as** enclosure
ðurhfaran (5) (-færð) -fōr, -fōron, -faren to pass through
sē **underhwītel, -hwītlas** under-garment
sē **underwrǽdel, -wrǽdlas** waistband
unġelǽred ignorant, illiterate
upp (adv) up, upstream, inland
sē **weall, -as** wall
weallan (7) (wielð) wēoll, wēollon, weallen to well
wegan (5) (wiġð) wæġ, wǽgon, weġen to wear
ðæt **weorod, -** company
wrāð hostile
sēo **wrist, -a** wrist
sēo **yppe, -an** platform

‡ **Sculdor** takes masculine endings in the singular and neuter ones in the plural.

8.2 Reading

Sē Ealdormann, His Hlǽfdiġe, and Hiera Burg

Sē ealdormann wiġð undersyrċ and brēċ. Hosenbendas fæstniað ðā brēċ. Ðonne hē wiġð brēċ tō his cnēo, ðonne wiġð sē hlāford hosan. Ān belt sē ðe ðurhfærð holu on ðǽm underwrǽdle hielt ðā brēċ. Ofer ðǽm undersyrċe, hē wiġð wyllne tunecan oððe līnne ðā ðe ġerǽċð ðā cnēo. Sēo tunece hæfð lange slīefan ðā ðe nearwiað æt ðǽre wriste. Ān siġle tīegð ðone loðan on ðǽm bosme oððe ðǽm sculdre. Sē ealdormann oft wiġð āne cæppan.

His hlǽfdiġe wiġð līnenne underhwītel and āne tunecan tō hire fōtum. Hēo hwīlum wiġð oðere tunecan and ðæt wīf gyrt hīe æt ðǽm middle. Ofer ðisse cymð sē loða. Hē hēhð niðer forð and on bæce mid hole for hēafde.

Ān seolcen seġl oððe līnen ġehelmað ðǣre hlǣfdiġan hēafod. Hēo birð ānne pohhan and hēo hrīett selfe mid healsmynum.

Sē ealdormann wunað on ānum reċede ðǣm ðe hē bytlað and sēo hlǣfdiġe. Hē āsett āne yppan on ðæs norðes wealles middle. Ðæs cuman setl is on ðǣm sūðum. Ān fȳr birnð on reċedes middle. Ðæs hlāfordes ġesīðas gyrdað ðæt reċed mid hiera hūsum. Ðæt wæter wielð upp of ānne spring nēah ðǣm mōthūse hwǣr sē ealdormann dēmð miċlu ðing. Ān tūn gyrt ealle.

8.3 Grammar

8.3.1 'I-Mutation' in Strong Verbs

Like some of the nouns we have encountered, strong verbs are often affected by 'i' mutation in the second and third person singular forms in the present tense. The **i** that caused the vowel change is no longer present. The chart below shows the sound shift.

Old Vowel	becomes	New Vowel		Old Vowel	becomes	New Vowel
æ	>	**e**		**u** *or* **ū**	>	**y** *or* **ȳ**
e	>	**i**		**a + m** *or* **n**	>	**e + m** *or* **n**
a *or* **ā**	>	**æ** *or* **ǣ**		**ea** *or* **ēa**	>	**ie** *or* **īe**
o *or* **ō**	>	**e** *or* **ē**		**eo** *or* **ēo**	>	**ie** *or* **īe**

8.3.2 The Irregular Declension: Doubled U

Nouns and adjectives of this declension change the **u** to **w** when it takes an ending that begins with a vowel. The **u** becomes **o** when followed by a consonant. For example, the accusative forms of **ġearu** are **ġearone** (masculine singular), **ġearu** (neuter singular and plural), and **ġearwe** (masculine plural; feminine singular and plural).

8.3.3 Ordinal Numerals

Ordinal numbers always decline weak, with the exception of **ōðer**, which always declines strong.

forma first
ōðer second
ðridda third
fēorða fourth
fīfta fifth
siexta sixth
seofoða seventh
eahtoða eighth
nigoða ninth
tēoða tenth

8.4 Pattern Drills

A. *Change the subjects in the following sentences from the plural to the singular.*

Example: Hīe ġiefað him nāht.
Hē ġiefð him nāht.

1. Hīe wegað hosan.
2. Hīe standað æt ðǣm borde.
3. Hīe sprecað mid him.
4. Hīe stoppiað beforan ðǣm hūse.
5. Hīe oft gāð ðurh fōtum.
6. Hīe ne berað miċel.
7. Hīe forġietað nāht.
8. Hīe sīðiað mid seġlbāte.

B. *Change the subjects in these sentences from the singular to the plural.*

Example: Hē spricð tō hlūde.

Hīe sprecað tō hlūde.

1. Hē nilpð mē nāht.
2. Hē forġiet ðone tīman.
3. Hē ne gǽð miċellīċe lange.
4. Hē itt æt ðǽm borde.
5. Hē ann ðā ċildru gān.
6. Hē tīegð ðone belt.
7. Hē wierð sumes ðiċċe.
8. Hē ġiefð hire sume tō etanne.

C. *Answer negatively in the first person, but affirm in the third person singular.*

Example: Sīehst ðū hine?

Nā, iċ ne sēo hine, ac hē hine sīehð.

1. Wiġst ðū hit?
2. Hilpst ðū him?
3. Tæcst ðū hit?
4. Itst ðū miċel?
5. Talast ðū ðone tīman?
6. Stoppast ðū ðǽr?
7. Ġiefst ðū hit him?
8. Onġietst ðū hine?

D. *Answer the questions negatively in the third person, but affirm in the first person singular.*

Example: Birnð hē ðæt fýr?

Nā, hē ne birnð ðæt fýr, ac iċ hit birne.

1. Dēmð hē ðā ġesīðas?
2. Birð hē ānne pohhan?
3. Cymð hē oft hēr?
4. Hielt hē his cæppan?
5. Ðurhfærð hē ðone ġeard?
6. Hrīett hē his hlǽfdiġan?
7. Gyrt hē his belt?
8. Wierð hē sumes ðiċċe?

E. *Translate the following numerals into Old English.*

1. second
2. fifth
3. seventh
4. third
5. ninth
6. tenth
7. first
8. fourth
9. sixth
10. eighth

8.5 Exercises

A. *Answer orally.*

1. Hwæt wiġð sē ealdormann?
2. Hwæt fæstnað his brēċ?
3. Hwǽr ðurhfærð his belt?
4. Hwæs is his tunece?
5. Hwǽr tīegð hē his loðan?
6. Hwæt wiġð hwīlum sēo hlǽfdiġe?
7. Hwǽr hēhð hire loðan?
8. Hwǽm mid ġehelmað hēo hire hēafod?
9. Hwæt birð hēo?
10. Birst ðū ānne pohhan?
11. Hrīett hēo selfe mid siġlum?
12. Hrīest ðū selfe mid siġlum oððe healsmyne?
13. Hwā bytlað hiera reċede?
14. Hwǽr āsett hē ðā yppan?
15. Hwæt is on ðæs reċedes middle?
16. Hwā dēmð on ðǽm mōthūse?
17. Dēmst ðū ōðras?
18. Hwǽm of wielð upp wæter?

B. *List the infinitives of all the verbs in* **Sē Ealdormann, His Hlǽfdiġe, and Hiera Burg**.

C. *Change the subjects and verbs in the following sentences to the plural.*

1. Iċ oft sīðie ðurh Anglum.
2. Iċ weġe mīne brēċ.
3. Iċ bere ān writ tō ðone ealdormann.
4. Tōdæġe dēme iċ ðā ġesīðas.
5. Iċ hwīlum sprece mid ðǽm magistre.
6. Iċ oft helpe mīnum friend.
7. Iċ nete ðone hlāf.
8. Iċ sēo hine on his reċede.

D. *Supply the correct form of the verb in parentheses.*

1. Sē ġesīð ____ ðā burg. (besēon)
2. Hē ne ____ hosan. (wegan)
3. Ðæt wīf ____ hire hlāford. (onġietan)
4. Sē ealdormann ____ on ðǽm reċede. (wunian)
5. Hwý ne ____ ðū tō him? (sprecan)
6. Ðæt mæġden ____ ðone hlāf. (etan)
7. ____ hīe ðone weall? (gyrdan)
8. Hē ____ hire ān siġle. (ġiefan)

E. *Change the following sentences to the plural.*

1. Hēo wiġð nīewu tunecan.
2. Sēo hlǽfdiġe sīðað miċel.
3. Hē tæcð ðone healsmyne tō ðā hlǽfdiġan.
4. Sē dæġ gǽð wel.
5. Sē fæder hilpð ðǽm ċilde.
6. Hēo wrītt tō hire friend.
7. Hēo birð pohhan.
8. Ðæt ċild nitt ðone hlāf.

F. *Write in Old English.*

1. Not all ladies wear silk tunics.
2. He forgets to set the platform near the wall.
3. He girds his belt at his waistband.
4. The enclosure is very new.
5. She covers her head with a linen veil.
6. His wool mantle is long.
7. The fire burns for a long time.
8. Brooches adorn her mantle.

9. Chapter Nine

9.1 Vocabulary

sē **æftergengel, -genglas** successor
ætīewan (I) to show oneself, appear
behēafdian (II) to behead
sēo **behēafdung, -a** beheading
biddan (5) bæd, bǣdon, beden to order, require
sē **Bretenwealda, -an** Bretwalda
±cennan (I) to produce
(sēo) **Cent** Kent
(sē) **Centisc-** the Kentish
clyppan (I) to clasp
sē **cnēomǣġ, -māgas (-mǣġes)** ancestor, kinsman
cwelan (4) [cwilð] cwæl, cwǣlon, cwolen to die
ðæt **±cynd, -** kind, nature, race
ðæt **cynecynn, -** royal family
sē **cynescipe, -as** kingly power
ðæt **cynn, -** kind
±dǣlan (I) to share, divide
dōn tō nāhte (idiom) to annul
(ðā) **Ēastengle [m]** East Anglians, East Anglia
ðā **elðēoda [f]** foreigners
endenēhst last, final
sēo **±hālgung, -a** consecration
heard hard, harsh, cruel
hycgan (III) to think
sēo **Hymbre** the Humber River
ierfian (II) to inherit
læt late, slow
  late (adv) slowly, lately
lǣtan (7) lēt, lēton, lǣten to leave behind, bequeath
sēo **līċrest, -a** cemetery
±mǣnan (I) to mean
mǣst (supl) most, greatest
(ðā) **Mierċe (Mierċna) [m]** Mercia, Mercians
±nǣġan (I) to address, advance
ofercuman (4) [-cymð] -cōm, -cōmon, -cumen to overcome
sē **oferwealdend, -as** over-lord
ðæt **sǣland, -** coast
ġeslēan (6) [ġeslīehð] ġeslōh, ġeslōgon, ġeslagen to win
±staðolian (II) to establish, confirm
ðæt **stǣr, -** history, story
strang strong, powerful
strengra (comp) stronger
(ðā) **Sūðengle [m]** South Anglians, people of Southern England
(ðā) **Sūðerġe [m]** Surrey, people of Surrey
(ðā) **Sūð Seaxe (Seaxna) [m]** Sussex, South Saxons
sē **ġetalscipe, -as** multitude
±trahtian (II) to treat
±ðynċan (I) [*impersonal* **+ d]** to appear, seem
undōn (anom) -dō, -dēst, -dyde to undo, cancel
sēo **unġelīċnes, -sa** difference
wācian (II) to become weak
±wealdan (7) wielt, wēold, wēoldon, wealden [+ d *or* **g]** to rule
weardian (II) to watch, guard
sē **wīga, -an** fighter
sē **wīġsmið, -as** warrior

9.2 Reading

Mierċna Strengu

Mierċe cyningas wǣron strange Bretenwealdas and hīe lifdon lande on miċles writes and lage. Mierċna Æðelbald (dccxvi - dcclvii) ierfode miċel strenge ðǣre ðe Wulfhere strīende. Cynelica bēċ ætīewdon on sumum ġetalscipe. Æðelbald hēt 'Sūðengla cyning'. Sē oferwealdend wēold eall land Hymbra sūð. Ac West Seaxe stōdon frēolsa and Norðhymbre samod.

Æðelbaldes æftergengel, Offa (dcclvii - dccxcvi) wæs mǣst strang Angle cyning beforan Ælfrede. Hē fæstnode his stōwe and hē rīcsode ealle cynedōmas būtan Norðhymbre and West Seaxe. Offa ofercōm miċlu cynecynn. Hē fullīċe wēold Cente and hē trahtode hire cyning tō his esne. Ǣnes dyde tō nāhte hē bōce Ecgberte Cente cyninge and hē sægde ðæt hit wæs unriht ðæt his ðeġn ġeaf land wiðūtan his witnesse. Endenēhst Sūðseaxna cyning wæs sum Offan ealdormannes. On Sūðereġe, Offa staðolode bōce ðā ðe Mierċe hlāford macode. On Ēastengle, hē bæd Æðelbert cyning behēafdian.

Offa wæs forma cyning sē ðe man namode 'Bretenwealda'. Carl sē miċel næġde hine tō efne. Hē namode hine his lēofne brōðor and hē spræc be 'ðīnes cynedōmes biscopstōle and Æðelredes' eallswā Mierċna Offa and Norðhymbrena Æðelred wǣron ǣnliċe cyngingas on Anglum. On dccxxcvii macode Offa his sunu Ecgferhð Mierċna cyning hālgunge and ðæt cynescipes hāliġ cynd wearð strengra. Ac Ecgferhð cwæl ǣr æfter Offan.

9.3 Grammar

9.3.1 The Preterite or Past Tense of Strong Verbs

As explained in Chapter 2, strong verbs show a vowel change in the past tense. These changes are determined by the class to which the verb belongs. Two of the principle parts listed with the vocabulary show this change. The first preterite is the first and third person singular form. The second preterite shows the plural form. From this, the second person form is found by dropping the plural ending **on** and adding **e**. For examples, we will use **rīdan (1), hrēodan (2), findan (3), beran (4), sprecan (5), standan (6),** and **healdan (7).**

	rīdan	**hrēodan**	**findan**	**beran**	**sprecan**	**standan**	**healdan**
First person	**rād**	**hrēad**	**fand**	**bær**	**spræc**	**stōd**	**hēold**
Second person	**ride**	**hrude**	**funde**	**bǣre**	**sprǣce**	**stōde**	**hēolde**
Third person	**rād**	**hrēad**	**fand**	**bær**	**spræc**	**stōd**	**hēold**
All-plural	**ridon**	**hrudon**	**fundon**	**bǣron**	**sprǣcon**	**stōdon**	**hēoldon**

9.3.2 The Preterite of Weak Verbs

Weak verbs add a tense sign to indicate the preterite. For Class I, that sign is **ed**. The personal endings are added to this. For examples, we will use **ōnettan, erian,** and **strīenan.**

	Personal endings	**ōnettan**	**erian**	**strīenan**
First person	**e**	**ōnette**[1]	**erede**	**strīende**
Second person	**est**	**ōnettest**	**eredest**	**strīendest**
Third person	**e**	**ōnette**	**erede**	**strīende**
All-plural	**on**	**ōnetton**	**eredon**	**strīendon**

- Type A drops one of its double consonants and Type B loses the **i**.
- Type C takes only the **d** as its tense sign.
- Class II weak verbs take the tense sign **od**. The same personal endings are added to this sign.

	leornian
First person	**leornode**
Second person	**leornodest**
Third person	**leornode**
All-plural	**leornodon**

Class III Weak Verbs

As in their present tense, the Class III verbs are slightly irregular. Here are the preterite forms of **habban, secgan** and **libban.**

[1] As with **tð**, the endings **ted-** and **ded-** simplify. They become **tt-** and **dd-**, respectively.

	habban	secgan	libban
All-singular	**hæfde**	**sægde**	**lifde**
All-plural	**hæfdon**	**sægdon**	**lifdon**

The Class III Weak Verb: Hycgan

The verb **hycgan** is the last major Class III verb. The forms for any others can be deduced from this and the three Class III verbs we have already seen. Here you will find the present and past tense of **hycgan**.

	Present Tense	Preterite
First person	**hycge**	**hogde**
Second person	**hygst**	**hogde**
Third person	**hycgð**	**hogde**
All-plural	**hycgað**	**hogdon**

- The imperative forms for the verb **hycgan** are **hoga** (singular) and **hycgað** (plural).

9.3.3 Other Preterite Forms

The Irregular Verb: Wesan

The verb **bēon** has lost its past tense and thus, its preterite forms are the same as those of the verb **wesan**, which are given here.

	wesan
First Person	**wæs**
Second Person	**wǽre**
Third Person	**wæs**
All-plural	**wǽron**

Other Irregular Verbs

Here are the preterite forms for the verbs **dōn, gān** and **willan**

	dōn	gān	willan
All-singular	**dyde**	**ēode**	**wolde**
All-plural	**dydon**	**ēodon**	**woldon**

The Preterite-Present Verbs

Since the original past tense forms of these verbs had been assigned present meanings, new preterite forms developed.

Infinative	Singular	Plural
āgan	**āhte**	**āhton**
cunnan	**cūðe**	**cūðon**
dugan	**dohte**	**dohton**
durran	**dorste**	**dorston**
magan	**meahte**	**meahton**
mōtan	**mōste**	**mōston**
ġemunan	**ġemunde**	**ġemundon**
sculan	**scolde**	**scoldon**
ðurfan	**ðorfte**	**ðorfton**
unnan	**ūðe**	**ūðon**
witan	**wiste**	**wiston**

9.4 Pattern Drills

A. *Answer the following questions affirmatively.*

Example: Wæs hē samod ān magister?

Ġēa, hē samod wæs ān magister.

1. Hæfde ðæt ċild sum tō etanne?
2. Hēold hēo ānne pohhan?
3. Wæs sē hlāford scort?
4. Spræc sē ealdormann be cynescipe?
5. Cōm sē ġesīð on ðā burg?
6. Rīcsode Offa Mierċe?
7. Hæfde ðæt wīf tō miċel tō etanne?
8. Sprǣcon hīe be ðæs cyninges cynde?
9. Ðūhte hit nīewe?
10. Wǣron hīe cyneliċe?

B. *Change the following from the past tense to the present.*

Example: Tōdæġe wæs hē hēr.

Tōdæġe is hē hēr.

1. Hē fand feoh.
2. Sē ġesīð bær medu.
3. Wē drancon meolce.
4. Hēo stōd on markte.
5. Wē ēodon ðurh fōtum.
6. Wæs sē ealdormann on ðǣre byriġ?
7. Onġēate ðū ðæt ċild?
8. Hē healp ðǣm mæġdne ofer sǣ.

C. *Change the following sentences into the preterite.*

Example: Mīn brōðor nandswarað hine nāht.

Mīn brōðor nandswarode hine nāht.

1. Ēower fæder leornað nēode.
2. Wē taliað miċel feoh for him.
3. Hæfst ðū tīman for him?
4. Hē sægð hlūde.
5. Hīe habbað ānne wæġn.
6. Wē oft hīerað be ðǣm cyninge.
7. Hē nandswarað mē nāht.
8. Hē ne flīt wið mē nāht oft.
9. Iċ wunie on ðā burg.
10. Hīe leorniað Angle.

D. *Change the sentences to the past tense.*
Example: Hēo sitt æt ðǣm borde.
Hēo sæt æt ðǣm borde.

1. Iċ ete mīnne hlāf.
2. Hē giefð miċel tō hire.
3. Hēo wiġð līnne tunecan.
4. Ðæt ċild sitt æt borde.
5. Ðū siehst ðæt reċed.
6. Hē forġiet his feoh.
7. Hē rītt mid wæġne.
8. Hēo hilpð hire friend.
9. Hēo cymð on hūs.
10. Hīe tacað hiera hors hāmweard.
11. Wē sprecað mid him.
12. Iċ nonġiete hine nāht.

E. *Change the sentences to the preterite.*
Example: Cunnon hīe wrītan?
Cūðon hīe wrītan?

1. Hē wāt ðæt sē cyning wielt miċle strenge.
2. Hē ann ðæt ċild gān.
3. Ðæt ċild mæġ gān ġief hē wile.
4. Ðearfst ðū ġiefan hire ðone healsmyne?
5. Hē cann hwǣr ðū wunast.
6. Wē sculon wyrċan nēode.
7. Hē dearr ofercuman Sūðereġe.
8. Hē ġeman his mōdor.

9.5 Exercises

A. *Answer orally.*

1. Strīende Wulfhere miċel strenge?
2. Hwā ierfde ðā strenge?
3. Hwonne wēold Æðelbald?
4. Hwonne wēold Offa?
5. Hwæt hēt Æðelbald?
6. Hwæt hēt Offa?
7. Ierfde Offa Æðelbaldes cynedōm?
8. Ierfdest ðū miċel feoh?
9. Hwæs behēafdunge bæd Offa?
10. Hwā nǣġde Offa tō his efne?
11. Hwā macode Offa cyning?
12. Wearð ðæs cynescipes cynd strengra?
13. Wurde ðū strengra?
14. Hwonne cwæl Ecgferhð?

B. *Give the third person singular present tense and the third person singular preterite of the following verbs.*

1. secgan
2. etan
3. wrītan
4. findan
5. leornian
6. wegan
7. drincan
8. giefan
9. wesan
10. andswarian
11. weorðan
12. cuman
13. sprecan
14. onġietan
15. hliehhan
16. sittan
17. helpan
18. dōn
19. stoppian
20. willan
21. ðurhfaran
22. gān
23. erian
24. strīenan
25. forġietan
26. hīeran
27. beran
28. gyrdan

C. *Change the following sentences to the past tense.*

1. Mierċe cyningas sindon strange Bretenwealdas.
2. Hīe libbað on miċles writes lande.
3. Sē oferwealdend wīelt eall land.
4. Offa is Æðelbaldes æftergengel.
5. Hē fæstnað his stōwe.
6. Hē rīcsað maniġe cynedōmas.
7. Man namnað Offan 'Bretenwealda'.
8. Æðelred is Norðhymbra cyning.
9. Offa macað Ecgferhð cyning.
10. Ecgferhð cwilð ǣr æfter Offan.

D. *Change the following sentences to the present tense.*

1. Ðæt ċild ierfode miċel feoh of his fæder.
2. Hē wēold ðæt land.
3. Hē trahtode his cyning wel.
4. Sē cyning staðolode ðā bōc.
5. Offa macode his sunu cyning.
6. Hēo hogde ðæt hē wæs unriht.

E. *Write in Old English.*

1. They had great writings.
2. They also had great laws.
3. Wulfhere overcame many kingdoms.
4. Æthelbald inherited those kingdoms.
5. Offa was a strong king.
6. He ruled all the land, except Northumbria and Wessex.
7. Charlemagne addressed him as his equal.
8. Offa's son was Ecgfrith.
9. Ecgfrith was Offa's successor.
10. He died soon after his father.
11. The over-king confirmed royal charters.
12. He also ordered beheadings.
13. Offa treated the king of Kent as his servant.
14. Offa died in the year 769.

10. Chapter Ten

10.1 Vocabulary

ānlīepiġ solitary
sēo **beadu, beadwa (beadwe)** battle, war
ðæt **bealu, -u (bealwes)** harm
becuman (4) (-cymð) -cōm, -cōmon, -cumen to come
beġinnan (3) -gann, -gunnon, -gunnen to begin
±bīdan (1) [+ g] bād, bidon, biden to await
sē **bregu, -a (brega)** ruler
±brengan (I) to bring
sē **ċēap, -as** goods, bargain
sē **cyme, -as** arrival
sē **dēað, -as** death
(ðā) **Dene [m]** Danes
(sē) **Denisc-** the Danish
±drīfan (1) drāf, drifon, drifen to expel
sēo **dūn, -a** down, hill
(ðā) **Eald Seaxe (Seaxna) [m]** Old Saxons, Saxony
feallan (7) (fielð) fēoll, fēollon, feallen to fall, fail
feorr (adv) far
sēo **fierd, -a** army
(sē) **Frensisc-** the French
±grōwan (7) (grēwð) grēow, grēowon, grōwen to grow
sēo **gūð, -a** war, battle
sēo **heaðulind, -a** linden-wood shield
sēo **help, -a** help
sē **here, -as**‡ army, host
±herġian (II) to plunder
sēo **herġung, -a** raid, invasion
±hindrian (I) to hinder
sē **hlāforddōm, -as** lordship
ðæt **hornreċed, -** hall with gables
sēo **landwaru, -a** inhabitants
±læċċan (I) to capture
±lǣfan (I) to leave
lætra (comp) later, slower
limpan (3) lamp, lumpon, lumpen to suit
ġelimpan (3) ġelamp, ġelumpon, ġelumpen to occur, exist
sēo **mǣd, mǣdwa (mǣdwe)** meadow
ðæt **melu, -u (melwes)** meal, flour
sē **mōdġeðanc, -as** reason, thought
nāwērn (adv) nowhere
norðerne northerner, Northumbrian, Scandinavian
sē **Norðmann, -menn (-mannes)** Scandinavian
rǣsan (I) to rush, attack
sēo **seonu, seonwa (seonwe)** sinew
±sīgan (1) sāg, sigon, siġen to sink
ðæt **smeoru, -u (smeorwes)** fat, grease
sēo **±staðolung, -a** settlement
sē **undercyning, -as** under-king
sē **ūpganga, -an** landing
west west, western
winnan (3) wann, wunnon, wunnen to fight
ġewinnan (3) ġewann, ġewunnon, ġewunnen to conquer
wiðinnan [+ a *or* d] within
wiðstyllan (I) to retreat
yfelīċe (adv) badly, poorly

‡This noun is irregular. The genitive plural form is **herġa** and the dative plural, **herġum**.

10.2 Reading

Ðāra Wīcinga Cyme

Mierċe strengu ne dyde standan lange æfter Offan dēaðe. His æftergengel Cenwulf cyning forlēt West Seaxe on dccccii. West Seaxna Ecgbert ġewann siġe on dccccxxv and drāf Mierċe undercyning Cente fram. Lætra Mierċe fēollon Ecgberte tō and efen Norðhymbre cnēowon his hlāforddōme. Ac be Ecgbertes dēaðe on dccccxxxix Mierċe wǣron onġēan frēolsa. Ac wīcinga herġunga scoldon gadrian Angle helpan.

Ðā wīcingas hæfdon Angle ġeherġod on dcclxxxix. Sē ūpganga wæs lýtel ðing and ānlīepġe herġunga hæfdon ġefolgod. Māran hefiġe herġunga hæfdon on norðum ġelumpen. Ac ān grēate herġung on Cente on dccccxxxv begann ðrītiġ wintra tīman ðone ðe on hīe rǣsdon ġēare. Ðis endode mid heres cyme.

Ðā Norðmenn næron bærbære. Hīe hæfdon mid landum tō sūðum and tō westum ġeċēapod. Ac sēo landwaru hæfde ġegrōwen and hit hæfde earfoðliċne æt hāme ġeworden for hire selfum tō helpanne. Denisc cynecynn hæfde on dcccliv ġefeallen and nā strang cyning stōd ðætte ðā herġunga hindrode.

Ðā Dene seġldon tō Anglum and tō Freniscum landum. On dccclxv, Healfden brang Deniscne grēatan here and Inwær sē bānlēas ðone ðe becōm on Ēastengle. Beforan dccclxix hæfdon hīe Eoforwīċ ġelæht and hīe hæfdon Mierċe ġeherġod. On ðǽm ġēare rǽsdon hīe Ēastengle onġēan. Hīe ofercōmon ðā landfolc and hīe cwealdon Edmund cyning. Wiðinnan ðrim ġēarum Norðhymbrena cynedōmas and Ēastengla stoppodon tō ġelimpanne.

10.3 Grammar

10.3.1 Participles

A participle is a verbal adjective. In Old English, there are two participles, the present participle and the past.
Present Participle
The present participle is formed the same way for all regular verbs. Find the present stem by dropping the infinitive ending of **an**. Then add the participle ending of **ende**. Anomalous verbs add **de** directly to the infinitive.

Examples: **sendan > sendende**
gān > gānde

Past Participle
The past participle of the strong verbs is the last principle part given in the vocabulary lists. The past participle of weak verbs is the past stem. Class I Type C weak verbs include the **e** that is usually dropped in the preterite of that type. For example, **strīend** becomes **strīened.**

• The anomalous verbs add the prefix **ġe** to the infinitive.

Example: **gān > ġegān**

Uses of Participles

• Participles can be used as adjectives or substantives. For an example, **leorniende** can mean 'learning' when used as an adjective. When used substantively, it means the 'learning man' or the 'learner'. The past participle, **leornod**, means 'learned' or the 'learned one'. The participles can decline as ordinary adjectives; but they do not need to take case endings.

• The participle can form a 'dative absolute', when in the dative case with a noun or pronoun. This is much like the 'ablative absolute' in Latin.

Example: Hlāforde standendum, cyning lǽfede. (With the lord remaining, the king left.)
Læċċendum landware, sē wīcing wēold. (Capturing the inhabitants, the viking ruled.)

• Participles are used to form the resolved tenses, which are explained below.
• Participles are used to form the passive voice, which will be explained in a later chapter.

10.3.2 Resolved Tenses

The resolved tenses include the present perfect and the pluperfect.[1] The term 'perfect' is used, because the action has been perfected or completed. In the present perfect, the action has been completed before the present time. The pluperfect shows an action that has been completed before some moment in the past. As with Modern English, both tenses are formed using 'to have' and a participle. When used with **habban**, past participles take the prefix **ġe**, unless they begin with a prefix. An example of this is the participle **becumen**. The helping verb takes its normal position within the sentence, but the participle is usually placed at the end of the phrase.
The Present Perfect
The present perfect is formed with present tense of **habban** and the past participle.

Example: Sē hlāford hæfð ðone hlāf ġeeten. (The lord has eaten the bread.)

1 The preterite can also be used to express these tenses.

The Pluperfect

The pluperfect is formed with the preterite of **habban** and the past participle.

Example: Sē hlāford hæfde ðone hlāf ġeeten. (The lord had eaten the bread.)

The Verb 'To Be'

The verb 'to be' can be used with the past participle to form the perfect tense of intransitive verbs.[1] The present tense of **bēon** or **wesan** is used to form the present perfect; the preterite form is used to form the pluperfect.

Examples: Sēo bāt is siġen. (The boat has sunk.)

Sēo bāt wæs siġen. (The boat had sunk.)

The Continuous Tense

To show a continuation of action, or to show vividness in the simple present, the verb 'to be' is used with the present participle.

Example: Đā Dene sindon ġieta cumende. (The Danes are still coming.)

10.4 Pattern Drills

A. *Give the present and past participle for the following verbs.*

Example: onġietan

onġietende, onġieten

1. etan
2. gān
3. wegan
4. biddan
5. sēon
6. sittan
7. beran
8. helpan
9. cuman
10. tacan
11. sprecan
12. forġietan
13. weorðan
14. witan
15. hliehhan
16. mōtan
17. drincan
18. cnāwan
19. dōn
20. cunnon

1 These are verbs that take no direct object. For example, the word 'rains' in 'it rains' is an intransitive verb.

B. *Change the sentences from the past to the present perfect.*
Example: Hē ne spræc him nāht.
Hē næfð him nāht ġesprecen.

1. Đā wīcingas becōmon nēah ðǽre byriġ.
2. Hīe cūðon his naman.
3. Wē ridon mid ðǽre seġlbāte.
4. Hē andswarode hīe hlūde.
5. Onġēaton hīe ðone plegan?
6. Iċ wrāt tō mīnum friend on Eald Seaxum.
7. Hīe āscodon hine maniġe āscunga.
8. Sē hlāford oft hlōh.

C. *Change the sentences in Pattern Drill B from the past to the pluperfect.*
Example: Hē ne spræc him nāht.
Hē næfde him nāht ġesprecen.

D. *Change the sentences from the present to the continuos present tense.*
Example: Hē wrītt ān writ.
Hē is ān writ wrītende.

1. Hē stent on ðǽre byriġ.
2. Hē forġietað miċel.
3. Sē wīcing bringð miċel feoh.
4. Sēo hlǽfdiġe stent langum tīman.
5. Hē oft leornað.
6. Iċ drince medu.
7. Sē sīð endað ǽr.
8. Sē bytla clipað his wīfe.

E. *Translate the changed sentences in Pattern Drill D into Modern English.*
Example: Hē is ān writ wrītende.
He is writing a letter.

10.5 Exercises

A. *Answer orally.*

1. Dyde Mierċe strengu æfter Offan dēaðe lange standan?
2. Hwā wæs Offan æftergengel?
3. Hwonne forlēt Cenwulf West Seaxe?
4. Hwā wæs West Seaxna cyning?
5. Hwonne hæfdon ðā wīcingas ġeherġod Angle?
6. Wǽron ðǽr ānlīepġe herġunga?
7. Hwǽm on wæs sēo grēate herġung on dcccxxxv?
8. Hwǽm mid hæfdon ðā Norðmenn ġeċēapod?
9. Wǽron ðā Norðmenn bærbære?
10. Hwý hæfde hit earfoðliċne æt hām ġeworden for ðǽre landware tō helpanne hīe selfe?
11. Fintst ðū ðæt hit wierð earfoðliċne tō helpanne ðīnum selfum?
12. Hwā brang Deniscne grēatan here?
13. Hwā wæs Ēastengle cyning?

B. *Underline all the participles in the reading.*

C. *Form sentences in a resolved tense from the following groups of words.*

1. leorneras, sēon, hīe, æfter, flītan, hiera friend.

2. wē, hīeran, sliten, ac, wē, ne, līcian, hē, nāht.
3. hlǽfdiġan, sīðian, miċel, for ðǽm, hīe, gān, maniġ, plegan.
4. wīcingas, seġlan, nīewe, land, hwonne, landwaru, grōwan, grēat.

D. *Translate the sentences formed in Exercise C.*

E. *Change the following sentences to the pluperfect.*

1. Ēower fæder leornode nēode.
2. Wē talodon miċel feoh for him.
3. Hē sægde hlūde.
4. Iċ æt mīnne hlāf.
5. Hē rād mid wægne.
6. Wē sprǽcon mid him.
7. Ðæt ċild ēode tō market.
8. Ælcne dæġ dyde hēo hire ġewyrhte.
9. Offa macode Ecgferhð cyning.
10. Hīe samod hæfdon miċle laga.

F. *Translate the following into Old English.*

1. With the population (inhabitants) growing, the vikings sailed over the sea.
2. Having raided East Anglia, they traveled to Northumbria.
3. Killing many inhabitants, they captured the land.
4. The Northmen had traded with lands to the south and the west.
5. Since the population (inhabitants) grew too large, they could not support themselves.
6. Seeing good land, they traveled to the west.
7. Coming in small companies, the Danes plundered England.
8. At first, the English had thought these raids were unimportant.
9. With Halfdan and Ivar bringing the great Danish army, the vikings came in 865.
10. Overcoming East Anglia, they killed King Edmund.

Review II

Vocabulary

sēo **āgnung, -a** claim
ðā **æbēċ (-bōca) [f]** books of law
ǣrst (supl) earliest, first of all
sē **bēag, -as** ring
(pl) jewelry
sēo **benċ, -a** bench
sē **bend, -as** bond
beniman (4) -nam, -nōmon, -numen to rob, deprive of
sēo **bisiġnes, -sa** business
(sēo) **Breten** Britain
(sē) **Brettisc-** British
(ðā) **Brettas [m]** Britons
sēo **byrġen, -a** burial
ðæt **cræftwyrċ, -** skilled workmanship
sēo **cuppe, -an** cup
ðæt **dǣl, -** valley
ðæt **ġedelf, -** excavation
delfan (3) dilfð, dealf, dulfon, dolfen to dig
ðæt **ēage, -an** eye
(ðā) **Ēast Seaxe (Seaxna) [m]** Essex, East Saxons
sē **fērscipe, -as** society
ðæt **gold, -** gold
ðæt **gyrdelhring, -** belt-buckle
sēo **hāls, -sa** salvation
(ðā) **Hǣstingas [m]** Hastings, Sussex
sē **holdscipe, -as** loyalty
(ðā) **hundwintras [m]** one hundred years
(ðā) **Iote (Iotna) [m]** Jutes
sē **landsēta, -an** settler
līgfæmende vomiting fire
(sēo) **Lunden** London, England
±mētan (I) to meet, find
sēo **midniht, -a** midnight
(sēo) **Mucing** Mucking, Essex
of (adv) off, away, absent
onfōn (7) [-fēhð] -fēng, -fēngon, -fengen to accept
sē **ord, -as** source, beginning
(sēo) **Oxnafordscīr** Oxfordshire
sē **pott, -as** pot
rǣdlēas ill-advised, unwise
(ðā) **Rēadingas** Reading, Berkshire
ðæt **rīċe, -u** reign, kingdom
(sē) **Rōmanisc-** the Roman
rūnliċ mystical
sē **sǣsīð, -as** sea-voyage
ðæt **scip, -u** ship
sē **stefn, -as** ship's prow
strengost (supl) strongest
ðæt **sweord, -** sword
±sweotolian (II) to show
sēo **Temes** the Thames river
(ðā) **Wēalas [m]** Wales, Welsh, British
sē **weard, -as** watchman, guard
±wendan (I) to turn, return
sē **wīfmann, -menn (-mannes)** woman
sē **ġewitscipe, -as** evidence
±wrecan (5) wricð, wræc, wrǣcon, wrecen to avenge, wreak
sēo **wuduwe, -an** widow

Reading

Ðāra Angla Cyme

Ðǣr nis writen ord be Angla sceafte of ðǣm tīman. Ðis folc wæs unġelǣred ðurh forman twæm hundwintrum on Bretene. For ðǣm, wē ǣnliċe cunnon sēon hiera ǣrst stǣr wrāða Bretta ðurh ēagum and rǣdlēasra elðēode.

Ġedelf ġeaf forman ġewitscipe, for ðǣm hit sweotolað ðæt beforan cdx wǣron Angle wīgan on Bretene. Lata Rōmanisca līċresta nēah Temese dǣle fram Oxnafordscīre tō Ēast Seaxe sǣlande habbað byrġenna mid gyrdelhringum ġecened ðǣm ðe sindon cynn ðæt ðe Seaxe wīġsmiðas wǣgon on Rōmaniscum here. Ǣrst flotan tīegdon cynren ðæt ðe āsette on Bretene tō Rōmanisce wīġsmiðas. Siġenu hornreċed sindon cynn ðæt ðe Angle brucon ðurh ðǣre staðolunge. Man hæfð cc reċed æt grēatum stōwe nēah Mucingum on ðǣre Temese ġefunden. Wīgan lifdon ðǣr ðā ðe āsetton on cd Lundne tō weardianne.

Fram cdxxx Angle landsētan becōmon on grēat ġetalum. Pottas of ǣrstum līċrestum on Ēastenglum ðyncað ġelīċ ðǣm ðǣm ðe man fand on Eald Seaxum. Centiscas pottas ætīewdon ġelīċ Iotna ðǣm and bēagas.

Ġedelf ne sweotolode strange unġelīċnesse ðāra twēġran folca. Be oðera hundwintra ende, Ēastengle cræftwyrċ ðynċð ġelīċ Cente ðǣm. Ġecynde bendas wācodon for sǣsīðe and fērscipe grēow landsētena nīeda tō limpanne.

Fērscipes strengostas bendas ġeond Angle stǣr wǣron cynrenes āgnunga and hlāforddōmes. Cynrenu wǣron nēa æt hām and hīe on Anglum nēa stōdon. Ānes mannes cynren hwīlum staðolode his selfes staðolunge and his hīredmenn, ċēape dǣlendum and lande. Man cann ðis on setlas naman swelċe Hǣstingas and Rēadingas sēon ðā ðe mǣnað 'Hǣstan folc' and 'Rēadan folc'. Fērscipe grēow, ac cynrenes holdscipas grēatas stōdon. Man cūðe ðæt his cynren wolde manes dēað wrecan.

Grammar

Impersonal Verbs

Impersonal verbs are verbs that appear in the third person singular only, often taking the subject **hit**. These are more common in Old English than in Modern English. An example we have already seen is **līcian**.

Example: Hit līcað mē. (It is pleasing to me *or* I like it.)

Reflexive Verbs

When a verb is reflexive, the subject and the object are the same. To express this, use the personal pronoun and the adjective **self**.

Example: Iċ spræce mē selfne ðæt iċ scolde gān. (I told myself that I should go.)

The Future Tense

There is no future tense in Old English. The present tense takes a future meaning when needed, much as the continuous present does today.

Example: Tōmorgne gā iċ tō ðǣm markte. (Tomorrow I am going to the market.)

It is important to remember that **sculan** and **willan** express obligation and desire, respectively, and do not necessarily express the future tense.

Example: Tōmorgne iċ wille gān tō ðǣm markte. (I wish to go to the market tomorrow, <u>not</u> I will go to the market tomorrow.)

Pattern Drills

Review Drill 2A

A. *Answer the following negatively in the first person singular, but affirm in the first person plural.*

Example: Āhst ðū ānne wæġn?

Nā, iċ nāh ānne wæġn, ac wē ānne āgon.

1. Canst ðū bytlan ān reċed?
2. Dearst ðū gyrdan cyninges reċed?
3. Meaht ðū tō market gān?
4. Mōst ðū tō Eoforwīċ sīðian?
5. Ġemanst ðū his mōdor?
6. Sccalt ðū esnas forġietan?
7. Đearft ðū ðīnne hlāford besēon?
8. Wāst ðū ðæt ċild?

B. *Write out the following numerals in Old English.*

Example: cdlii

fēowerhund and twēġen and fīftiġ

1. cdliv
2. dcclxviii

3. dcccxcix
4. ccxxiii
5. lv
6. cdxxii
7. cmlxxxvii
8. mlxvi
9. cccxli
10. dccxxiv

C. *Answer the following affirmatively in the first person.*

Example: Cnæwst ðū be ðāra wīcinga cyme?

Ġēa, iċ cnāwe be ðāra wīcinga cyme.

1. Cymst ðū tō ðone plegan?
2. Itst ðū miċelne hlāf?
3. Hilpst ðū ċilde ðurh ðone ġeard?
4. Siehst ðū ðæt weorod?
5. Spricst ðū mid ðīnum frēondum?
6. Stentst ðū on ðǽm reċede siððan lǽfde sē hlāford?
7. Ðurhfærst ðū ðǽre burge weallas?
8. Wiġst ðū ānne loðan?
9. Wiertst ðū ēadiġ hwonne siehst ðū ðīnne frēond?
10. Clypst ðū ðīn wīf?

D. *Change the following sentences from the present to the past tense.*

Example: Hē andswarað his magistres āscunge.

Hē andswarode his magistres āscunge.

1. Hīe berað fōdan tō bord.
2. Sē mangere bringð ċēap tō market.
3. Sē ealdormann mōt his hīredmann dēman.
4. Hīe flītað be hiera ċildrum.
5. Sē here forlǽtað his ealdormann.
6. Hēo rītt hire hors on sīðe.
7. Sēo tunece wel limpð ðā hlǽfdiġan.
8. Sē fæder wricð ðā wīgan ðā ðe sindon latas.
9. Ðæt stǽr nū endað.
10. Ðā Angle herġiað ðā Brettas.

E. *Change the sentences in Drill D to the present perfect.*

Example: Hē andswarað his magistres āscunge.

Hē hæfð his magistres āscunge ġeandswarod.

Review Drill 2B

A. *Answer negatively in the first person singular, but affirm in the first person plural.*

Example: Āhte ðū ānne wæġn?

Nā, iċ nāhte ānne wæġn, ac wē ānne āhton.

1. Cūðe ðū ān reċed bytlan?
2. Dorste ðū cyninges reċed gyrdan?
3. Meahte ðū tō market gān?
4. Mōste ðū tō Eoforwīċ sīðian?
5. Ġemunde ðū his mōdor?
6. Scolde ðū forġietan esnas?
7. Ðorfte ðū ðīnne hlāford besēon?
8. Wiste ðū ðæt ċild?

B. *Answer the following questions affirmatively.*

Example: Cnēowe ðū be ðāra wīcinga cyme?

Ġēa, iċ cnēow be ðāra wīcinga cyme.

1. Cōme ðū tō ðone plegan?
2. Ǽte ðū miċelne hlāf?
3. Hulpe ðū ċilde ðurh ðone ġeard?
4. Sāwe ðū ðæt weorod?
5. Sprǽce ðū mid ðīnum frēondum?
6. Stōde ðū on reċede siððan hæfde sē hlāford lǽfed?
7. Ðurhfōre ðū ðǽre burge weallas?
8. Wǽġe ðū ānne loðan?
9. Wurde ðū ēadiġ hwonne ðū ðīnne frēond sāwe?
10. Clypede ðū ðīn wīf?

C. *Change the following sentences from the simple present to the continuous present.*

Example: Hē beġiet sumne fōdan of his hlāforde.
Hē is sumne fōdan of his hlāforde beġietende.

1. Hē bytlað ān hūs for his wīfe.
2. Hīe ċēapiað on ðǽm markte.
3. Sēo mōdor fint hire sunu æt hāme.
4. Iċ gā ymbe ðā sǽ.
5. Hēo hliehð wel hlūde.
6. Wē libbað on Eald Seaxum.
7. Hē ealneġ ġelīefð his dohtor.
8. Sē ealdormann becymð Norðhymbre on ðǽm ǽfne.
9. Hē sīðað mid his cynrene.
10. Sē fēond nonġiet his folc nāht.

D. *Change the sentences in Drill C to the pluperfect.*
Example: Hē beġiet sumne fōdan of his hlāforde.
Hē hæfde sumne fōdan of his hlāforde beġieten.

E. *Write out the Old English word for the following ordinal numerals.*

1. first
2. second
3. third
4. fourth
5. fifth
6. sixth
7. seventh
8. eighth
9. ninth
10. tenth

Exercises

A. *Answer orally.*

1. Hwý nis ðǽr nā writen ord be Anglum cynde of ðǽm tīman?
2. Wǽron ðā Brettas wraðas?
3. Hwæt ġeaf ūs forman gewitscipe?
4. Hwatum strēame nēah fint man Rōmanisce līċrest mid Seaxum gyrdelhringe?
5. Lifdon Angle wīġsmiðas on siġenum hornreċedum?
6. Lifde ðū on siġenum hornreċede?
7. Hwate burg weardodon ðās wīġsmiðas?
8. Hæfst ðū Lundne sēonde?
9. Wācodon ġecynde bendas on Anglum?
10. Hwý wācodon hīe?
11. Hwæs āgnunga wǽron strengoste?
12. Hwǽm mid staðolode mann his selfes staðolunge?
13. Hæfst ðū āne staðolunge ġestaðolod?
14. Hwā wolde mannes dēað wrecan?

B. *Change the subjects from the singular to the plural.*

1. Hē beseah ðæt mynster on Witanċeastre.
2. Sē hlāford bycgde ān esne.
3. Ðæt ċild clipode tō his ealdrum.
4. Sēo hlǽfdiġe fand healsmyne on ðǽm borde.
5. Hēo healp hire friend ān hūs tō findanne.
6. Sē magister ne līefde ðæt lǽringmǽden æt Witanċeastre tō leornianne.
7. Sē sunu spræc mid his sweoster.
8. Ðæt wīf wæġ ðā seolcnan tunecan.
9. Hēo gyrdde selfe mid beltum.
10. Sē wīga dranc tō miċel.

C. *Change the following from the preterite to the present tense.*

1. Sē wīga næfde frēolsum tīman.
2. Sē plega wæs miċel tō lange.
3. Wē oft sprǽcon be ðǽre herġunge.
4. Wē ēodon tō Eoforwīċ ðurh fōtum.
5. Hē ġeaf ðone healsmyne tō ðǽm mæġdne.
6. Man fand ðā burg scīene.
7. Ðæt cynren sīðode mid his ċildrum.
8. Hē lifde on siġenum hornreċede.
9. Hēo wrāt mē ān writ.
10. Ðā leorneras ealneġ fliton.

D. *Change the following from the pluperfect to the preterite.*

1. Wē hæfdon āne seġlbāte ġetacen.
2. Iċ næfde mid ðǽm wæġne ġesīðod.
3. Hīe hæfdon for ðǽm spelle ġehlagen.
4. Iċ hæfde sumne medu ġedruncen.
5. Iċ næfde ðē ġeforġieten.
6. Wē oft hæfdon nīewe wýrta ġeeten.
7. Hīe hæfdon ðone plegan ġesewen.
8. Ðū næfde ðone magister onġieten.
9. Hēo wæs miċel ġesprecen.
10. Hēo hæfde mē ðā meolce ġebrungen.

E. *Translate into Old English.*

1. There are no written sources from that time.
2. The early Anglo-Saxons were illiterate.
3. Excavation gives us our first evidence.
4. Roman cemeteries have produced belt-buckles like those Anglo-Saxon warriors wore.
5. The pirates joined their families who already lived in England.
6. Pots and jewelry found in Kent appear like those of the Jutes.
7. Families with their retainers established settlements.
8. Family loyalties were very important (great) to the Anglo-Saxons.
9. They shared their land and goods.
10. A man's family would avenge his death.

11. Chapter Eleven

11.1 Vocabulary

(sēo) **Æðelinga-īeġ** Athelney, Somerset
(ðā) **Basingas [m]** Basing, Hampshire
(sēo) **Beorgscīr** Berkshire
betera (comp) better, greater
betst (supl) best, greatest
±būgan (2) [býhð] bēag, bugon, bogen to submit
(sē) **Ċippanhām** Chippenham, Wiltshire
sēo **cwēn, -a** queen
sēo **dǣd, -a** deed
sēo **Denalagu** the Danelaw
(sēo) **Dēorabyscīr** Derbyshire
sē **Ēastermōnað, -mōnðas** April
(sēo) **Ēðandūn** Edington, Wiltshire
sēo **fenfriðu, -a** refuge in the fens
ðæt **±feoht, -** fight, battle
±feohtan (3) [fieht] feaht, fuhton, fohten to fight
forġieldan (3) [-ġielt] -ġeald, -guldon, -golden to buy off, pay double [*as a penalty*]
sē **frēa, -an** ruler
sē **fulwiht, -as** baptism
frið ±niman (idiom) to make a peace treaty
±ġearwian (II) to prepare
ġeong young
sē **gūðhafoc, -hafcas** war-hawk
sē **handplega, -an** fight
sē **hærfest, -as** autumn
ðæt **hord, -** hoard
(sēo) **Hāmtūnscīr** Hampshire
ðæt **īeġland, -** island
lǣssa (comp) smaller, fewer
(sēo) **Lēgaċeaster** Chester, England
(sēo) **Ligoraċeasterscīr** Leicestershire
(sēo) **Lindcylenscīr** Lincolnshire
sēo **losing, -a** loss
sēo **niht, -a** night
sēo **nunne, -an** nun
ongān (anom) -gā, -gǣst, -ēode to attack
reċċan (I) to tell
scortliċ brief
  scortlīċe (adv) briefly, soon
±sēċan (I) to search for
±sellan (I) [+ d *of person*, **+ a** *of thing*] to give, lend
±stihtan (I) to arrange
±streċċan (I) to stretch
±swimman (3) swamm, swummon, swummen to swim
twidǣlan (I) to divide in two
twifyrċlian (II) to split into two
±ðeġnian (II) [+ d] to serve
sē **Ðrimilcemōnað, -mōnðas** May
unbeċēas incontestable
unforbūgendliċ unavoidable
unwēne hopeless
unwēned unexpected
sē **weardmann, -menn (-mannes)** guardian of the realm
ðæt **wedd, -** agreement
(sēo) **Wiltūnscīr** Wiltshire

11.2 Reading

Ælfrǣd Weardmann

On dccclxx sē Denisc here wunode æt Rēadingum and ġearwode West Seaxe tō ongānne. Ac hēr stihtdon ðā inwiddan selfe betera. Ðā wīcingas rǣsdon, ðā wæs Æðelrǣd on cynestōle. His brōðor nama and eaforan Ælfrǣd wurde betst on Angleseaxum stǣre.

Æðelrǣdes tīegd fierd and Ælfrǣdes fand ðā Dene on Beorgscīre Dūnum and ðā Dene hiera forma hefiġe losinge hæfdon. Ac Angla siġe scortliċ wæs. Ðā Dene wiðstyledon tō Rēadingas, ac nū onġēan nǣġdon and Æðelrǣd nēah Basingum ofercōmon and Ælfrǣd. On dccclxxi Ēastermōnðe nīewe Denisc here becōm. Hit ðūhte weardum ðæt West Seaxna herġunge wæs unforbūgenliċe and hīe nāwērn tō wendanne for helpe hæfdon. On middle unstillnesse cwæl Æðelrǣd, and his brōðor West Seaxna cyning wurde.

Ðæt rīċe begann yfelīċe and æfter ġēare lýtlra losinga Ælfrǣd tō forġieldanne ðā Dene ðorfte. Hīe lǣfdon West Seaxe fīf ġēaru, ðā ðe ðurh hīe herġodon Mierċe, drifon Burgrǣd cyning, and ðǣr ān selfa āsetton. Sē grēat here nū twidǽlde. Healfden tōc ānne norð and Eoforwīċscīre begann tō dǽlanne for staðolunge. Godrum brōhte ōðerne and Ōscytel and Ānund sūð and on dccclxxv onġēan onēode West Seaxe. Æt forman hæfdon hīe ġeendodliċne siġe. On dccclxxvii wiðstyledon hīe onġēan and dǽldon Mierċe. Ōðer weorod twifyrċlode and Lindcylenescīre and Dēorabyscīre āsette and Ligoraċeasterscīre.

Swa wæs hit lǽssan here sē ðe on dccclxxviii herġode West Seaxe for ðriddan tīman. Ac unwēndu herġung on Ċippenhāme ġeaf him ðā nytte. Wiltūnscīre miċel bēag and Hāmtūnscīre and Dene Ælfrǽd tō fenfriðu æt Æðelinga-īeġe drifon. Hit ðūhte unwēne stōwe, ac Ælfrǽd his tīman bād. Ǽrst on Ðrīmilcemōnðe gadrode hē fierdas and tō Ēðandūne hīe ridon. Ðǽr feaht hē wið eallum here and drāf hit.

Sē siġe wæs unbeċēas. Denisc frēa Godrum onfēng fulwiht mid sumum ġesīðum and twēġen cyningas frið nōmon. Ælfrǽd cnēow Denalage. Sē ende streahte norðwest fram Lundne tō Legaċeastre. Godrum wiðstylede mid his here tō Denalage hwǽr hē cyning wurde. Be hærfeste dccclxxx hæfdon Dene West Seaxe ġelǽfed and Ēastengela staðolunge begunnon.

11.3 Grammar

11.3.1 Irregular Class I Verbs

Some Weak Class I verbs, while regular in the present tense, are irregular in the past. The most common are given here with the first person singular preterite and the past participle. They will serve as an example for other irregular Class I verbs.

rǽċan	**rǽhte**	**rǽht**
læċċan	**læhte**	**læht**
streċċan	**strehte**	**streht**
reċċan	**rehte**	**reht**
ðenċan	**ðōhte**	**ðōht**
sēċan	**sōhte**	**sōht**
brengan	**brōhte**	**brōht**
sellan	**sealde**	**seald**
cwellan	**cwealde**	**cweald**
ðynċan	**ðūhte**	**ðūht**
bycgan	**bohte**	**boht**
wyrċan	**worhte**	**worht**

11.3.2 Comparatives and Superlatives of Adjectives

The comparative of adjectives is normally formed by adding **ra**. These are declined weak. The superlative is formed by adding **ost**. These are declined strong. For example, **dēore** (dear), **dēorra** (more dear), **dēorost** (most dear). Some adjectives show ‘i-mutation’ and take **est** in the superlative. They are listed below, as well as the irregular adjectives.

'I-Mutation'	**eald**	**ieldra**	**ieldest**
	ġeong	**ġingra**	**ġingest**
	lang	**lengra**	**lengest**
	strang	**strengra**	**strengest**
	hēah	**hīerra**	**hīehst**
Irregular	**lýtel**	**lǽssa**	**lǽst**
	miċel	**māra**	**mǽst**
	yfel	**wiersa**	**wierst**
	gōd	**betera**	**betst**

11.3.3 Adverbs

Formation
Adverbs form from adjectives. While some adjectives can also serve as adverbs, most take the endings **e**, **līċe**, or **unga**. For example, **hlūd** (loud), **hlūde** (loudly) and **yfel** (bad), **yfelīċe** (badly). An ending of **an** indicates an adverb meaning 'from someplace'. For example, **norð** (north), **norðan** (from the north).
Comparatives and Superlatives
The comparative of adverbs is formed by adding **or** and the superlative, by adding **ost**. Some adverbs show 'i-mutation', such as **lange, leng, lengest** and **feorr, fierr, fierrest**.

11.3.4 Ordinal Numerals

endlyða eleventh
twelfta twelfth
ðrītēoða thirteenth
fēowertēoða fourteenth
fīftēoða fifteenth
siextēoða sixteenth
seofotēoða seventeenth
eahtatēoða eighteenth
nigontēoða nineteenth
twēntigoða twentieth
ān and twēntigoða twenty-first
twēġen and twēntigoða twenty-second
ðrītigoða thirtieth
fēowertigoða fortieth
fiftigoða fiftieth
siextigoða sixtieth
seofontigoða seventieth
eahtatigoða eightieth
nigontigoða ninetieth
hundtēontigoða one-hundredth

11.4 Pattern Drills

A. *Form sentences comparing the persons and things mentioned.*
Example: Sē mann is ġeong. Ac sēo hlǽfdiġe?
Sēo hlǽfdiġe is ġingra ðonne sē mann.

1. Æbbe is grēat. Ac Frēawine?
2. Frēaġifu is ġeong. Ac Godġifu?
3. Ðæt hūs is nīewe. Ac ðæt reċed?
4. Sēo sǽ is scīene. Ac sē ġeard?
5. Mīn wæġn is eald. Ac his wæġn?
6. Sē leornere is stunt. Ac ðæt lǽringmǽden?
7. Sēo fōr is lang. Ac sē strēam?
8. Wē habbað miċele ġewyrhte. Ac hē?
9. Redbod is wīs. Ac sē magister?
10. Sēo scōl is nēah. Ac sē mynster?

B. *Change the sentences to the comparative.*
Example: Mīn hūs is swa grēat swa his hūs.
Mīn hūs is grēatre ðonne his hūs.

1. Mīn fæder is swa eald swa his fæder.
2. Hē hæfð swa miċele friend swa wē.
3. Ðēos burg is swa scīene swa Witanċeaster.
4. Ðis būr is swa lýtel swa mīn būr.
5. Sē plega is swa lang swa sīð hāmweard.
6. Ðīn brōðor is swa ġeong swa mīn brōðor.
7. Hire frēond is swa līciendliċ swa hēo.
8. Hē is swa stunt swa his sweoster.
9. Ðæt reċed is swa grēat swa sēo scōl.
10. Sēo ġewyrht is swa lēoht swa ðæt lāc.

C. *Change the adjective from the comparative to the superlative.*
Example: Hē is betera mann.
Hē is betst mann.

1. Hē is wiersa sliten.
2. Hit is ġingre mæġden.
3. Hē cann ieldran brōðor.
4. Hīe ridon mid nīewrum seġlbāte.
5. Hit wæs lēofre land.
6. Hīe folgiað lengran fōre.
7. Hīe wæs scortre frið.
8. Ælfrǽd wæs grēatra cyning.
9. Ðæt is scīenre siġle.
10. Hē nū is glædra.

D. *Change the following from the present tense to the past tense.*
Example: Sē leorneras wyrcað nēodlīċe.
Sē leorneras worhton nēodlīċe.

1. Sē cyning sēċð his ġesīð.
2. Sē magister reċð ūre stær.
3. Ælfrǽd selð wīcingum feoh.
4. Ðā Dene cwellað Burgrǽd cyning.
5. Healfden brengð his here tō Anglum.
6. Hit ðynċð ġelīcum nīewum.
7. Sē ende streċð fram Lundne tō Legaċeastre.
8. Sē esne bycgð landhlāfordes fōdan.
9. Hē ðenċð ðæt hit līcað him.
10. Mīn fæder wyrċð nēodlīċe.

E. *Give the ordinal numbers of the following Roman numerals.*
Example: xx
twēntigoða

1. xii
2. xxxvii
3. lvi
4. xl
5. xviii
6. xc
7. xiv
8. lxiii
9. c
10. xi

11.5 Exercises

A. *Answer orally.*

1. Hwǽr wunode sē Denisc here on dccclxx?
2. Hwā wæs Æðelrǽdes brōðor?
3. Hwæt wæs scortliċ?
4. Hwonne becōm sē nīewe here?
5. Lǽfdon ðā Dene of West Seaxum?
6. Hwý lǽfdon hīe?
7. Hwā wæs Mierċna cyning?
8. Hwǽr ēode Healfden?
9. Hwā brōhte ōðer weorod?
10. Hwæðer land dǽldon hīe?
11. Wæs sēo herġung on Ċippanhāme unwēned?
12. Hwǽr tō ēode Ælfrǽd?
13. Hwǽr rād hē mid his fierdum?
14. Hwæt onfēng Godrum?

15. Hwǽs wurde Godrum cyning?

B. *Supply the Old English words for those in the parentheses.*

1. Hiera ____ brōðor stent ____ on Anglum. (younger, longer)
2. Hē is mīn ____ frēond. (best)
3. Hæfð ðis land ____ scōle ðonne Angle? (more progressive)
4. Hire ____ sweoster is ān ____ lǽringmǽden ðonne hēo. (older, better)
5. Behindan ūrum hūse is ____ ān. (higher)
6. Hē is ____ ðonne iċ. (wiser)
7. Sēo ____ sǽ is on ____ ġearde. (prettiest, largest)
8. Sē leornere is eallra ____. (dumbest)
9. Hēo lifað on ___ reċede. (newest)
10. Cann ðū macian ġewyrhte ____? (easier)

C. *Change the subjects in the sentences in Exercise B to the plural.*

D. *Form sentences using the following words and forming the comparative of the words in italics.*

1. Eald Seaxe, *lýtel*, Angle.
2. Fæder, *eald*, mōdor.
3. Reċed, *hēah*, hūs.
4. Plega, *lang*, plega.
5. Frēaġifu, *scīene*, Godġifu.
6. Redbod, *līciendliċ*, Æbbe.
7. Sweoster, *ġeong*, brōðor.
8. Iċ, *ēadiġ*, hē.
9. Ūðwitegung, *lēoht*, lǽċecræft.
10. Witanċeaster, *nēah*, Eoforwīċ.

E. *Translate into Old English.*

1. The teacher told me about Alfred.
2. The Danish army prepared to invade Wessex.
3. It seemed that the English overcame them.
4. But their success was brief.
5. In April, a new army came.
6. The defenders had nowhere to turn.
7. At that time, Alfred became king.
8. He needed to give money to the Danes.
9. They then went to Mercia where they expelled the king.
10. With the great army divided, Halfdan turned north.
11. An unexpected raid gave the vikings the advantage.
12. Alfred worked diligently and gathered his troops.
13. After Guthrum accepted baptism, his army left Wessex.
14. When Alfred recognized the Danelaw, Guthrum became its king.

12. Chapter Twelve

12.1 Vocabulary

sē **ād, -as** pyre
sē **āglǽca, -an** monster
ðæt **āglǽcwīf, -** she-monster
sē **ǽfensang, -as** vespers, six o'clock p.m.
æfterfolgian (II) to succeed, pursue
sē **æftersang, -as** matins, twelve midnight
ǽliċ legal
sē **æðeling, -as** prince
sē **beorg, -as** mound, barrow
sē **bēorscipe, -as** feast
sē **botm, -as** bottom
sēo **byrne, -an** corslet
sē **cempa, -an** champion, warrior
ðæt **clīf, -** cliff
sē **dæġrima, -an** daybreak
±dēad dead
(sēo) **Denamearc** Denmark
sē **draca, -an** dragon
sē **earm, -as** arm
eft (adv) again, afterwards
elles (adv, conj) otherwise
sē **eoforlīċ, -as** boar-image
sēo **ēorodcyst, -a** troop, company
sēo **fandung, -a** test
fǽcne deceitful
sē **ġefēra, -an** companion
±flēon (2) [flīehð] flēah, flugon, flogen to flee
ðā **frætwa (frætwa)** treasures
±frēolsian (II) to celebrate
gāstliċ spiritual, holy
ðā **ġearwa (ġearwa)** armor
(ðā) **Ġēatas** Geats
sē **giesterdæġ, -dagas (-dæġes)** yesterday
±hēawan (7) [hīewð] hēow, hēowon, hēawen to hew
sē **helm, -as** helmet
sē **herġað, -as** devastation
ðæt **hrǽw, -** corpse, body
hrēmiġ boasting
ðæt **hringnett, -** ring-mail
hwīt white
sē **lāst, -as** track
±lāð hostile
±licgan (5) [liġeð] læġ, lǽġon, leġen to lie, remain
sē **mēċe, -as** sword
sē **mere, as** lake, pond
±miċlian (II) to magnify
sē **±nefa, -an** nephew, grandson
sē **nihtsang, -as** compline, nine o'clock p.m.
sēo **nōn, -a** nones, three o'clock p.m.
on ±feohtan (idiom) to attack, fight against
sē **prīm, as** prime, six o'clock a.m.
±rǽdan (I) to advise
sē **scield, -as** shield
sē **scop, -as** poet
±singan (3) sang, sungon, sungen to sing, sound
±slǽpan (7) slēp, slēpon, slǽpen to sleep
uncūð unknown
sē **undern, -as** tierce, nine o'clock a.m.

12.2 Reading

Beowulfes Stær

We sindon Beowulfes stær ðurh uncuðe scope reht. Beowulf wæs Geata æðeling se ðe siðode to Denamearce and beseah Hroðgar cyning. Heorot great reced wæs ðurh Hroðgare bylt and ðæt is hwær he frætwa to his gesiðum geaf. Ac his geferan of recede wæron ðurh aglæcan Grendle healdan. Đes feond of bær ða wigan ðonne hie slepon siððan beorscipe.

Feowertiene cempan wæron ðurh Beowulfe broht on his scipe. Hie wægon hringnettes byrna and helmas ða ðe mid eoforlicum wæron hroden. Đonne hie sæton on benca æt Heorote, ðonne wæron asett hiera scieldas wið wealle.

Beowulf mette Hroðgar and wæs medu ðurh Wealðeowe cwene ðegnod. He slep on recede and his menn. Đa Grendel com ða nihte, ða wæs cweald Beowulfes manna an ðurh him. Đonne wæs se feond ðurh Beowulfe on fohten, ac forlæten anum earme fleah. He wendde to his hame on mere ðæm ðe on he cwæl.

Beowulfes sige wæs ðurh Hroðgare freolsod and his gesiðum. Ac Grendles modor com and hire suna deað wræc. An ðegn wæs ðurh hire of boren. Beowulf asett on his gearwum and eode to mere. He swamm to botme hwær he aglæcwif feaht. Heo wæs ðurh him cweald mid runlicum sweorde. Đonne heow Beowulf Grendles heafod of his deadum hræwe.

Đonne Beowulf wendde to his hame. He æfterfolgode his nefan to cyning and riscode on friðe manigum gearum. Ac ðonne an his hiredmanna benam cuppan of dracan. Se draca wurde wrað and fleah ymbe lande, ligfæmendum and hergaðe wrecendum. Beowulf eode and feaht dracan. He cwealde hit mid Wiglafes gesiðes helpe. Ac Beowulf samod wæs ðurh dracan cweald.

Beowulfes ad wæs on clife neah sæ bylt and dracan frætwa samod wæron ðær legen. Æfter fyre burenum, great beorg wæs ðurh Beowulfes gesiðum bylt se ðe gehelmode begen gold and cyning.

12.3 Grammar

12.3.1 Passive XE "Verbs:Passive " Voice

There are two ways of expressing the passive voice in Old English. The first is to use the impersonal pronoun man and the active form of the verb.

Example: Man fand micle pottas. (One found many pots.)

The other way is to use the verb 'to be' or 'to become' with the past participle. As is usual, the past participle can be declined, but need not be.

Example: Micle pottas wæron ðurh magistre funden. (Many pots were found by the teacher.)

12.3.2 Telling Time

In the vocabulary of this chapter are listed the canonical hours used by the Catholic Church. The Church divided the day so that there were seven hours at which services were performed. While monks and other ecclesiastics were the only persons expected to attend all services, most Christians knew the church hours and could use them for reference. Also, the day's hours were counted from 6:00 AM and the night's from 6:00 PM. Thus, 7:00 could be referred to as 'seo forma tid' (the first hour), 8:00 was 'sēo ōðer tīd' (the second hour), and so forth.

12.4 Pattern Drills

A. *Answer the following questions in the affirmative.*

Example: Fint man ān reċed on dǣle?

Ġēa, man fint ān reċed on dǣle.

1. Sīehð man him hēr?
2. Hilpð man him oft?
3. Bytleð man nīewe wæġn?
4. Macað man ānne sīð?
5. Ġiefð man ðē gold?
6. Leornað man æt scōle?
7. Ċēapað man on markte?
8. Đearf man hwīlum tō hliehhanne?
9. Wunað man on hūse?
10. Cann man ðē hīeran?

B. *Answer the following questions in the affirmative.*

Example: Is sē fōda boht ðurh ðý esne?

Ġēa, sē fōda is ðurh ðý esne boht.

1. Is sē wæġn brōht ðurh him?
2. Is ān lang sīð macod ðurh ūs?
3. Is sē mynster besewen ðurh Redbode?
4. Is sēo āscung āscod ðurh ðý magistre?
5. Is sē plega sewen ðurh ðǣm leornerum?
6. Is hēo onġieten ðurh ðý ċilde?
7. Is sē fōda boren ðurh ðý mæġdne?
8. Is sē fierd holpen ðurh ðý cyninge?
9. Is sēo mōdor ġemunen ðurh hire suna?
10. Is sēo andswaru ġiefen ðurh ðý wīfe?

C. *Change the following sentences from the past tense to the present.*

Example: Sēo unstillnes is ðurh ðǽm wīġum fliten.

Sēo unstillnes wæs ðurh ðǽm wīġum fliten.

1. Sē stepegang is ðurh fōtum macod.
2. Sē ealdor is ðurh ðý ċilde cweald.
3. Sē hlāf is ðurh ðý cuman eten.
4. Sē frið is ðurh ðý cyninge staðolod.
5. Sēo hlǽfdiġe is ðurh ðý wīcinge læht.
6. Sē frið is ðurh ðǽm herġungum spiled.
7. Sēo burg is ðurh fýre burnen.
8. Sē hlāford is ðurh his loðan ġehelmod.
9. Ðæt hors is ðurh ðý wīġsmiðe riden.
10. Sēo byrġen is ðurh ġedelfe funden.

D. *Change the subjects in the sentences in Drill C to the plural.*

Example: Sēo unstillnes is ðurh ðǽm wīġum fliten.

Ðā unstillnessa sindon ðurh ðǽm wīġum fliten.

E. *Change the following from the active to the passive voice.*

Example: Iċ bohte ānne healsmyne.

Ān healsmyne wæs ðurh mē boht.

1. Hē ġeaf ðone healsmyne tō his wīfe.
2. Wē rīdað eald hors.
3. Sē magister ġiefð ðǽm leornerum ðā bēċ.
4. Hē beseah ðone plegan.
5. His ġeong dohtor dranc ðā meolce.
6. Hire ðiċċe brōðor æt ðone healstān.
7. Sē wrāð ealdormann fand his hīredmenn.
8. Sē glæd bytla bytlede grēat reċed.
9. Oft helpað ġit ðǽre cwēne.
10. Sē lýtel here herġode Ēastengle.

12.5 Exercises

A. *Answer orally.*

1. Hwā reht ūs Bēowulfes stǽr?
2. Hwǽr seġlde Bēowulf?
3. Besāwe ðū Denamearc?
4. Hwā beseah hē ðǽr?
5. Hwæt hēt Hroðgāres reċed?
6. Hwā hēold his ġefēran fram ðǽm reċede?
7. Hwǽm mid wǽron ðā helmas hroden?
8. Hwonne cōm Grendel?
9. Hwǽr wæs Grendles hām?
10. Hwā wræc Grendles dēað?
11. Hwǽm mid wæs hēo cweald?
12. Hwone æfterfolgode Bēowulf?
13. Rīscode hē on friðe?
14. Hwā cwealde Bēowulf?
15. Cwealde Bēowulf samod ðone dracan?
16. Hwā healp him?

B. *Give the third person singular and plural forms of the following verbs in both the present and the past tense in the passive voice.*

1. ascian
2. findan
3. stoppian
4. forġietan
5. namnian
6. dēman
7. hīeran
8. līefan
9. rīdan
10. gyrdan

C. *Change the following sentences to the passive.*

1. Frēawine clipode him tō dura.
2. Redbod rād ðæt hors.
3. Sē magister hilpð his leornere.
4. Sē wyrhta macað wæġn.
5. Sē munuc leornað maniġu ðing.
6. Bēowulf hēng Grendles earm on reċede.

D. *Form passive sentences from the following groups of words in the present and in the past.*

1. Hēo, Godswīð, onġietan.
2. Billferhð, frēond, helpan.
3. Hūs, hlāford, bytlan.
4. Tīma, hlǣfdiġe, talian.
5. Cyning, wē, hīeran.
6. Ġewyrht, ðeġnas, dōn.
7. Hlāf, ċildru, tacan.
8. Wæġn, mangere, bringan.

E. *Translate into Old English.*

1. Beowulf traveled with fourteen men.
2. They wore chain mail corslets.
3. Their shields were set against the wall.
4. The mead was served by Wealtheow.
5. Grendel's arm was hewed from his body.
6. Beowulf's victory was celebrated by Hrothgar and his men.
7. Then Beowulf killed Grendel's mother.
8. He reigned in peace many years.
9. A cup was robbed from the dragon.
10. Beowulf fought the dragon.
11. His pyre was built on a cliff.
12. The dragon's treasures were set there.
13. Beowulf and the treasures were covered by a barrow.
14. An unknown poet tells us so.

13. Chapter Thirteen

13.1 Vocabulary

ābycgan (I) to pay for, buy
±āgen own, proper
sē **beġēat, -as** acquisition
āġiefen (5) -ġeaf, -ġēafon, -ġiefen to restore
±bēodan (2) [bīett] bēad, budon, boden to command
±bētan (I) to compensate
sē **bīgenga, -an** trustee
blandenfeax gray-haired
sē **bordweall, -as** shield-wall
sē **borgbryċe, -as** breach of surety
brād broad
clēofan (2) [clīefð] clēaf, clufon, clofen to split, separate
sē **cost, -as** choice
±cringan (3) crang, crungon, crungen to fall in battle
sē **daroð, -as** spear
dennian (II) to flow
ðæt **dēor, -** beast
sē dryhten, dryhtnas lord
±efstan (I) to hasten
fealu dark
sē **feorh, feoras (feores)** life
sē **flōd, -as** flood
forðhlīfian (II) to be prominent
sē **frēomann, -menn (-mannes)** freeman
sē **gang, -as** process
sē **gār, -as** spear
ġietan (5) ġeat, ġēaton, ġieten to get
ðæt **ġift, -** gift, marriage gift [*by the groom*]
sē **god, -as** God
ðæt **hǽmed, -ru (hǽmdes)** marriage
sē **lahbreca, -an** law-breaker
iernan (3) arn, urnon, urnen to hasten
±lōcian (II) to look
lustbǽre desirable
sēo **ġemicelnes, -sa** greatness
sē **nōt, -as** note, mark
±nerian (I) to save
onfindan (3) -fand, -fundon, -funden to notice
sēo **±rǽdnes, -sa** condition, decision
sam...sam (conj) whether ... or
±scēotan (2) [scīett] scēat, scuton, scoten to shoot
sē **scipflota, -an** sailor
sē **secg, -as** man, warrior, hero
sēo **secge, -an** say
sē **steall, -as** position
strenglīċe (adv) strongly, firmly
sē **swāt, -as** sweat, blood
swīðe (adv) severely
ðæt **tungol, tunglu** star
ðe mā ðe (idiom) rather than, more than
underweorpan (3) [-wierpð] -wearp, -wurpon, -worpen to suggest
unfǽcne honest
sēo **wæċċe, -an** attention
sēo **weddung, -a** betrothal
ðæt **werġield, -** wergild
wiernan (I) [+d *of person*, + g *of thing*] to withhold, deny
sēo **wund, -a** wound
±wundian (II) to wound
ymbhabban (III) to surround

13.2 Reading

Wīfmenn and sēo Lagu

Wīfmenn ætīewað on lagum mǽst tō wīfum, wuduwan, and nunnan, ðēah mæġdnu tō beġieten nōt. Eall būtan ðisses endenēhst wǽron ǽliċe steallas ðā ðe wīfmenn fram hiera cynrenes handa clufon and hīe dōn sumes frēolsa ūðon. Ðā writen laga secgað ðæt wīfmenn meahton rǽdnessa macian be hiera līfum and næron neall ðurh mannum, hiera āgenum cynrenum oððe ðǽre ċirican rīcsod.

Ðēah ðǽr ānne bitan ċēapiendes sīe on lagum be hǽmde, hit ðynċð ðæt wīfmenn hæfdon sume tō secganne on ðǽm gange. Wē findað folgiend spell on formum æbēċ and Centiscum. 'Ġief frēomann wið frēomannes wīfe lǽġe, his werġield ābycge, and ōðer wīf his āgenum fēo beġēate and ðǽm oðrum tō hāme brunge.' Ðēah ðēos singe eallswā wīf ne cost næfden, sēo sprǽċ underwierpð elles. Ðæt word 'beġietan' limpð elles hwǽr on Angla writum hwǣr hit mǣnð ġietan wīf and hit underwierpð dǣde gange ðe mā ðe fēos dǣde ǣnlīċe. Đēah feoh ymbhæfed wǣre, nāht is on ðǣm spelle sē ðe sweotolað ðæt ðone gang moste būtan ðæs wīfes wedde limpan. Đæs lahbrecan nīede forðhlīfað. His nīed is eall fēo ymbhæfdum on nīewum hǣmde bycgan ġief ðæt folc willen. Ōðer lagu be wīfa weddungum sæġð strenglīċe ðæt wīf sceal hǣmdes wedde staðolian.

Hǣmed wislīċe wæs bisiġnesse wedd. Twēġen māran spell on formum lagum bēodað ūre wæċċan. 'Ġief man mæġden ġebohte, ċēap wǣre ġeċēapod ġief hit unfǣcne wǣre. Ġief hit ðonne fǣcne wǣre, eft hē hit tō hāme ġebrenge, and man him his feoh āġēafe.' And 'ġief man wīf ġebohte, and ġift forð ne cōme, hē āġēafe ðæt feoh and forgulde and hē bēte ðǣm bīgengan swa his borgbryċe wǣre.' On Lārcwidum, word 'ġebycgan' is brocen tō rǣdenne cyning ymbe cwēne beġēate and hit underwierpð beġēat lustbǣres ðinges, swelċe gāstliċe hālse. Đēah hǣmed bisiġnesse wedd wǣre, sprǣċ underwierpð ġemiċelnesse ðing. Ōðera laga miċliað ðās ǣran spell.

13.3 Grammar

13.3.1 Formation of the Subjunctive Mood

The subjunctive is used to express ideas and possibilities (as opposed to facts). It is often used with verbs of denying or supposing. To form the singular, add **e** to the stem and for the plural, add **en**. To form the preterite, use the preterite stem. For strong verbs, it is the second preterite stem. For contracted verbs, the present subjunctive is the same as the first person for the singular form and for the plural, the same as the infinitive.

Infinitive	**rīdan**	**ōnettan**	**erian**	**strīenan**	**leornian**	**sēon**	**wesan**[1]
Present, singular	**rīde**	**ōnette**	**erie**	**strīene**	**leornie**	**sēo**	**sīe**
Present, plural	**rīden**	**ōnetten**	**erien**	**strīenen**	**leornien**	**sēon**	**sīen**
Preterite, singular	**ride**	**ōnette**	**erede**	**strīende**	**leornode**	**sāwe**	**wǣre**
Preterite, plural	**riden**	**ōnetten**	**ereden**	**strīenden**	**leornoden**	**sāwen**	**wǣren**

13.3.2 Uses of the Subjunctive

Clauses of Condition

Conditional clauses are those which are usually introduced by the word **ġief** (if). In Old English, like Modern English, they can be either real conditions or unreal conditions.

- Real conditions take the indicative mood in both clauses.
  Example: Ġief iċ læt eom, hē gǣð hāme. (If I am late, he will go home.)
- Unreal conditions take the preterite subjunctive in both clauses.
  Example: Ġief iċ læt wǣre, hē ēode hāme. (If I were late, he would go home.)
- Conditional clauses introduced by a verb in the imperative take the subjunctive.
  Example: Folga him, ġief ðū his frēond sīe. (Follow him, if you are his friend.)
- **Būtan** usually means 'except that' when it takes the indicative, and 'unless' when used with the subjunctive.
  Examples: Hē standan wolde, būtan iċ wæs læt. (He wished to remain, except that I was late.)
  Hē standan wolde, būtan iċ wǣre læt. (He wished to remain, unless I were late.)
- Conditional clauses are not always introduced by a conjunction. In those cases, the word order is VS.
  Example: Wǣre iċ læt, hē ēode hāme. (If I were late, he would go home.)

[1] The present subjunctive forms for **beon** are **beo** and **beon**.

Clauses of Concession

- Simple concession clauses that are introduced by ðeah (although) take the subjunctive.

  Example: Ðēah hǽmed bisiġnesse wedd wǽre, sprǽċ underwierpð ġemiċelnesse ðing. (Although marriage was a business agreement, the language suggests a matter of greatness.)

- Disjunctive concessions are expressed by **sam ... sam** (whether ... or) and take the subjunctive.

  Examples: Sam hē gā sam hē ne gā, hē sæġð hire. (Whether he goes or not, he will speak to her.)

Clauses of Comparison

- Comparisons introduced by the word **ðonne** (than) usually take the subjunctive when the principle clause is positive. When the clause is negative, it often uses the indicative.

  Examples: Mann sē ðe grēatra ðonne iċ sīe, gǽð tō hāme. (The man who is taller than I, is going home.)
  Mann sē ðe grēatra ðonne iċ is, ne gǽð hāme. (The man who is taller than I, isn't going home.)

- Comparisons using **swā** or **swelċe** (as) usually take the indicative. If the meaning is 'as if', however, it takes the subjunctive.

  Examples: Hē sīðað swā hē næbbe hām. (He travels as if he has no home.)
  Hē sīðað swā hē wile. (He travels as he wishes.)

13.4 Pattern Drills

A. *Change the verb from the present indicative to the present subjunctive.*

Example: Hīe habbað ān mangunghūs.
Hīe hæbben ān mangunghūs.

1. Wē sindon on Eoforwīċe.
2. Iċ macie ānne sīð.
3. Ðū hæfst feoh.
4. Hē is on Eald Seaxum.
5. Hīe sindon lange.
6. Ġē weorðað ēadġas.
7. Hēo hliehð hlūde.
8. Iċ besēo hīe.
9. Wit andswariað nāht.
10. Ġit cumað eft.

B. *Change the verbs from the preterite indicative to the preterite subjunctive.*

Example: Hīe hæfdon ān mangunghūs.
Hīe hæfden ān mangunghūs.

1. Wē wǽron on Eoforwīċe.
2. Iċ macode ānne sīð.
3. Ðū hæfde feoh.
4. Hē wæs on Eald Seaxum.
5. Hīe wǽron lange.
6. Ġē wurdon ēadġas.
7. Hēo hlōh hlūde.
8. Iċ beseah hīe.
9. Wit andswarodon nāht.
10. Ġit cōmon eft.

C. *Change the following real conditions to unreal conditions.*

Example: Ġief iċ tō Eoforwīċ sīðie, iċ sēo Frēaġife.
Ġief iċ tō Eoforwīċ sīðode, iċ sāwe Frēaġife.

1. Ġief iċ feoh hæbbe, iċ besēo Angle.
2. Ġief hēo hlāf itt, hēo wierð sadu.
3. Ġief ðū mē wrītst, iċ andswarie ðē.
4. Ġief hē tō ðǽm manunghūse gǽð, hē spricð mid ðǽm mangere.
5. Ġief hīe flītað, hīe leorniað nāht.
6. Ġief ġit nēodlīċe wyrcað, ġit beġiet miċel feoh.
7. Ġief ðū mīn mōdor siehst, ðū sæġst 'hāl wes ðū' for mē.
8. Ġief hē ðæt ċild hīerð, hē wierð ēadiġ.

9. Ġief hīe ðone magister hīerað, hīe nonġietað hine.
10. Ġief hē ānne healsmyne bygð, his wīf sceal ne flītan.

D. *Change the first clause of each sentence into a clause of concession.*

Example: Hē is læt and hē gǽð tō scōle.

Ðēah hē læt sīe, hē gǽð tō scōle.

1. Hēo wyrċð nēodlīċe and hēo is ēadġu.
2. Hīe habbað ānne spring and hīe ne drincað wæter.
3. Sē mann rǽsð and hē cymð læt.
4. Ðæt folc næfð nā cyning and hiera land hæfð frið.
5. Sēo hlǽfdiġe itt miċel hlāf and hēo nierð sadu nāht.
6. Ðæt ċild ēode hāme and his mōdor ne fand hit.
7. Redbod wæs on Eoforwīċe and hē ne seah Frēaġife.
8. Wē cnēowon his fæder and wē ne cnēowon his mōdor.
9. Hē hlōh hlūde and hē næs ēadiġ.
10. Hīe dēmdon ðā esnas and hīe hæfdon lýtel ġeweald.

13.5 Exercises

A. *Answer orally.*

1. Hwǽm tō ætīewað wīfmenn on lagum?
2. Meahton wīfmenn macian rǽdnessa be hiera līfum?
3. Hwatum lande fram findað wē forman spell?
4. Hwæt dyde man, ġief hē ōðres mannes wīf tōce?
5. Hwæt wæs ymbhæfed on ðǽm gange?
6. Wæs hǽmed ān bisiġnesse wedd?
7. Hwæt scolde forð cuman?
8. Hwæt lustbǽre ðing ēac hǽmde wolde man?
9. Hwæt underwierpð sēo sprǽċ?

B. *Change the following real conditions to unreal conditions.*

1. Ġief iċ tō Witanċeastre gā, iċ finde āne ċirican.
2. Ġief iċ feoh āh, iċ ġiefe him fōdan.
3. Ġief hēo ðæt wæter drincð, hēo nācað.
4. Ġief ġē ūs wrītað, wē andswariað ēow.
5. Ġief hē sǽ ofer seġlð, hē besiehð his frēond.
6. Ġief hīe leorniað, hīe gāð lange.
7. Ġief ġit Eald Seaxum tō sīðiað, ġit sēoð maniġu ðing.
8. Ġief ðū mīnum fæder mid spricst, sprec samod mid mīnum mōdor.
9. Ġief hē ðæt ċild Eoforwīċe tō tæcð, hīe weorðað gōde friend.
10. Ġief hīe ðone magister besēoð, hīe leorniað miċel.
11. Ġief hē his wīfe wið flītt, hē ðearf ānne healsmyne hire bycgan.

C. *Create sentences with clauses of concession using the following groups of words.*

1. mæġden, weardian, ċild, hit, gān, on, hūs.
2. wīfmann, læċċan, siġle, sē, ðurfan, ne, ġift.
3. hūs, wesan, nīewe, hit, birnan.
4. here, gyrdan, burg, landwaru, spillan, Dene.

5. leorneras, beġinnan, onġietan, hīe, habban, miċel, leornian.
6. cyning, wesan, ġeong, hē, ċēosan, æftergengel.
7. hlāford, habban, miċel, feoh, his sunu, ne, habban.
8. healsmyne, wesan, wel, dēore, cwen, ne, willan, hē.

D. *Translate into Old English.*

1. Women appear in the laws as wives, widows and nuns.
2. They were able to make decisions concerning their own lives.
3. Although there is an element (bit) of buying in the laws, women had something to say in the process.
4. If a man lies with another man's wife, he shall procure another with his own money.
5. Although this sounds as if the woman had no choice, the language suggests otherwise.
6. Two additional laws command our attention.
7. If a man procures a wife and there is no dishonesty, the bargain shall be bought.
8. If one procures a wife, and the marriage gift does not come forth, he shall return the property.
9. In the Maxims, the word 'ġebycgan' is used to advise a king about attaining a queen.
10. Other laws magnify these early statements.

14. Chapter Fourteen

14.1 Vocabulary

āġietan (I) to waste, destroy
ārhwæt eager for glory
āswebban (III) to put to death
ǣwiscmōd ashamed
ðæt **beaduweorc, -** battle-work
sē **beaggiefa, -an** ring-giver, king
beslēan (6) [-slīehð] -slōh, -slōgon, -slagen to beat
ðæt **billgeslieht, -** sword-clash, battle
(sēo) **Brūnanburg** Brunanburg [*an unidentified location*]
bryttian (II) to distribute
sē **campstede, -as** battlefield
sē **cnearr, -as** galley
crūdan (2) [crýtt] crēad, crudon, cruden to press
ðæt **cumbolgehnāst, -** clash of banners, battle
daroða lāf (idiom) those left by spears, survivors
(sē) **Dyflin** Dublin, Ireland
ðæt **ēargebland, -** surge
sē **earn, -as** eagle
sēo **ecg, -a** edge, sword
sēo **ēorodcyst, -a** troop, company
±fēolan (3) fealh, fulgon, folgen to enter
ġefielled [+ d *or* g] bereft of
sē **flēam, -as** flight
±flīeman (I) to drive away
sē **folcstede, -as** battlefield
forgrindan (3) -grand, grundon, -grunden to destroy
sēo **gārmitting, -a** meeting of spears, battle
ġielpan (3) ġealp, gulpon, golpen to boast
hamora lāfa (idiom) remains of forging, sword
sē **hæleð, -as** hero
sēo **herelāf, -a** remains of a host
sē **hræfn, -as** raven
hrēman (I) to boast
hyrnenebba horny-billed
(ðæt) **Īraland** Ireland
sēo **lāf, -a** remnant
±lecgan (III) to lay
mylenscearp sharpened on a grindstone
sē **næġledcnearr, -as** nail-fastened vessel
nīede (adv) compulsorily
on flot (idiom) afloat
on lāst lecgan (idiom) to follow
salwiġpād having dark plumage
sēo **sæċċ, -a** strife
sceard [+ g] bereft of
sweart black
sē **tīr, -as** honor, glory
ðearle (adv) vigorously
ðæt **unrīm, -** countless number
ðæt **wæl, walu (wæles)** slaughter
sē **wælfeld, -a (-felda)** battlefield
sēo **wælstōw, -a** battlefield, place of slaughter
ðæt **wǣpenġewrixl, -** hostile encounter
ġewītan (1) ġewāt, ġewiton, ġewiten to depart
sē **wulf, -as** wolf

14.2 Reading

Đǣre Brūnanburge Camp

Hēr Æðelstān cyning,   eorla dryhten,
beorna bēaggiefa,   and his brōðor ēac,
Ēadmund æðeling,   ealdorlangne tīr
ġeslōgon æt sæċċe   sweorda ecgum
ymbe Brūnanburg.   Bordweall clufon,
hēowon heaðulinda   hamora lāfum
eaforan Ēadweardes,   swā him ġeæðele wæs
fram cnēomāgum   ðæt hīe æt campe oft
wið lāðra ġehwone   land ealgodon,
hord and hāmas.   Hettend crungon,
Scotta lēode   and scipflotan,

fǽġe fēollan.   Feld dennode
secga swāte,   siððan sunne upp
on morgentīd,   mǽre tungol,
glæd ofer grundas,   Godes candel beorht,
ēċes Dryhtnes,   oð sēo æðele ġesceaft
sāg to setle.   Ðǽr læġ secg maniġ
gārum āġīeted,   guma Norðerna
ofer scield scoten,   swelċe Scyttisc ēac,
wēriġ, wīġes sæd.   West Seaxe forð
andlangne dæġ   ēorodcystum
on lāst lǽġdon   lāðum folcum,
hēowon hereflīeman   hindan ðearle
mēcum mylenscearpum.   Mierċe ne wierndon
heardes handplegan   hæleða nānum
ðāra ðe mid Anlāfe   ofer ēargebland
on lides bōsme   land ġesōhton,
fǽġe to ġefeohte.   Fīfe lǽġon
on ðǽm campstede   cyningas ġeonge,
sweordum āswefede,   swelċe seofone ēac
eorlas Anlāfes,   unrīm heres,
flotena and Scotta.   Ðǽr ġeflīemed wearð
Norðmanna bregu,   nīede ġebeden,
tō lides stefne   lýtle weorode;
crēad cnearr on flot,   cyning ūt ġewāt
on fealone flōd,   feorh ġenerede.
Swelċe ðǽr ēac sē frōda   mid flēame cōm
on his cýððe norð.   Constantīnus,
hār hilderīnc,   hrēman ne ðorfte
mēca ġemānan;   hē wæs his māga sceard,
frēonda ġefielled   on folcstede,
beslagen æt sæċċe,   and his sunu forlēt
on wælstōwe   wundum forgrunden,
ġeongne æt gūðe.   Ġielpan ne ðorfte
beorn blandenfeax   billgesliehtes,
eald inwidda,   ne Anlāf ðý mā;
mid hiera herelāfum   hliehhan ne ðorfton
ðæt hīe beaduweorca   beteran wurdon
on campstede   cumbolgehnāstes,
gārmittinge,   gumena ġemōtes,
wǽpenġewrixles,   ðæs hīe on wælfelda
wið Ēadweardes   eaforan plegodon.
Ġewiton him ðā Norðmenn   næġledcnearrum,
drēoriġ daroða lāf,   on Dinges mere
ofer dēop wæter   Dyflin sēċan,
eft Īraland,   ǽwiscmōde.
Swelċe ðā ġebrōðor,   bēġen ætsamne,
cyning and æðeling,   cýððe sōhton,
West Seaxna land,   wīġes hrēmiġe.
Lēton him behindan   hrǽw bryttian,
salwiġpādan,   ðone sweartan hræfn,
hyrnednebban,   and ðone hasupādan,

earn æftan hwīt, æses brūcan,
grǣdiġne gūðhafoc and ðæt grǣġe dēor,
wulf on wealda. Ne wearð wæl māre
on ðȳs īeġlande ǣfre ġīeta
folces ġefielled beforan ðissum
sweordes ecgum, ðæs ðe ūs secgað bēċ,
ealde ūðwitan, siððan ēastan hider,
Angle and Seaxe upp becōmon,
ofer brād brimu Bretene sōhton,
wlance wīġsmiðas, Wēalas ofercōmon,
eorlas ārhwate eard beġēaton.

14.3 Grammar

14.3.1 Old English Metrics

Old English poetry is alliterative, with each verse or half-line containing four positions. The positions are filled by single syllables or the resolved equivalent. There can be one optional expansion of unstressed syllables in either of the first two positions.[1]

Alliteration

Alliteration is the binding agent of Old English poetry. The beginning sound of the first stressed syllable of the on-verse, or 'a' half-line, must be the same as the beginning sound of the first stressed syllable of the off-verse, or 'b' half-line. The second stress of the on-verse may also alliterate with the others. This usually means they start with the same letter. Impure sounds, such as 'sp' or 'sc', are further refined. 'Sp' alliterates with 'sp' only, while 'sc' alliterates with 'sc'. A vowel alliterates with any other vowel.[2] 'Hard c' and 'soft c' can alliterate with each other, because the distinction of the sounds developed after the Germanic metric form was established. Likewise, 'hard g' and 'soft g' alliterate.

Resolved Stress

Stress can fall only on a single long syllable or resolved syllables. Resolution occurs when there are two short-stem syllables, or a short syllable followed by a closed syllable (a long-stem ending with two consonants), counted together as one beat. It cannot be created by a short-stem followed by a long-stem with a long vowel. When scanning the meter, the resolved syllables are treated as if they are a single long syllable. The resolved stress is 'suspended' when it follows a long-stem stressed syllable in the antepenultimate position.[3]

14.3.2 Verse Types

Sievers Five Types

Eduard Sievers, a German scholar, classified the stress patterns of Germanic alliterative poetry in his book, *Altgermanische Metrik* (Halle, 1893). When marking the meter, an acute accent (/) shows the primary stress. Words that bear primary stress are usually nouns, adjectives, infinitives and participles. A grave accent (\) shows secondary, or half, stress. Words that usually bear secondary stress are adverbs and finite verbs. These, however, can be 'promoted' to primary stress if they are next to unaccented words or 'demoted' to non-stress if next to stressed words. An 'x' marks weak or non-stress syllables. Non-stressed prefixes, such as 'ġe-', are not counted as syllables when scanning the verse. Optional expansions of unstressed syllables are shown in parenthesis. Verse types beginning with a stress can be expanded by anacrusis, a prefix of one to three unstressed syllables. Later scholars further defined the types by how many weak stresses were included and their placement.

---

[1]This explanation is based on the definition given in Thomas Cable, *The English Alliterative Tradition*, (Philadelphia: University of Pennsylvania Press, 1991), p. 16.

[2]In Old English, 'h' alliterates with 'h'. In Middle English, it alliterates with any vowel.

[3] The antepenultimate position is the third syllable when counting from the end of the verse.

- Type A: / x (x x x x) / x
  Examples: eorla dryhten (1b)
  sweordes ecgum (68a)
- Type B: x (x x x x) / x /
  Examples: on Dinges mere (54b) 'Me-re' bears resolved stress.
  and his brōðor ēac (2b)
- Type C: x (x x x x x) / / x
  Examples: on lāst lǽġdon (22a)
  on lides bōsme (27a) 'Li-des' bears resolved stress.
- Type D: / (x x x) / \ x *or* / (x x x) / x \
  Examples: hār hilderīnc (39a)
  beorn blandenfeax (45a)
- Type E: / \ x /
  Examples: andlangne dæġ (21 a)
  Norðmanna bregu (33a) 'Bre-gu' bears resolved stress.

Hypermetric Verse

A hypermetric verse is a normal verse which has been expanded by adding a half-verse. This usually occurs in groups of five or six lines. This was once thought to be a device for adding solemnity to a section of the poem, but now scholars debate the reason for its use.

Example: Bǽron mē ðǽr beornas on eaxlum, oð ðæt hīe mē on beorg āsettan;
ġefæstnodon mē ðǽr fēondas ġenōge. Ġeseah iċ ðā Frēan manncynnes
eftstan ellne miċele ðæt hē mē wolde on ġestīgan.

(*The Dream of the Rood*, ll. 32-34)

14.3.3 Poetic Terms

Expanded Definitions

Some words take on new meanings when used in alliterative poetry. An example of this is the word **guma**, which normally means 'man'. A poet looking for a word to alliterate on **g**, which carries the meaning 'hero', might use **guma** when referring to a champion. The new meanings are related to the usual meaning and can be understood by the context.

Kennings

Kennings are compound words which create a sort of metaphor. The variations listed below are examples of this. Other examples include **hwælweġ** (whale-way), which means 'sea' and **bēaġġiefa** (ring-giver), which means 'king'.

Variation

Variation is the repeating of an idea in different words. For example, when the poet of *The Battle of Brunanburg* says **cumbolgehnāstes, gārmittinge, gumena ġemōtes, wǽpenġewrixles** (ll. 49b-51a) he is saying 'battle' four different ways. This gives emphasis to a passage, as well as providing imagery.

14.4 Pattern Drills

A. *Underline the words that alliterate in the following lines.*

Example: wilde ġewunian. Wulf sceal on bearwe
<u>wilde</u> <u>ġewunian</u>. <u>Wulf</u> sceal on bearwe

1. ġēaras wæstmas, ðā ðe him God sendað
2. Ðǽr wæs stīð ġemōt; stōdon fæste
3. uppe ġe niðer. Ðæt is æðele stenc.
4. earðan inndryhtnu ealdað and sēarað
5. drēam mid duguðum. Dagas sindon ġewitene,
6. ġīfre and grǽdiġ; ġielleð ānfloga
7. ofer holma ġelagu. Forðon mē hātran sind
8. ġenāp under nihthelm, swā hēo nā wǽre!
9. mæte weorode. Wæs mōdsefa
10. āna oftor ðonne ealle menn

B. *Underline which word in each group that is most likely to bear primary stress.*

Example: and hū of stōw

and hū of stōw

1. gā mǽst ōnettan ymbe
2. cann ġief hlūd hwīlum
3. ēac healp wel wyrhta
4. cōm hwonne ofer sīð
5. eall hwæt stent unġesæliġlīċe
6. hāten hēton ġereċlīċe ðenden
7. cnēowon dearst mōt unnan
8. forð hol niðer gyrt
9. būtan fullīċe cwellende cwealdon
10. dealf ġedelf dulfon sigon

C. *Identify the following verses as Type A, B or C.*

Example: wann under wolcum

Type A

1. on burg rīdan
2. on sīdne sǽ
3. ðes hearda hēap
4. ðǽr is blis miċel
5. folc and rīċe
6. drytnes dōme
7. wæs ðæt beorhte bold
8. eorla ofer eorðan
9. rinca maniġe
10. ðæt hīe forð ēodon
11. ofer horda ġebræc
12. of brýd būre

D. *Identify the following verses as Type D or E.*

Example: Offa ðone sǽlidan

Type D

1. hrīmcealde sǽ
2. healda his hordcofan
3. bord ord onfēng
4. wælræste ġeċēas
5. eald enta ġeweorc
6. blædfæstne beorn
7. hrīm hrūsan bond
8. Wēlandes ġeweorc
9. hār hilderinc
10. lēof landfruma
11. feala ealra ġebād
12. fēond manncynnes

14.5 Exercises

A. *Answer orally.*

1. Hwā wæs Æðelstānes brōðor?
2. Hwā brang ðā Scottas?
3. Hwā brang ðā Norðmenn?
4. Hwā wæs Æðelstānes fæder and Ēadmundes?
5. Hwæs sunu cwæl ðǽr?
6. Hwone stōw tō Anlāf sohte and his menn?
7. Ðearf Anlāf hliehhan ðæt his beaduweorca beteran wearð?
8. Hwæt ġetæl ġeongra cyninga cwǽlon ðǽr?
9. Hwæt ġetæl Anlāfes eorla cwǽlon?
10. Hwates landes Æðelstān wæs cyning?

B. *Translate the lines from* The Dream of the Rood *that are given in the* Grammar.

C. *Identify the verse type of each of the following.*

1. wordhord onlēac
2. ymb brantne ford
3. fēor āfýsan
4. frōd folces weard
5. ne tō hrædwyrde
6. folcrihta ġehwelċ

7. findan meahte
8. rīċe æfter ōðrum
9. on ūrne eard
10. gār tō gūðe

D. *Translate the following into Old English.*

1. King Athelstan, lord of earls, and his brother, Prince Edmund, won life-long glory.
2. The enemies fell, doomed to die.
3. God's bright candle sank to its resting place.
4. Five young kings lay dead on the battlefield.
5. The ruler of the Scandinavians was driven away with a small company.
6. There also the old Constantine went north in flight.
7. Their remnant of the army had no need to laugh.
8. The Scandinavians departed in their nailed ships.
9. They left the corpses behind them.
10. The greedy wolf enjoyed the carrion.

Review III

Vocabulary

ðæt **Andred** the Weald
ġeāscian (II) to discover
sē **āð, -as** oath
(ðæt) **Axanmynster** Axminster, Devonshire
ǣniġ (adj, pron) any, any one
sē **bana, -an** killer
ðæt **ġebǣre, -u** behavior
beæftan (adv) behind
belūcan (2) [-lýcð] -lēac, -lucon, -locen to lock
berīdan (1) -rād, -ridon, -riden to besiege
būtan [+ d] without, except, besides
±cweðan (5) [cwiðð] cwæð, cwǣdon, cweden to say
±cýðan (I) to proclaim
sē **dōm, -as** judgment
sēo **flōde, -an** channel
ðæt **ġeat, -u** gate, door
sē **ġīsl, -as** hostage
sē **godsunu, -suna (-suna)** godson
hræd quick, nimble, alert
±ilca (pron) same
(sē) **Merantūn** Merton, Surrey
ofstingan (3) -stang, -stungon, -stungen to stab
onmunan (pp) -man, -manst, -munde to think worthy of
(sē) **Pryfetesflōd** Privett Channel, Hampshire
ðæt **rihtfæderencynn, -** direct paternal descent
simble continously
ġesund safe, uninjured, healthy
sē **swān, -as** swineherd
swā hwelċ swā (idiom) whoever
ðǣrinne (adv) therein
ðǣrtō (adv) to that place
ðider (adv) thither
ðon mā ðe (idiom) any more than
unhēanlīċe (adv) valiantly
sēo **wīfcýððu, -a** company of a woman
sē **±wita, -an** councillor

Reading

Cynewulf and Cyneheard

Hēr Cynewulf benam Siġebeorht his rīċes and West Seaxna witan for unrihtum dǣdum būtan Hāmtūnscīre; and hē hæfde ðā oð hē cwealde ðone ealdormann ðe him lengest wunode. And hine ðā Cynewulf on Andred flīemde, and hē ðǣr wunode oð ðæt hine ān swān ofstang æt Pryfetesflōdum; and hē wræc ðone ealdormann Cumbran. And sē Cynewulf oft miċlum ġefeohtum feaht wið Wēalum.

And ymbe xxxi wintra siððan hē rīċe hæfde, hē wolde flīeman ānne æðeling, sē wæs Cyneheard hāten; and sē Cyneheard wæs ðæs Siġebeorhtes brōðor.

And ðā ġeāscode hē ðone cyning lýtle weorode on wīfcýððe on Merantūne and hine ðǣr berād and ðæt būr gyrdde, ǣr hine ðā menn onfundon ðe mid ðǣm cyninge wǣron. And ðā onġeat sē cyning ðæt and hē on ðā duru ēode, and ðā unhēanlīċe hine ealgode oð hē on ðone æðeling lōcode, and ðā ūt rǣsde on hine and hine miċlum ġewundode; and hīe ealle on ðone cyning wǣron feohtende oð ðæt hīe hine cweald hæfdon. And ðā on ðæs wīfes ġebǣrum onfundon ðæs cyninges ðeġnas ðā unstillnesse and ðā ðider urnon, swā hwelċ swā ðonne ġearu wearð and hrædost.

And hiera sē æðeling ġehwelċum feoh and feorh ġebēad, and hiera næniġ hit onfōn nolde, ac hīe simble feohtende wǣron oð ealle lǣġon būtan ānum Brettiscum ġīsl, and sē swīðe ġewundod wæs.

Ðā on morgene ġehīerdon ðæt ðæs cyningas ðeġnas ðe him beæftan wǣron, ðæt sē cyning cweald wæs. Ðā ridon hīe ðider, and his ealdormann Ōsrīċ, and Wīġferhð his ðeġn, and ðā menn ðe hē beæftan lǣfde ǣr.

And ðone æðeling on ðǣre byriġ mētton, hwǣr sē cyning cweald læġ; and ðā ġeatu him tō belocen hæfdon, and ðǣrtō ēodon. And ðā ġebēad hē him hiera āgenne dōm fēos and landes, ġief hīe him ðæs rīċes ūðon, and him cýðde ðæt hire māgas him mid wǣron, ðā ðe him fram noldon. And ðā cwǣdon hīe ðæt him næniġ maga lēofra nære ðonne hiera hlāford and hīe nǣfre his banan folgian noldon. And ðā budon hīe hiera māgum ðæt hīe ġesunde fram ēodon; and hīe cwǽdon ðæt ðæt ilce hiera ġefērum ġeboden wǽre ðe ǽr mid ðǽm cyninge wǽron. Ðā cwǽdon hīe ðæt hīe ðæs ne onmundon 'ðon mā ðe ēowre ġefēran ðe mid ðǽm cyninge cwealde wǽron.'

And hīe ðā ymbe ðā ġeatu feohtende wǽron oð ðæt hīe ðǽrinne fulgon and ðone æðeling cwealdon and ðā menn ðe him mid wǽron, ealle būtan ānum. Sē wæs ðæs ealdormannes godsunu, and hē his feorh ġenerede, and ðēah hē wæs oft ġewundod.

And sē Cynewulf rīcsode xxxi wintra, and his hrǽw liġeð æt Wintanċeastre, and ðæs æðelinges æt Axanmynster; and hiera rihtfæderencynn gǽð tō Cerdice.

Grammar

Additional Uses of the Subjunctive

Clauses of Time

- When clauses are introduced by the adverbs **ǽr** (before) or **hwonne** (when), the subjunctive mood is usually used.
  Example: Hē gǽð, ǽr hē sēo hīe. (He will go, before he sees her.)

Clauses of Purpose and Result

These two types of clauses are often grouped together, since a result is 'a fulfilled purpose and a purpose a yet-to-be-completed result'.[1] These clauses are introduced by **ðæt**, **ðætte** and **swā ðæt**. In a result clause, **ðæt** is sometimes better translated as 'until'.

- Purpose clauses take the subjunctive mood.
  Example: Hē gǽð, ðætte hē sēo hīe. (He goes, so that he might see her.)
- Result clauses take the indicative.
  Example: Hē ēode, ðæt hē seah hīe. (He went, until he saw her.)

Pattern Drills

Review Drill 3A

A. *Change the adjective to the superlative.*

Example: Hē is gōd mann.
Hē is betst mann.

1. Ðis stǽr is scortliċ stǽr.
2. Lēgaċeaster is eald burg.
3. Plegmund flīemede uncūðne mann.
4. Siġebeorht wæs yfel lahbreca.
5. Sēo cwēn wæs lustbǽre wīfmann.
6. Sēo nunne wearð glæd.
7. Offa nerede blandenfeaxe wuduwan.
8. Sē stunt leornere leornað lýtel.
9. Hīe wiðstylledon tō strangum tūne.
10. Sē guma hēold sceardne mēċe.

B. *Change the following sentences from the active to the passive voice.*

Example: Sē scop rehte ðæt stǽr.
Ðæt stǽr wæs ðý scope reht.

[1]Bruce Mitchell and Fred C. Robinson, *A Guide to Old English*, 5th ed. (Oxford: Blackwell Publishers, 1992), p. 94.

1. Sē frēa sōhte ðæt ċild.
2. Sē weardmann twidǽlde ðā fierde.
3. Sē cempa ðeġnode ðōne æðeling.
4. Sē frēomann benam āne cuppan fram dracan.
5. His nefa mētte ðā cwēne æt midnihte.
6. Sē hilderīnc hēow ðæs hettendes helm.
7. Sē frēa ābohte ġift for wuduwan.
8. Sē bīgenga rǽdde ðæt mæġden.
9. Sē wulf æt ðæt hrǽw.
10. Sē secg scēat ðone gār.

C. *Change the adverb from* æfter *to* ǽr *and change the mood to subjunctive.*

Example: Hē bēag æfter hē forġeald werġield.

Hē bēag ǽr hē forgulde werġield.

1. Sē here forlēton ðæt wīġ æfter beorn sæt on beorge.
2. Sē ġefēra ealgode ðone tūn æfter weard crang.
3. Sē bregu gadrode his friend æfter hē onfēng fulwiht.
4. Ðæt āglǽcwīf hrēad hit self æfter sē beorn hlōh.
5. Sē guma nerede ðā herelāfe æfter sē inwidda ġealp.
6. Hire hlāford ġearode tō gānne æfter sē wīfmann sang hlūde.
7. Ðæt cynren spræc oft æfter ðæt fýr barn on ðǽm scīenan reċede.
8. Sē abbod ċēapode mid ðǽm mangere æfter hē ēode tō ðǽm mynstre.
9. Sēo hlǽfdiġe beseah ðone bytlan æfter hē bytlede ðæt reċed.
10. Sē magister æt ðone hlāf æfter hē æt ðone mete.

D. *Underline the words which alliterate in the following lines.*

Example: Æðelrædes eard,   ealdres mīnes

Æðelrædes eard,   ealdres mīnes

1. Mē sendan tō ðē   sǽmenn snelle
2. Sē flōd ūt ġewāt.   Ðā flotan stōdon ġearwe,
3. lidmenn tō lande   linda bǽron.
4. Biter wæs sē beadurǽs,   beornas fēollon
5. bæd gangan forð   gōde ġefēran.
6. ðæt hīe hellscaðan   hīenan ne mōton
7. miċel on mōde,   and mīn mundbyrd is
8. daga ġehwelċe   hwonne mē Dryhtnes rōd,
9. Oft iċ scolde āna   ūhtna ġehwelċe
10. gārum āġīeted,   guma Norðerna

E. *Give the church hour for each of the following times.*

Example: 6:00 a.m.

sē prīm

1. 9:00 a.m.
2. 12:00 noon
3. 3:00 p.m.
4. 6:00 p.m.
5. 9:00 p.m.
6. 12:00 midnight

Review Drill 3B

A. *Create a sentence using the words provided, changing the adjective to the comparative.*

Example: fierd, wesan, grēat, ðonne, herelāf.

Sēo fierd is grēatra ðonne sēo herelāf.

1. Brūnanburg, wesan, lýtel, ðonne, Lēgaċeaster.
2. nunne, wesan, glæd, ðonne, wuduwe.
3. medu, wesan, gōd, ðonne, meoluc.
4. hræfn, wesan, sweart, ðonne, earn.
5. cempa, wesan, ārhwæt, ðonne, beaġġiefa.
6. āglǽca, wesan, yfel, ðonne, draca.
7. lahbreca, wesan, fǽcne, ðonne, bīġenga.
8. midniht, wesan, læt, ðonne, nihtsang.
9. weard, wesan, strang, ðonne, hilderinc.
10. gold, wesan, scīene, ðonne, candel.

B. *Change the passive mood to the active.*

Example: Hē wæs mē ðæt ġift ġiefen.
Hē ġeaf mē ðæt ġift.

1. Sēo sunne wæs Gode āsett.
2. Sē frēa wæs cempan holpen.
3. Sēo herelāf wæs ðý weardmenn gadrod.
4. Ðæt gold wæs ðý lahbrecan benumen.
5. Sē scield wæs ðý æðelinge boren.
6. Sē scop wæs ðý dracan eten.
7. Ðæt rīċe wæs ðǽre cwēne wealden.
8. Ðæt feoh wæs ðý wīfmenn talod.
9. Ðæt wedd wæs ðý mæġden staðolod.
10. Ðæt beaduweorc wæs ðǽre ēorodcyste fohten.

C. *Change the following sentences from real to unreal condition.*

Example: Ġief morgen is sweart, hēo slǽpð lange.
Ġief morgen wǽre sweart, hēo slēpe lange.

1. Ġief sē mēce is mylenscearp, hē hæfð gōde ecge.
2. Ġief his ġefēra frēolsað him, sē wīga bið glæd.
3. Ġief sē ād birnð scīene, lýtel stent ðæs hrǽwes.
4. Ġief sē inwidda flīehð, ðā Ġēatas folgiað his lāste.
5. Ġief ðā ċildru hliehað hlūde, hiera mōdor sindon glade.
6. Ġief sē frēomann ċīest fealwe tunecan, his wīf wiġð hīe.
7. Ġief sē leornere is nēodliċ, hē leornað ðā æbēċ.
8. Ġief ðā secgas miċliað hiera gōdan dǽda, sēo landwaru ġieldað him.
9. Ġief sēo herelāf forlǽtað on ðǽm mere, hiera wuduwan wāciað.
10. Ġief ðā gūðhafcas gāð ofer felda, wit efstað and sēoð him.

D. *Identify the verse type of each of the following.*

Example: mǽrne ðēoden
Type A

1. ðǽr æt hýðe stōd
2. nihtlange first
3. wynnlēasne wudu
4. magu Ecglāfes
5. swāt ýðum wēoll
6. ðæt hē mā mōste
7. blæd wīde sprang
8. ofer Miercan mōr
9. siġora Wealdend
10. wlitebeorhtne wrang

E. *Give the singular passive form and the four subjunctive forms for each of the verbs below.*

Example: bīdan
is biden
bīde, bīden
bide, biden

1. brengan
2. būgan
3. ðeġnian
4. swimman
5. wendan

6. bēodan
7. forlǽtan
8. ġewītan
9. ofstingan
10. faran

Exercises

A. *Answer orally.*

1. Hwæt benam Cynewulf Siġebeorht and West Seaxna witan?
2. Hwý benōmon hīe hine?
3.Hwǽr tō flīemde Cynewulf hine?
4. Hwā wæs sē æðeling ðe Cynewulf wolde flīeman?
5. Wæs hē ðæs Siġebeorhtes brōðor?
6. Hwā ofstang Siġebeorht?
7. Hwǽr berād Cyneheard ðone cyning?
8. Hwæt dyde sē cyning ðā hē onġeat ðæt?
9. Hwæt ġebrang ðæs cyninges ðeġnas ðider?
10. Hwæt ġebēad sē æðeling him?
11. Wolde hiera æniġ hit ġeðicgan?
12. Hwā belēac ðā ġeatu?
13. Hwā wæs lēofra tō Ōsrīċ and Wīġferhð, hiera māgas oððe hlāford?
14. Hū lange wǽron hīe ymbe ðā ġeatu feohtende?
15. Hwǽr ligeð ðæs æðelinges hrǽw?

B. *Supply the Old English words for those in the parenthesis.*

1. Sē ____ munuc æt mynstre wæs samod sē ____. (holiest, most honest)
2. Sē ____ wulf ōnette ofer ____ wælfelda. (blackest, broadest)
3. Sēo cwēn is ____ ðonne hire ____ brēðer wīf. (shorter, oldest)
4. Hit ðynċð ðæt sē draca is ____ dēor. (most mystical)
5. Hire nefa slǽpð ____ ðonne ____ folc. (with more difficulty, most)
6. Sē frēa is ____ for his cempa flīemede ðone fēond. (happier)
7. Sē ____ wīcing efstede of folcstede. (most ashamed)
8. Sēo ____ help cōm ðǽm landware. (most unexpected)
9. Sē ____ secg sōhte ____ inwiddan. (best, worst)
10. Ðæt ____ rīċe frið nam ðætte sēo losing endode. (smaller)

C. *Answer the following questions in the affirmative, using the passive voice.*

1. Ġewunn Ǽlfrǽd ðǽre Ēðandūne camp?
2. Weardode sē weardmann ðone tūn?
3. Rehte sē scop ðæt stǽr?
4. Twidǽlede se frēa ðā fierde?
5. Namnode sē cyning ānne cempan?
6. Feaht Bēowulf ðone dracan?
7. Sōhte Ǽlfrǽd fenfriðe?
8. Bytlede sē bytla ðā ċeastre?
9. Clēaf sē hilderīnc ðone earm of ðǽm inwiddan?
10. Ðeġnode sē munuc ðone abbod?

D. *Create sentences with clauses of concession using the following groups of words.*

1. mīn frēond, etan, wel, lýtel, hlāf, hē, weorðan, ðiċċe
2. eald, nunne, rīdan, on, wæġn, hēo, becuman, læt
3. dǣd, wesan, yfelīċe, dōn, mæġden, wyrċan, miċel
4. fēond, leornian, ðæt writ, hē, ne, onġietan, folc
5. plega, ne, līcian, wē, wē, brūcan, frēolstīd
6. cuma, standan, tō, lange, hē, wesan, ġieta, hiera frēond
7. esne, wesan, trīewe, hlāford, ne, līefan, hē, on, sīð, gān
8. hire dohtor, bycgan, wyrta, hēo, forġietan, meoluc
9. hām, frið, wesan, gyrdan, land, wīcingas, wesan, herġian
10. landsētan, āsettan, on, sǣland, hīe, ne, āgan, scip

E. *Translate into Old English.*

1. In this year (here), the great army approached the land.
2. They rode to Wessex and remained all winter.
3. They expelled many of the people over the sea.
4. Halfdan's brother was in England.
5. Around April, King Alfred, with a small company, made an enclosure at Athelney.
6. The men came to him and he was glad.
7. He fought at Edington and overcame the viking army.
8. The Danes gave hostages and many oaths.
9. Guthrum came to the king and accepted baptism.
10. Alfred was a good guard of the English people.
11. He was attacked by many viking kings.
12. If the poets in his court told the story of Beowulf, he would have heard about the champion's deeds.
13. The blood of heroes covered the battlefield.
14. The trustee advised the queen that she should accept an agreement from her servant.
15. The young man confirmed the conditions of the peace.
16. The Danes bore the raven on their shields.
17. Before the slaughter occurred, the troop boasted vigorously.
18. When the shield-wall pressed the remains of the host, corpses remained on the broad battlefield.
19. The men defended the town.
20. Without the king, the men in the Weald were overrun.
21. The refuge in the fens saved the English.
22. Their warriors united with their ruler before the battle began.
23. Sigebert killed the nobleman who dwelled with him the longest.
24. A swineherd stabbed him near Privett Channel.
25. The king defended himself valiantly until he rushed toward the prince.
26. Osric saved his godson's life.
27. King Cynewulf reigned 31 years and his body lies at Winchester.

Appendixes

Appendix 1: Pronouns

A. The Demonstrtive Pronoun: **sē** (the, that)

	Masculine-singular	Neuter-singular	Feminine-singular	All-plural
Nominative	**sē**	**ðæt**	**sēo**	**ðā**
Accusative	**ðone**	**ðæt**	**ðā**	**ðā**
Genitive	**ðæs**	**ðæs**	**ðǽre**	**ðāra**
Dative	**ðǽm**	**ðǽm**	**ðǽre**	**ðǽm**
Instrumental	**ðý**	**ðý**	--	--

B. The Demonstrtive Pronoun: **ðēs** (this)

	Masculine-singular	Neuter-singular	Feminine-singular	All-plural
Nominative	**ðēs**	**ðis**	**ðēos**	**ðās**
Accusative	**ðisne**	**ðis**	**ðās**	**ðās**
Genitive	**ðisses**	**ðisses**	**ðisse**	**ðissa**
Dative	**ðissum**	**ðissum**	**ðisse**	**ðissum**
Instrumental	**ðýs**	**ðýs**	--	--

C. Personal Pronouns: First *and* Second Person

	First-singular	First-dual	First-plural	Second-singular	Second-dual	Second-plural
Nominative	**iċ**	**wit**	**wē**	**ðū**	**ġit**	**ġē**
Accusative	**mē**	**unc**	**ūs**	**ðē**	**inc**	**ēow**
Genitive	**mīn**	**uncer**	**ūre**	**ðīn**	**incer**	**ēower**
Dative	**mē**	**unc**	**ūs**	**ðē**	**inc**	**ēow**

D. Personal Pronouns: Third Person

	Masculine-singular	Neuter-singular	Feminine-singular	All-plural
Nominative	**hē**	**hit**	**hēo**	**hīe**
Accusative	**hine**	**hit**	**hīe**	**hīe**
Genitive	**his**	**his**	**hire**	**hiera**
Dative	**him**	**him**	**hire**	**him**

E. Interrogative Pronouns

	Masculine and Feminine	Neuter
Nominative	**hwā**	**hwæt**
Accusative	**hwone**	**hwæt**
Genitive	**hwæs**	**hwæs**
Dative	**hwǽm**	**hwǽm**
Instrumental	**hwý**	**hwý**

Appendix 2: Adjectives

A. Weak Adjectives: **Ān** (a, an)

	Masculine-singular	Neuter-singular	Feminine-singular	All-plural
Nominative	**āna**	**āne**	**āne**	**ānan**
Accusative	**ānan**	**āne**	**ānan**	**ānan**
Genitive	**ānan**	**ānan**	**ānan**	**ānena**
Dative	**ānan**	**ānan**	**ānan**	**ānum**

B. Strong Adjectives: Ān

	Masculine-singular	Neuter-singular	Feminine-singular	Masculine-plural	Neuter-plural	Feminine-plural
Nominative	**ān**	**ān**	**ānu**	**āne**	**ān**	**āne**
Accusative	**ānne**	**ān**	**āne**	**āne**	**ān**	**āne**
Genitive	**ānes**	**ānes**	**ānre**	**ānra**	**ānra**	**ānra**
Dative	**ānum**	**ānum**	**ānre**	**ānum**	**ānum**	**ānum**
Instrumental	**āne**	**āne**	--	--	--	--

C. Weak Dissyllabic Adjectives: **Lýtel** (little)

	Masculine-singular	Neuter-singular	Feminine-singular	All-plural
Nominative	**lýtla**	**lýtle**	**lýtle**	**lýtlan**
Accusative	**lýtlan**	**lýtle**	**lýtlan**	**lýtlan**
Genitive	**lýtlan**	**lýtlan**	**lýtlan**	**lýtlena**
Dative	**lýtlan**	**lýtlan**	**lýtlan**	**lýtlum**

D. Strong Dissyllabic Adjectives: Lýtel

	Masculine-singular	Neuter-singular	Feminine-singular	Masculine-plural	Neuter-plural	Feminine-plural
Nominative	**lýtel**	**lýtel**	**lýtlu**	**lýtle**	**lýtlu**	**lýtle**
Accusative	**lýtelne**	**lýtel**	**lýtle**	**lýtle**	**lýtlu**	**lýtle**
Genitive	**lýtles**	**lýtles**	**lýtelre**	**lýtelra**	**lýtelra**	**lýtelra**
Dative	**lýtlum**	**lýtlum**	**lýtelre**	**lýtlum**	**lýtlum**	**lýtlum**
Instrumental	**lýtle**	**lýtle**	--	--	--	--

E. Roman Numerals

1	**i**		8	**viii**
2	**ii**		9	**ix**
3	**iii**		10	**x**
4	**iv**		50	**l**
5	**v**		100	**c**
6	**vi**		500	**d**
7	**vii**		1,000	**m**

Appendix 3: Nouns

A. The Weak Noun: **Naman** (name)

	Singular	Plural
Nominative	**nama**	**naman**
Accusative	**naman**	**naman**
Genitive	**naman**	**namena**
Dative	**naman**	**namum**

B. The Masculine A-Noun: **Hlāford** (lord)

	Singular	Plural
Nominative	**hlāford**	**hlāfordas**
Accusative	**hlāford**	**hlāfordas**
Genitive	**hlāfordes**	**hlāforda**
Dative	**hlāforde**	**hlāfordum**

C. The Neuter A-Nouns: **Writ** (letter) *and* **Folc** (people)

	Writ-Singular	**Writ**-Plural	**Folc**-Singular	**Folc**-Plural
Nominative	**writ**	**writu**	**folc**	**folc**
Accusative	**writ**	**writu**	**folc**	**folc**
Genitive	**writes**	**writa**	**folces**	**folca**
Dative	**write**	**writum**	**folce**	**folcum**

D. The Feminine Ō-Noun: **Andswaru** (answer)

	Singular	Plural
Nominative	**andswaru**	**andswara**
Accusative	**andsware**	**andswara**
Genitive	**andsware**	**andswara**
Dative	**andsware**	**andswarum**

E. The Dissyllable Noun: **Mægden** (maiden)

	Singular	Plural
Nominative	**mæġden**	**mæġdnu**
Accusative	**mæġden**	**mæġdnu**
Genitive	**mæġdnes**	**mæġdna**
Dative	**mæġdne**	**mæġdnum**

F. The 'U' Declension Noun: Sunu (son)

	Singular	Plural
Nominative	**sunu**	**suna**
Accusative	**sunu**	**suna**
Genitive	**suna**	**suna**
Dative	**suna**	**sunum**

G. The 'Æ' Declension Noun: Dæġ (day)

	Singular	Plural
Nominative	**dæġ**	**dagas**
Accusative	**dæġ**	**dagas**
Genitive	**dæġes**	**daga**
Dative	**dæġe**	**dagum**

H. The 'H' Declension Noun: Feoh (cattle)

	Singular	Plural
Nominative	**feoh**	**fēo**
Accusative	**feoh**	**fēo**
Genitive	**fēos**	**feona**
Dative	**fēo**	**feom**

I. The 'I-Mutation' Noun: Frēond (friend)

	Singular	Plural
Nominative	**frēond**	**friend**
Accusative	**frēond**	**friend**
Genitive	**frēondes**	**frēonda**
Dative	**friend**	**frēondum**

J. The 'Doubled U' or 'ua-' Noun: Bearu (grove)

	Singular	Plural
Nominative	**bearu**	**bearwas**
Accusative	**bearu**	**bearwas**
Genitive	**bearwes**	**bearwa**
Dative	**bearwe**	**bearwum**

Appendix 4: Words of Interest

A. Days of the Week

Monday	Tuesday	Wednesday	Thursday	Friday	Saturday	Sunday
Mōnandæġ	**Tīwesdæġ**	**Wōdnesdæġ**	**Đunresdæġ**	**Frīgedæġ**	**Sæterndæġ**	**Sunnandæġ**

B. Months of the Year

January	**Wulfmōnað**		July	**Mǣdmōnað**
February	**Solmōnað**		August	**Wēodmōnað**
March	**Hrēðmōnað**		September	**Hāliġmōnað**
April	**Ēastermōnað**		October	**Winterfylleð**
May	**Đrimilcemōnað**		November	**Blōtmōnað**
June	**Midsumermōnað**		December	**Midwintermōnað**

C. Seasons of the Year

Spring	Summer	Autumn	Winter
sē lencten, -as	**sē sumor, sumras**	**sē hærfest, -as**	**sē winter, wintras**

D. Parts of the Body

ankle ðæt anclēo, - (anclēowes)
arm sē earm, -as
arm-pit sēo ōxn, -a
back ðæt bæc, -u
bone ðæt bān, -
brain ðæt bræġen, - (bræġnes)
breast ðæt brēost, -
buttocks sē ears, -as
calf sē līra, -an
cheek sēo ċēace, -an
chin ðæt ċinn, -
ear ðæt ēare, -an
elbow sē elnboga, -an
eye ðæt ēage, -an
eyebrow sēo brū, brūwa (brūwe)
face sē nebwlite, -as
finger sē finger, fingras
  index finger sē lǣwfinger, -fingras
  little finger sē ēarefinger, -fingras
  middle finger sē middelfinger, -fingras
  ring-finger sē hringfinger, -fingras
  thumb sē ðūma, -an
fingernail *or* **toenail** sē næġl, -as
foot sē fōt, fēt (fōtes)
forearm sēo eln, -a
forehead ðæt forhēafod, -hēafdu
groin sē lesca, -an
hair ðæt feax, -u
hand sēo hand, -a, (handa)
  left hand (sēo) winstre hand
  right hand (sēo) swīðre hand
head ðæt hēafod, hēafdu
heart sēo hēorte, -an
heel sē hēla, an
hip sē hype, -as
intestine sē ropp, -as
iris of the eye sē wuldorbēag, -as
jaws ðæt wange, -an
kidney sē lundlaga, -an
knee ðæt cnēo, - (cnēowes)
knee-cap sē ðēohhweorfa, -an
leg sē scanca, -an
lip sē smǣr, -as
liver sēo lifer, lifra
lower abdomen ðæt smælðearme, -u
lung sēo lungen,lungna
midriff ðæt midhrif, -u
molar sē grindetōð, -tēð (-tōðes)
mouth sē mūð, -as
mustache sē cenep, -as
navel sē nafela, -an
neck sē hnecca, -an

nipple sē titt, -as
nose sēo nosu, -a (nosa)
nostril ðæt næsðyrl, -u
palm sēo brādhand, -a (-handa)
rib ðæt rib, -u
shin sē scīn, -as
shoulder sē sculdor, sculdru (sculdres)
skull sēo bræġenpanne, -an
spine sēo +lodr, -a
spleen sē milte, -as
stomach sē maga, -an
thigh ðæt ðēoh, ðēo (ðēos)
thorax ðæt foranbodiġ, -
toe sēo tā, tān (tān)
tongue sēo tunge, -an
tonsils ðā rēada
tooth sē tōð, tēð (tōðes)
windpipe ðæt ðearmwind, -
wrist sēo wrist, -a

E. Feasting

Table Wear

bowl sē bolla, -an
cup sēo cuppe, -an
dish sē disc, -as
fork sēo force, -an
knife sē cnif, -as
napkin ðæt bēodscēat, -
pitcher sē sester, sestras
spoon sē cucelere, -as
table ðæt bord, -
table cloth ðæt bēodhræġl

Herbs and Spices

chamomile sēo maġeðe, -an
coriander sēo coliandre, -an
dish of herbs sē wyrtmete,-as
herb sēo wyrt, -a
honey ðæt hunig, -u
marsh-mallow sēo merscemealwe, -an
mint sēo minte, -an
mustard sē senep, -as
parsley sēo petersille, -an
pepper sē pipor, -as
relish sēo syfliġe, -an
saffron sē crog, -as
salt ðæt sealt, -u
seasoning sēo cōcnung, -a
spearmint sēo balsminte, -an
spice sēo wyrt, -a
thyme sēo fille, -an
water-cress sēo fenċearse, -an
wild marjoram sē feltwurma, -an

Fruits, Grains and Vegetables

apple sē æppel, æpplas
barley sē bere, -as
bean sēo bēan, -a
blackberry sēo brēmelberiġe, -an
bran ðā grytta
bread sē hlāf, -as
cabbage-leaf ðæt cawellēaf, -
cake sē foca, -an
carrot sēo more, -an
corn ðæt corn, -
cucumber sēo hwerhwette, -an
date sē palmæppel, -æpplas
edible mushroom sē meteswamm, -as
fig sē fīc, -as
fruit ðæt ofet, -
garlic ðæt gārlēac, -
gourd sēo cucurbite, -an
grain ðæt corn, -
grape sēo wīnberiġe, -an
leek ðæt lēac, -
legumes sēo bēan, -a
lettuce sē lactuc, lactcas
mulberry sēo mōrberiġe, -an
nut sēo hnutu, hnyte (hnute)
oats sēo āte, -a
olive sēo eleberige, -an
onion sēo cīpe, -an
parched corn sēo polente, -an
parsnip sēo more, -an
pea sēo pise, -an
peach sē persic, -as
pear sēo peru, -a
plum sēo plūme, -an
pomegranate sē cornæppel, -æpplas
poppy sē popiġ, -as
pottage sē wyrtmete, -as
quince sē coddæppel, -æpplas
radish sē rædic, -as
raspberry sēo hindberiġe, -an

relish eaten with bread ðæt sufel, -
root sē wyrtrum, -as
rye sē ryge, -as
seed ðæt sǽd, -u
strawberry sēo strēawberiġe, -an
sunflower seed ðæt sōlatan sæd, -u
unleavened bread ðæt ðeorf, -u
vegetable sēo wyrt, -a
walnut sēo wealhnutu, -a

Meat and Dairy Products

bacon ðæt spiċ, -u
broth ðæt broð, -u
butter sēo butere, -an
calf ðæt ċealf, -ru (ċealfes)
cheese sē ċīese, -as
chicken ðæt ċīecen, ċīecnu
chicken broth ðæt hennbroð, -u
cow sēo cū, cý (cūe)
crab sē crabba, -an
curds ðæt ċīesegerunn, -
deer sē hēahdēor, -as
duck sēo dūce, -an
egg ðæt ǽg, -ru (ǽges)
egg yolk sē dydrim, -as
egg white ðæt hwīt, -
fish sē fisc, -as
fowl sē henna, -an
goose sēo gōs, gēs
hare sē hara, -an
hen-pheasant sēo wōrhenn, -a
herring sē hǽring, -as
lamb ðæt lamb, -ru (lambes)
lobster sēo loppestre, -an
meat sē mete, -as
mussel sēo muscelle, -an
oyster sēo ostre, -an
oyster-patty sē osterhlāf, -as
pig sē fearh, -as
pike sē hacod, -as
roast meat sēo brǽding, -a
salmon sē leax, -as
sardine sē smelt, -as
sausage sē gehæcca, -an
sheep ðæt scēap, -
shellfish sēo muscelle, -an
smelt sē smelt, -as
snail sē snæġl, -as
soup sēo syfliġe, -an
trout sē sceota, -an
whey ðæt hwǽġ, -

Beverages

ale ðæt ealu, - (ealoð)‡
beer ðæt bēor, -
buttermilk sēo sýring, -a
cider ðæt æppelwīn, -
drink sē ±drinc, -as
herbal drink sē wyrtdrinc, -as
ice ðæt īs, -
juice ðæt sæp, -u
liquor sē flogoda, -an
malt-ale ðæt mealtealoð, -ealu (-ealoð)
mead sē medu, medwas (medwes)
milk sēo meoluc, meolca
mulled wine ðæt morað,-
pear-juice *or* perry ðæt perewōs, -
plum-juice ðæt plūmsēaw, -
water ðæt wæter, - (wætres)
wine ðæt wīn, -

Desserts

cake sē huniġæppel, -æpplas
shortbread sē healstān, -as
something sweet sēo swētnes, -sa
subtlety sē smēamete, -as
sweetmeat sē swētmete, -as

‡This irreguler noun uses the genitive singular form for the dative singular also. The genative plural is **ealeða** and the dative plural, **ealeðum.**

F. Colors

black blæċ
blue hǽwen
brown brūn
green grēne
grey grǽġ
orange ġeolurēad
purple purpuren
red rēod
white hwīt
yellow ġeolu

Appendix 5: Verbs

A. The Anomalous Verbs: Bēon *and* Wesan (to be)

a. The Indicative and the Subjunctive

Infinitive	**bēon**	**wesan**	
	Present	Present	Preterite
1st Person-Indicative	**bēo**	**eom**	**wæs**
2nd Person-Indicative	**bist**	**eart**	**wǣre**
3rd Person-Indicative	**biđ**	**is**	**wæs**
Plural-Indicative	**bēođ**	**sindon**	**wǣron**
Singular-Subjunctive	**bēo**	**sīe**	**wǣre**
Plural-Subjunctive	**bēođ**	**sīen**	**wǣren**

b. The Imperative and the Participles

Infinitive	**bēon**		**wesan**	
	Singular	Plural	Singular	Plural
Imperative	**bēo**	**bēođ**	**wes**	**wesađ**
Present Participle	**bēonde**	--	**wesende**	--
Past Participle	**ġebēon**	--	--	--

c. Differences in the Use of *Bēon* and *Wesan*

- The West Saxons favored the use of the infinitive **bēon**.
- **Bēon** can be used with a future meaning, expressing 'will be'.

B. The Anomalous Verb: Willan (to will)

a. The Indicative and the Subjunctive

	Present Indicative	Preterite Indicative	Present Subjunctive	Preterite Subjunctive
1st Person-Singular	**wille**	**wolde**	**wille**	**wolde**
2nd Person Singular	**wilt**	**woldest**	"	"
3rd Person-Singular	**wile**	**wolde**	"	"
All Persons-Plural	**willađ**	**woldon**	**willen**	**wolden**

b. The Imperative and the Participles

	Singular	Plural
Imperative	**welle**	**wellađ**
Present Participle	**wellende**	--
Past Participle	**wold**	--

C. The Anomalous Verbs: Dōn (to do) *and* Gān (to go)

a. The Indicative and the Subjunctive

Infinitive	dōn		gān	
	Present	Preterite	Present	Preterite
1st Person-Indicative	**dō**	**dyde**	**gā**	**ēode**
2nd Person-Indicative	**dēst**	**dydest**	**gǽst**	**ēodest**
3rd Person-Indicative	**dēð**	**dyde**	**gǽð**	**ēode**
Plural-Indicative	**dōð**	**dydon**	**gāð**	**ēodon**
Singular-Subjunctive	**dō**	**dyde**	**gā**	**ēode**
Plural-Subjunctive	**dōn**	**dyden**	**gān**	**ēoden**

b. The Imperative and the Participles

Infinitive	dōn		gān	
	Singular	Plural	Singular	Plural
Imperative	**dō**	**dōð**	**gā**	**gāð**
Present Participle	**dōnde**	--	**gānde**	--
Past Participle	**ġedōn**	--	**ġegān**	--

D. The Class I Weak Verbs: Ōnettan, Erian, *and* Strīenan

a. The Indicative and the Subjunctive

Infinitive	ōnettan		erian		±strīenan	
	Present	Preterite	Present	Preterite	Present	Preterite
1st person-Indicative	**ōnette**	**ōnette**	**erie**	**erede**	**strīene**	**strīende**
2nd person-Indicative	**ōnet(e)st**	**ōnettest**	**er(e)st**	**eredest**	**strīenst**	**strīendest**
3rd person-Indicative	**ōnet(eð)**	**ōnette**	**er(e)ð**	**erede**	**strīenð**	**strīende**
Plural-Indicative	**ōnettað**	**ōnetton**	**eriað**	**eredon**	**strīenað**	**strīendon**
Singular-Subjunctive	**ōnette**	**ōnette**	**erie**	**erede**	**strīene**	**strīende**
Plural-Subjunctive	**ōnetten**	**ōnetten**	**erien**	**ereden**	**strīenen**	**strīenden**

b. The Imperative and the Participles

Infinitive	ōnettan		erian		±strīenan	
	Singular	Plural	Singular	Plural	Singular	Plural
Imperative	**ōnete**	**ōnettað**	**ere**	**eriað**	**strīen**	**strīenað**
Present Participle	**ōnettende**	--	**eriende**	--	**strīenende**	--
Past Participle	**ōnett**	--	**ered**	--	**strīened**	--

E. The Class II Weak Verb: Leornian (to learn)

a. The Indicative and the Subjunctive

	Present Indicative	Preterite Indicative	Present Subjunctive	Preterite Subjunctive
1st Person-Singular	**leornie**	**leornode**	**leornie**	**leornode**
2nd Person Singular	**leornast**	**leornodest**	”	”
3rd Person-Singular	**leornað**	**leornode**	”	”
All Persons-Plural	**leorniað**	**leornodon**	**leornien**	**leornoden**

b. The Imperative and the Participles

	Singular	Plural
Imperative	**leorna**	**leorniað**
Present Participle	**leorniende**	--
Past Participle	**leornod**	--

F. The Class III Weak Verbs: Habban, Libban, Secgan *and* Hycgan

a. The Indicative and the Subjunctive

Infinitive	**habban**		**libban**		**secgan**		**hycgan**	
	Present	Preterite	Present	Preterite	Present	Preterite	Present	Preterite
1st person-Indicative	**hæbbe**	**hæfde**	**libbe**	**lifde**	**secge**	**sæġde**	**hycge**	**hogde**
2nd person-Indicative	**hæfst**	”	**lifast**	”	**sæġst**	”	**hyġst**	”
3rd person-Indicative	**hæfð**	”	**lifað**	”	**sæġð**	”	**hyġð**	”
Plural-Indicative	**habbað**	**hæfdon**	**libbað**	**lifdon**	**secgað**	**sæġdon**	**hycgað**	**hogdon**
Singular-Subjunctive	**hæbbe**	**hæfde**	**libbe**	**lifde**	**secge**	**sæġde**	**hycge**	**hogde**
Plural-Subjunctive	**hæbben**	**hæfden**	**libben**	**lifden**	**secgen**	**sæġden**	**hycgen**	**hogden**

b. The Imperative and the Participles

Infinitive	**habban**		**libban**		**secgan**		**hycgan**	
	Singular	Plural	Singular	Plural	Singular	Plural	Singular	Plural
Imperative	**hafa**	**habbað**	**leofa**	**libbað**	**saga**	**secgað**	**hoga**	**hycgað**
Present Participle	**habbende**	--	**libbende**	--	**secgende**	--	**hycgende**	--
Past Participle	**hæfd**	--	**lifd**	--	**sæġd**	--	**hogd**	--

G. Vowel Changes in Strong Verbs

	1	2a	2b	3a	3b	3c	3d	3e	4	5a	5b	5c	5d	5e
Infinitive	**ī**	**ēo**	**ū**	**e**	**eo**	**e**	**ie**	**i**	**a**	**a**	**ā**	**ō**	**ëa**	**ǽ**
3rd Present	**ī**	**īe**	**ý**	**i**	**ie**	**i**	**ie**	**i**	**æ**	**e**	**ǽ**	**ē**	**ïe**	**ǽ**
1st Preterite	**ā**	**ēa**	**ēa**	**æ**	**ea**	**ea**	**ea**	**a**	**ō**	**ēo**	**ēo**	**ēo**	**ēo**	**ē**
2nd Preterite	**i**	**u**	**u**	**u**	**u**	**u**	**u**	**u**	**ō**	**ēo**	**ēo**	**ēo**	**ēo**	**ē**
Past Participle	**i**	**o**	**o**	**o**	**o**	**o**	**o**	**u**	**a**	**a**	**ā**	**ō**	**ëa**	**ǽ**

H. The Class 1 Strong Verb: Rīdan (to ride)

a. The Indicative and the Subjunctive

	Present Indicative	Preterite Indicative	Present Subjunctive	Preterite Subjunctive
1st Person-Singular	**rīde**	**rād**	**rīde**	**ride**
2nd Person Singular	**rītst**	**ride**	”	”
3rd Person-Singular	**rītt**	**rād**	”	”
All Persons-Plural	**rīdað**	**ridon**	**rīden**	**riden**

b. The Imperative and the Participles

	Singular	Plural
Imperative	**rīd**	**rīdað**
Present Participle	**rīdende**	--
Past Participle	**riden**	--

I. The Class 2 Strong Verb: Hrēodan (to adorn)

a. The Indicative and the Subjunctive

	Present Indicative	Preterite Indicative	Present Subjunctive	Preterite Subjunctive
1st Person-Singular	**hrēode**	**hrēad**	**hrēode**	**hrude**
2nd Person Singular	**hrīetst**	**hrude**	”	”
3rd Person-Singular	**hrīett**	**hrēad**	”	”
All Persons-Plural	**hrēodað**	**hrudon**	**hrēoden**	**hruden**

b. The Imperative and the Participles

	Singular	Plural
Imperative	**hrēod**	**hrēodað**
Present Participle	**hrēodende**	--
Past Participle	**hroden**	--

J. The Class 3 Strong Verb: Findan(to find)

a. The Indicative and the Subjunctive

	Present Indicative	Preterite Indicative	Present Subjunctive	Preterite Subjunctive
1st Person-Singular	**finde**	**fand**	**finde**	**funde**
2nd Person Singular	**fintst**	**funde**	”	”
3rd Person-Singular	**fint**	**fand**	”	”
All Persons-Plural	**findað**	**fundon**	**finden**	**funden**

b. The Imperative and the Participles

	Singular	Plural
Imperative	**find**	**findað**
Present Participle	**findende**	--
Past Participle	**funden**	--

K. The Class 4 Strong Verb: Beran (to bear)

a. The Indicative and the Subjunctive

	Present Indicative	Preterite Indicative	Present Subjunctive	Preterite Subjunctive
1st Person-Singular	**bere**	**bær**	**bere**	**bǽre**
2nd Person Singular	**birst**	**bǽre**	”	”
3rd Person-Singular	**birð**	**bær**	”	”
All Persons-Plural	**berað**	**bǽron**	**beren**	**bǽren**

b. The Imperative and the Participles

	Singular	Plural
Imperative	**ber**	**berað**
Present Participle	**berende**	--
Past Participle	**boren**	--

L. The Class 5 Strong Verb: Sprecan (to speak)

a. The Indicative and the Subjunctive

	Present Indicative	Preterite Indicative	Present Subjunctive	Preterite Subjunctive
1st Person-Singular	**sprece**	**spræc**	**sprece**	**sprǽce**
2nd Person Singular	**spricst**	**sprǽce**	”	”
3rd Person-Singular	**spricð**	**spræc**	”	”
All Persons-Plural	**sprecað**	**sprǽcon**	**sprecen**	**sprǽcen**

b. The Imperative and the Participles

	Singular	Plural
Imperative	**sprec**	**sprecað**
Present Participle	**sprecende**	--
Past Participle	**sprecen**	--

M. The Contracted Class 5 Verb: Sēon (to see)

a. The Indicative and the Subjunctive

	Present Indicative	Preterite Indicative	Present Subjunctive	Preterite Subjunctive
1st Person-Singular	**sēo**	**seah**	**sēo**	**sāwe**
2nd Person Singular	**siehst**	**sāwe**	”	”
3rd Person-Singular	**siehð**	**seah**	”	”
All Persons-Plural	**sēoð**	**sāwon**	**sēon**	**sāwen**

b. The Imperative and the Participles

	Singular	Plural
Imperative	**sēoh**	**sēoð**
Present Participle	**sēonde**	--
Past Participle	**sewen**	--

N. The Class 6 Strong Verb: Standan (to stand)

a. The Indicative and the Subjunctive

	Present Indicative	Preterite Indicative	Present Subjunctive	Preterite Subjunctive
1st Person-Singular	**stande**	**stōd**	**stande**	**stōde**
2nd Person Singular	**stentst**	**stōde**	”	”
3rd Person-Singular	**stent**	**stōd**	”	”
All Persons-Plural	**standað**	**stōdon**	**standen**	**stōden**

b. The Imperative and the Participles

	Singular	Plural
Imperative	**stand**	**standað**
Present Participle	**standende**	--
Past Participle	**standen**	--

O. The Class 7 Strong Verb: Healdan (to hold)

a. The Indicative and the Subjunctive

	Present Indicative	Preterite Indicative	Present Subjunctive	Preterite Subjunctive
1st Person-Singular	**healde**	**hēold**	**healde**	**hēolde**
2nd Person Singular	**hieltst**	**hēolde**	”	”
3rd Person-Singular	**hielt**	**hēold**	”	”
All Persons-Plural	**healdað**	**hēoldon**	**healden**	**hēolden**

b. The Imperative and the Participles

	Singular	Plural
Imperative	**heald**	**healdað**
Present Participle	**healdende**	--
Past Participle	**healden**	--

P. The Preterite-Present Verbs

a. The Indicative Present and Preterite

Infinitive	**āgan**	**cunnan**	**dugan**	**durran**	**magan**	**mōtan**
1st-Present	**āh**	**cann**	**dēah**	**dearr**	**mæġ**	**mōt**
2nd-Present	**āhst**	**canst**	--	**dearst**	**meaht**	**mōst**
3rd-Present	**āh**	**cann**	**dēah**	**dearr**	**mæg**	**mōt**
Plural-Present	**āgon**	**cunnon**	**dugon**	**durron**	**magon**	**mōton**
Singular-Preterite	**āhte**	**cūðe**	**dohte**	**dorste**	**meahte**	**mōste**
Plural-Preterite	**āhton**	**cūðon**	**dohton**	**dorston**	**meahton**	**mōston**

Infinitive	**+munan**	**sculan**	**ðurfan**	**unnan**	**witan**
1st-Present	**ġeman**	**sceal**	**ðearf**	**ann**	**wāt**
2nd-Present	**ġemanst**	**scealt**	**ðearft**	--	**wāst**
3rd-Present	**ġeman**	**sceal**	**ðearf**	**ann**	**wāt**
Plural-Present	**ġemunon**	**sculon**	**ðurfon**	**unnon**	**witon**
Singular-Preterite	**ġemunde**	**sceolde**	**ðorfte**	**ūðe**	**wiste**
Plural-Preterite	**ġemundon**	**sceoldon**	**ðorfton**	**ūðon**	**wiston**

b. The Subjunctive, the Imperative and the Participles

The imperative forms are the same as the subjunctive.

Infinitive	**āgan**	**cunnan**	**dugan**	**durran**	**magan**	**mōtan**
Sing-Present Subj	**āge**	**cunne**	**dyġe**	**dyrre**	**mæġe**	**mōte**
Plural-Present Subj	**āgen**	**cunnen**	**dyġen**	**dyrren**	**mæġen**	**mōten**
Sing-Preterite Subj	**āhte**	**cūðe**	**dohte**	**dorste**	**meahte**	**mōste**
Plural- Preterite Subj	**āhten**	**cūðen**	**dohten**	**dorsten**	**meahten**	**mōsten**
Present Participle	**āgende**	**cunnende**	**dugende**	**durrende**	**magende**	**mōtende**
Past Participle	**āgen**	**cunnen**	**dugen**	**durren**	**magen**	**mōten**

Infinitive	**+munan**	**sculan**	**ðurfan**	**unnan**	**witan**
Sing-Present Subj	**ġemyne**	**scyle**	**ðyrfe**	**unne**	**wite**
Plural-Present Subj	**ġemynen**	**scylen**	**ðyrfen**	**unnen**	**witen**
Sing-Preterite Subj	**ġemunde**	**sceolde**	**ðorfte**	**ūðe**	**wiste**
Plural- Preterite Subj	**ġemunden**	**sceolden**	**ðorften**	**ūðen**	**wisten**
Present Participle	**ġemunende**	**sculende**	**ðearfende**	**unnende**	**witende**
Past Participle	**ġemunen**	**sculen**	**ðurfen**	**ġeunnen**	**witen**

Appendix 6: Drills and Exercises

I have underlined words or letters which "fill in the blank" and have kept italics where they appear in the the original drills. This should help when comparing the answers given here with your own.

Chapter 1

Reading

A Frisian Student in Canterbury

Redbod says:
Hello and good day! My name is Redbod and I am a Frisian. But I am now in England. Where in England? In Canterbury. I study here. What do I study? English, the language and the people. Yes, I am a student. My friend, Freagifu, is English. Is she also a student? Yes, she is a girl and also, a female pupil. But she is not here, because she studies in Winchester.

'It is too stupid, Redbod,' she says often. 'Why aren't you also here in Wessex?'

My answer: 'Canterbury is a royal city and I am of Frisia. The town of Canterbury and the school are so fit.'

Freagifu: 'And aren't you happy in Wessex?'

'O yes, but Winchester is not Canterbury. My teacher, Lord Billfrith, says: "Winchester is a royal city and a school is in Winchester, but Winchester is not a bishopric like Canterbury."'

Pattern Drills

A. 1. Ġēa, sē magister is hēr.
2. Ġēa, sē hlāford is hēr.
3. Ġēa, sē frēond is hēr.
4. Ġēa, sē leornere is hēr.
5. Ġēa, ðæt lǣringmǣden is hēr.
6. Ġēa, Frēaġifu, hlǣfdiġe, is hēr.
7. Ġēa, sē nama is Angle.
8. Ġēa, ðæt mæġden is stunt.
9. Ġēa, sēo ċeaster is lýtlu.
10. Ġēa, sēo scōl is eald.

B. 1. Ġēa, ðēs is ān magister.
2. Ġēa, ðēs is ān leornere.
3. Ġēa, ðēs is ān hlāford.
4. Ġēa, ðis is ān mæġden.
5. Ġēa, ðēs is ān nama.
6. Ġēa, ðēos is ānu andswaru.
7. Ġēa, ðēos is ānu sprǣċ.
8. Ġēa, ðis is ān wīf.
9. Ġēa, ðis is ān lǣringmǣden.

C. 1. Nā, Billferhð, hlāford, is nān leornere.
2. Nā, Redbod is nān magister.
3. Nā, sē hlāford is nān lǣringmǣden.
4. Nā, ðēos is nānu scōl.
5. Nā, ðēos is nānu andswaru.
6. Nā, ðis is nān mæġden.
7. Nā, ðēs is nān nama.
8. Nā, ðēos is nānu ċeaster.

D. 1. Nā, hē ne is hēr.
2. Nā, hē ne is hēr.
3. Nā, hit ne is hēr.
4. Nā, hīe ne sindon stunte.
5. Nā, hēo ne is gōd.
6. Nā, hīe ne sindon gōde.
7. Nā, hē ne is ēadiġ.
8. Nā, hēo ne is lýtlu.
9. Nā, hēo ne is eald.

E. 1. Ðū ne eart stunt. (Ðū ne eart stuntu.)
2. Sē magister is hēr.
3. Iċ ne eom eald.
4. Ðā lǣringmǣdnu sindon ēadġu.
5. Wē ne sindon stunte.
6. Sēo scōl is eald.
7. Ġit sindon hēr.
8. Hēo is ēadġu.
9. Iċ eom hēr.

F. 1. Ðā wīf ne sindon hēr.
2. Ðā andswara sindon gōde.
3. Ðā scōla sindon Angle.
4. Ðā mæġdnu sindon ēadġu.

5. Ðā magistras ne sindon ealde.
6. Ðā hlāfordas samod sindon hēr.
7. Ðā sprǣca sindon ealde.
8. Ðā mæġdnu sindon lȳtlu.

Exercises

A. 1. Redbod sægð 'Wes ðū hāl and gōdne dæġ.'
2. Redbod nū is on Cantwarabyriġ.
3. Hē leornað on Cantwarabyriġ.
4. Iċ nū eom on Americum.
5. Redbod leornað Angle, ðā sprǣċe and ðæt folc.
6. Iċ samod leornie Angle.
7. Nā, Frēaġifu, hlǣfdiġe, is nān leornere.
8. Ġēa, hēo is ān lǣringmǣden.
9. Frēaġifu, hlǣfdiġe, leornað on Witanċeastre.
10. Witanċeaster is on West Seaxum.
11. Nā, iċ ne eom stunt. (Nā, iċ ne eom stuntu.)
12. Nā, iċ ne eom of Anglum.
13. Ġēa, Redbod is on Cantwarabyriġ ēadiġ.
14. Nā, Billferhð, hlāford, is nān leornere.
15. Ġēa, iċ eom hēr ēadiġ. (Ġēa, iċ eom hēr ēadġu.)

B. 1. Gōdne dæġ, Redbod.
2. Ðæt lǣringmǣden is ān_ mæġden.
3. Hēo is nān_ leornere.
4. Hēo is ān_ lǣringmǣden.
5. Ān_ mæġden is hēr.
6. Sēo andswaru is gōd_.
7. Sē_ magister ne is stunt_.
8. Ðā leorneras sindon hēr.
9. Ðā lǣringmǣdnu samod sindon hēr.
10. Is sēo hlǣfdiġe ēadġu?
11. Is nān_ magister stunt_?
12. Sēo sprǣċ is gōd_.
13. Ðū eart mīn_ frēond_.
14. Redbod leornað ānu sprǣċ.
15. Ðæt mæġden is on Norðhymbrum.

C. 2. Ðā lǣringmǣdnu sindon ðā mæġdnu.
3. Hīe sindon nāne leorneras.
4. Hīe sindon ðā lǣringmǣdnu.
6. Ðā andswara sindon gōde.
7. Ðā magistras ne sindon stunte.
10. Sindon ðā hlǣfdiġan ēadġe?
11. Sindon nāne magistras stunte?
12. Ðā sprǣca sindon gōde.

D. 1. Hwæt sægst ðū, Redbod?
2. Eart ðū hēr, Frēaġifu?
3. Sindon ġit hēr, Redbod and Frēaġifu?
4. Hwǣr sindon ġē, Redbod, Frēaġifu, and Billferhð?

E. 1. Hwā is on Anglum?
2. Hū is ðæt mæġden?
3. Hū is ðæt lǣringmǣden?
4. Hwæt is Witanċeaster?
5. Hwǣr is sē frēond?
6. Hwæt is Billferhð, hlāford?
7. Hwǣr is Frēaġifu?
8. Hwæt is sē?
9. Hwæt is sē leornere?
10. Hū is sēo ċeaster?

F. 1. Wes ðū hāl, Redbod.
2. Eart ðū ān magister?
3. Frēaġifu is ān lǣringmǣden.
4. Hēo ne is stuntu.
5. Hwǣr is Billferhð, hlāford?
6. Hwȳ is Redbod on Cantawarbyriġ?
7. Is Frēaġifu ān mæġden?
8. Hwǣr is hēo?9. Sindon hēo and Billferhð, hlāford, hēr?
10. Eart ðū hēr, Redbod?
11. Hwȳ is ðæt mæġden ēadiġ?
12. Sēo andswaru is gōd; hēo ne is stuntu.
13. Is sēo andswaru gōd?
14. Ġēa, hit is gōd.
15. Nā, nānu andswaru is gōd.

Reading

An English Lord in Boulogne-sur-mer

Freagifu's brother studies in Boulogne. He visits the court of Ethelwulf. He is happy there because the town is very beautiful. It has an yard and a lake. Also, he already has a friend, Ethelswith.

'Why do you work so much?' she asks. 'Four hours each day is too long.'

'Oh, no,' answers Freawine. 'One works often five hours for the court in England.'

'But you have so often no time for me,' says Ethelswith. 'I work very much also, but I count the time not at all. I count only the time without you.'

Freawine laughs and says, 'You are too serious, Ethelswith. Do we go today around six or seven around the lake?'

Ethelswith: 'I say that we go today around eight around the lake, tomorrow around nine through the yard, and...'

'Stop!' answers Freawine. 'Good-bye until this evening around six.'

Pattern Drills

A. 1. Iċ leornie ðā sprǣċe nāht.
2. Iċ āscie ðone frēond nāht.
3. Iċ āscie ðā hlǣfdiġan nāht.
4. Iċ āscie ðæt mæġden nāht.
5. Iċ hæbbe ðā andsware nāht.
6. Iċ besēo ðæt mynster nāht.
7. Iċ leornie ðæt folc nāht.
8. Iċ talie ðā leorneras nāht.

B. 1. Hē āscað ānne guman.
2. Iċ āscie ānne frēond.
3. Hē leornað āne sprǣċe.
4. Wē besēoð āne burg.
5. Sē leornere hæfð āne andsware.
6. Billferhð gǣð ymbe āne sǣ.
7. Wē gāð ðurh ānne ġeard.
8. Hēo wyrċð for ānne frēond.

C. 1. Hēo āscað ðā leorneras.
2. Iċ āscie ðā hlǣfdiġan.
3. Hē besiehð ðā magistras.
4. Hē wyrċð for ðā mæġdnu.
5. Hwȳ āscað hē ðā wīf?
6. Hīe gāð ðurh ðā ġeardas.
7. Hē ne gǣð ymbe ðā sǣ.
8. Wē leorniað ðā folc.
9. Ðū āscast ðā guman nāht.

D. 1. Hē is mid ðone magister.
2. Hē wyrċð for ðā hlǣfdiġan.
3. Hē wyrċð for ðone hlāford.
4. Wē gāð ymbe ðā sǣ.
5. Wē gāð ðurh ðone ġeard.
6. Wē wyrċð for ðā burg.
7. Hē is hēr wið ðone brōðor.
8. Wē sindon for ðæt mynster.

E. 1. Hē wyrċð for ānne magister.
2. Hēo wyrċð for ānne frēond.
3. Wē gāð ymbe āne sǣ.
4. Hē andswarað for ān mæġden.
5. Hīe gāð ðurh ānne ġeard.
6. Hē gǣð ðurh ān mynster.

F. 1. Hē leornað fram ðā hlǣfdiġan.
2. Hēo gǣð ymbe ðā sǣ.
3. Wē wrycð for ðā guman.
4. Ðū andswarast for ðā mæġdnu.
5. Wē leorniað for ðā magistras.
6. Hē ne gǣð ðurh ðā ġeardas.
7. Hē ne wyrċð for ðā leorneras.
8. Ġē andswariað for ðā friend.

Exercises

A. 1. Ġēa, Frēawine leornað on Bunnan.
2. Nā, hē besiehð ān mynster naht.
3. Hē is ðǽr ēadiġ, for ðǽm ðā ċeaster is mæst scīene.
4. Ġēa, iċ eom hēr ēadiġ. (Ġēa, iċ eom hēr ēadġu.)
5. Ġēa, Frēawine hæfð ǽr ānne frēond.
6. Ġēa, iċ hæbbe ānne frēond.
7. Ġēa, Frēawine wrycð miċel.
8. Hē wrycð ǽlċne dæġ for fēower tīda.
9. Man wrycð oft for ðæt mōt for fīf tīda.
10. Iċ wyrċe ǽlċne dæġ ____ tīda. (Fill in the no. of hours.)
11. Nā, ðæt ne is tō miċel for mē.
12. Nā, Frēawine næfð miċel tīman for Æðelswīðe.
13. Æðelswīð talað ðone tīman nāht.
14. Frēawine hliehð for ðǽm Æðelswīð is tō hefiġ.
15. Ġēa, iċ gā oft ymbe āne sǽ oððe ðurh ānne ġeard.

B.
Ān Angle Hlāford on Bunnan

Frēaġife brōðor leornað on Bunnan. Hē besiehð ðæt mōt Æðelwulfes. Hē is ēadiġ ðǽr for ðǽm sēo ċeaster is mǽst scīenu. Hit hæfð ānne ġeard and āne sǽ. Frēawine samod hæfð ǽr ānne frēond, Æðelswīðe.

'Hwý wyrċst ðū swa miċel?' hēo āscað. 'Fēower tīda ǽlċne dæġ is tō lange.'

'O, nā,' andswarað Frēawine. 'Man wrycð oft fīf tīda for ðæt mōt on Anglum.'

'Ac ðū hæfst swa oft nānne tīman for mē,' sægð Æðelswīð. 'Iċ samod wyrċe mǽst, ac iċ talie ðone tīman nāht. Iċ talie ǽnliċne tīman wiðūtan ðē.'

Frēawine hliehð and sægð, 'ðū eart tō hefiġ, Æðelswīð. Gāð wit tōdæġ ymbe siex oððe seofon ymbe ðā sǽ?'

Æðelswīð: 'Iċ sægð ðæt wit gāð tōdæġ ymbe eahta ymbe ðā sǽ, tōmorgen ymbe nigon ðurh ðone ġeard and...'

'Stopa!' andswarað Frēawine. 'Wes hāl ðū oð ðisne ǽfen ymbe siex.'

C. 1. Hē hæfð nānne frēond.
2. Wit wyrcað nānne tīman tō lange.
3. Ðæt mæġden gǽð ðurh ðone ġeard.
4. Iċ hæbbe nānne frēond.
5. Ðū wrycst ǽlċne dæġ_ for ānne frēond.
6. Ðā leorneras gāð ymbe ðā sǽ.
7. Sē_ magister āscað ðā leorneras.
8. Mīn__ brōðor gǽð ymbe ðā sǽ.
9. Sē_ guma hæfð nāne tīde for mīnne brōðor.
10. Wē leorniað hēr ǽlċne ǽfen.
11. Wē oft āsciað and ðū nāht andswarast.
12. Hū oft āscast ðū mē, Frēawine?
13. Talast ðū mīne friend?
14. Ðā hlāfordas besēoð nān__ mynster.

D. 1. Hīe habbað nāne friend.
2. Ðā mæġdnu gāð ðurh ðā ġeardas.
3. Wē habbað nāne friend.
4. Ġē wyrcað ǽlċe dagas for ðā friend.
5. Ðā magistras āsciað ðā leorneras.
6. Mīne broðor gāð ymbe ðā sǽ.
7. Ðā Angliscmenn habbað nāne tīde for mīne brōðor.
8. Wē oft āsciað and ġē nāht andswariað.
9. Hū oft āscað ðū ūs, Frēawine?

E. 1. *Hē* āscað *hine.*
2. *Hēo* is scīenu.
3. *Hē* āscað *hit.*
4. Wē leorniað *hīe.*
5. *Hēo* besiehð *hit.*

F. 1. Hēo wyrċð for ānne magister.
2. Ðis is for ðē, Frēawine.
3. Frēaġifu, besiehst ðū oft ðā sǣ?
4. Ðā leorneras gāð ðurh ðone ġeard.
5. Mīn brōðor āscað ānne frēond: 'Hæfst ðū ðone tīman (ðā tīde)?
6. Hē andswarað ðæt hē hæfð nānne tīman (nāne tīde).
7. Leorniað ġit on Anglum?
8. Billferhð, hlāford, oft is for ðā magistras.
9. Iċ wryce miċel and mīn frēond wrycð fēower tīda ǣlċne ǣfen.
10. Wē taliað: 'ān, twēġen, ðrīe, fēower, fīf, siex, seofon, eahta, nigon, tīen.'

Chapter 3

Reading

Controversy or Progress

Redbod says:
My friend John of Friscia writes a letter: 'Redbod, you are now in Canterbury. The city is naturally very pretty. But who truly studies there? I always hear that the minster is rebellious . Do you find the Pascal Controversy is there?'

I laugh loudly, because many students are neither rebellious nor propitious, but zealous. So I answer John: 'That the city is pretty is correct. But that the minster is rebellious isn't correct. The students quarrel often, but they aren't heretics.'

Sometimes I ask myself whether the school is progressing. Many believe that, because many buildings are new. They also believe it because one hears the word 'progress' here so often. But I don't know, for discussion isn't progress. Truly the students quarrel here much, but I believe that they learn only a little. Perhaps the discussion is so important (great) for them, that they sometimes forget their studies.

Pattern Drills

A. 1. Hēr is ðæt mæġden.
2. Ealneġ leornað hē.
3. Ġieta ġelīefað wē hit.
4. Ġecyndelīċe cann sē brōðor ðæt.
5. Oft hīere iċ ðæt.
6. Hwīlum forġietað hīe ðā lāra.
7. Hlūde hliehð sē magister.
8. Miċellīċe flītað ðā leorneras.

B. 1. Ġēa, hē hīe besiehð.
2. Ġēa, ðā leorneras hīe sindon.
3. Ġēa, man hit hīerð.
4. Ġēa, ðā lǣringmǣdnu hine āsciað.
5. Ġēa, iċ hē eom.
6. Ġēa, Frēaġifu hīe talað.
7. Ġēa, Frēawine hine hæfð.
8. Ġēa, Redbod hit cann.

C. 1. Frēawine sægð ðæt ðā reċdu on Cantwarabyriġ sindon nīewu.
2. Man hīerð ðæt ðæt word is forðweardnes.
3. Mīn brōðor āscað ġief ðū leornast on Eoforwīċe.
4. Iċ secge ðæt iċ hæbbe ðone tīman for lāre.
5. Sē magister āscað ġief ðā leorneras andswariað.
6. Ðā leorneras andswariað ðæt sē frēond cann miċel.
7. Man hīerð ġief ðā hlāfordas flītað.

D. 1. Hēo nāscað ðone magister.
2. Iċ ne forġiete ðā lāra.
3. Billferhð nandswarað Frēaġife.
4. Hīe ne cunnon Witanċeaster.

5. Sēo andswaru nis riht.
6. Sēo scōl nis miċellīc wiðerrǣd.
7. Hēr neom iċ ēadig.
8. Iċ neom ēadig hēr.

E. 1. Đonne ðā leorneras sindon hlūde, ðonne nīerð hē mē.
2. Đonne ðæt reċed is nīewe, ðonne ne cann iċ hit.
3. Đonne hit is scīene ðǣr, ðonne gāð hīe ymbe ðā sǣ.
4. Đonne wē flītað, ðonne forġietað wē ðā lāras.
5. Đonne hē wyrċð, ðonne nliehð sē magister.
6. Đonne hē hæfð ðone tīman, ðonne besiehð hē mīnne brōðor.
7. Đonne iċ hæbbe ġewyrhte, ðonne ne gā iċ ðurh ðone ġeard.
8. Đonne ðā leorneras flītað, ðonne forġietað hīe ðā lāra.

Exercises

A. 1. Redbodes frēond is Iōhann.
2. Hē is on Frisum.
3. Iċ eom on Americum.
4. Sēo burg Cantwaraburge is scīenu.
5. Nā, Iōhann nīerð ðæt ðæt mynster is forðweard.
6. Redbod hliehð for ðæm miċel leorneras sindon ne wiðerrǣde ne mildelīċe, ac ellenwōd.
7. Ġēa, iċ oft hliehe.
8. Hit is riht ðæt sēo burg is scīene.
9. Nā, ðæt mynster nis wiðerrǣde.
10. Miċel ġelīefað ðæt ðæt mynster is forðweard for ðǣm miċel reċed sindon nīewu.
11. Man oft hīerð on Cantwarabyriġ ðæt word 'forðweardnes'.
12. Nā, ġesprec nis forðweardnes.
13. Nā, ðā leorneras ne leorniað miċel on Cantwarabyriġ.
14. Ġēa, iċ ġelīefe ðæt ðā leorneras hēr leorniað miċel.
15. Đā leorneras hwīlum forġietað hiera lāra.

B. 1. *Nū* eart ðū on Witanċeastre.
2. *Oft* flītað ðā leorneras.
3. *Hwīlum* ġelīefað miċel ðæt.
4. *Ǽlċne dæġ* wyrcað wē eahta tīda.
5. *Miċellīċe* cunnon hīe ðā writu.

C. 1. Iċ ne cann Angle, ac iċ Ealde Seaxe cann.
2. Redbod is Frisa and hē on Cantwarabyriġ leornað.
3. Hīe ġelīefað ðæt sēo hlǣfdiġe forġeat ðā lāra.
4. Sē magister āscað ðæt lǣringmǣden hwæðer wyrċð hēo tōdæġ.
5. Mīn frēond wrīt ðæt hē leornað on Witanċeastre.
6. Đonne Billferhð hliehð hlūde, ðonne nis ðæt riht.
7. Iċ ne cann hwý flītað ðā leorneras.
8. Wē oft hīerað ðæt sēo scōl is wiðerrǣd.
9. Đā leorneras leornað lýtel for ðǣm ðæt ġesprec is swa miċel for hīe.

D. 1. Đā leorneras ne flītað oft.
2. Wrīt Billferhð ðæt ðā lǣringmǣdnu cunnon Eoforwīċ?
3. Iċ leornie on Cantwarabyriġ, for ðǣm sēo burg is scīenu.
4. Sēo scōl nis nīewu.
5. Redbod is ēadiġ on Witanċeastre, for ðǣm Freaġifu is ðǣr.
6. Sē magister nis ān sliten, ac hē ellenwōd is.
7. Iċ hīere ðæt hīe flītað wið hine.

8. Ġesprec nis forðweardnes.
9. Tōdæġ nis sēo lār miċelu for hīe.

Chapter 4

Reading

To Work or to Quarrel

Because they have work, Freawine and Æthelswith don't find time for days to go to the lake or the yard. But on a feast-day, they go into the yard and see a play. In it, the monks and students quarrel with the devil.

'It is too bad that the retainers cannot help,' says Freawine afterwards to Æthelswith. 'They don't have it easy.'

Both sit at a table in the hall and speak with a band of comrades. A student answers, 'But at least they are active! Today we are active not at all here in Boulogne.'

'It is exactly so,' cries out Æthelswith. 'It is years since there is controversy at the court. The monks go no more into the streets.'

'Is it different in England?' asks a girl.

Freawine answers her. 'In England, the kingdom pays much for the church and for the monks. But the monks don't thank the kingdom for the progress at the church. They quarrel often. In Boulogne, the monks attain not as much from the kingdom and the work is more dear to them. Therefore, here one works much more.'

Pattern Drills

A. 1. Hēo gǽð of ānre byriġ.
2. Wē gāð mid ānum menn.
3. Iċ secge hit ānum leornere.
4. Hē sitt æt ānre sǽ.
5. Wē helpað ānum efenweorode.
6. Iċ ġiefe hit ānre hlǽfdiġan.
7. Hit is hlūd on ānum reċde.
8. Hēo sæġð mid ānum mæġdne.

B. 1. Ġēa, hē wrītt mē ān writ.
2. Ġēa, hē miċel sæġð mē.
3. Ġēa, hē oft wrītt mē.
4. Ġēa, hē ealneġ ġelīefð mē.
5. Ġēa, ðā leorneras ġiefað mē ðā ġewyrhte.
6. Ġēa, ðā magistras hwīlum helpað mē.

C. 1. Iċ cann ðæt ġesprec siððan ān ġēar.
2. Wē besēoð Angle mid ðǽm friend.
3. Hīe sittað ðǽr siððan āne tīde.
4. Ġieta gǽð hēo of ðǽm reċede.
5. Beġietað ðā leorneras wel miċel fram ðǽm cynedōme?
6. Ǽlċne ǽfen gǽð hē tō ðǽre sæ.
7. Iċ ne sēo ðē oft be ðǽm wyrhtan.
8. Wē oft flītað æfter ðǽm plegan.

D. 1. Ġēa, hē oft sæġð be him.
2. Ġēa, tōdæġ gǽð hēo mid hire.
3. Ġēa, wē miċel beġietað tō him.
4. Ġēa, man oft fint mē nēah him.
5. Ġēa, hē ealneġ is mid him.
6. Ġēa, hē ġieta gǽð tō hire.
7. Ġēa, hēo miċel sæġð be him.

E. 1. Iċ gā æt ðǽm ende.
2. Hēo wyrċð on ðǽm reċēde.
3. Hē sitt æt ðǽm borde.
4. Ðæt writ is on ðǽm borde.
5. Wē sindon on ðǽm ġearde.
6. Wē gāð on ðone ġeard.
7. Hīe sindon beforan ðǽm ġearde.
8. Hīe gāð behindan ðæt reċed.
9. Hēo sitt on ðǽm reċede.

Exercises

A. 1. Hīe ne gāð for dagum on hine, for ðǣm hīe habbað gewyrhte.
2. Hīe gāð on ānne ġeard on hire.
3. Hīe sēoð ānne plegan ðǣr.
4. Hīe flītað wið ðǣm fiend on him.
5. Hit is wel yfel ðæt ðā hiredmenn ne cunnon helpan.
6. Hīe sittað on ðǣm reċede.
7. Hīe sittað mid ānum efenweorode ðǣr.
8. Tōdæġ ne sindon hīe miċel dōnliċ.
9. Hīe gāð nā mā on ðā strǣta.
10. Hē ġielt for ðǣre ciriċe and for ðǣm muncum.
11. Hīe ne ðanciað ðǣm cynedōme ðǣr.
12. Hīe wyrcað mā for ðǣm sēo ġewyrht is mā dēor for him.

B. 1. Sē leornere gǣð ymbe āne sǣ.
2. Nēah ðǣm leornerum sitt ān__ lǣringmǣden.
3. Wē gāð ðurh āne burg.
4. Ðā friend sittað on ānum reċde.
5. Ðā reċed sindon scīenu.
6. Wē gāð of ðā burg on ðone ġeard.
7. On ðǣm ġearde is ān sǣ.
8. Betweox ðǣre scōle and ðǣm mynstre is ān_ strǣt.
9. Iċ leornie ðā sprǣċe siððan ān__ ġēar.
10. Gǣst ðū æfter ðǣre ġewyrhte on ðone ġeard?
11. Ġē ne ðanciað ðǣm magistre for ðǣre ġewyrhte.
12. Mid ānum friend sitt hēo æt ðǣm borde.
13. Ðæt efenweorod hliehð mid ðǣm magistre.
14. Frēaġifu fint ðæt writ on ðǣm borde.

C. 1. Ān frēond leornað on ðǣm reċde.
2. Iċ gā tō ðā scōle.
3. Frēaġifu sægð be ānre scōle.
4. Æbbe hīerð be forðweardnesse.
5. Ðæt mæġden sitt æt ānum borde.
6. Mīn brōðor wyrċð for ðǣm magistre.
7. Sēoð ġit ðæt reċed nēah ðǣm ġearde?
8. Ðā friend ðanciað mē.
9. Sīðast ðū oft mid him?
10. Redbod wrītt ān writ tō ðǣm magistre.
11. Ān frēond gǣð ofer ðā strǣte.

D. 1. Æðelswið ne gǣð tō ðone ġeard and Frēawine.
2. Siððan gewyrhte, hīe gāð tō ānne plegan.
3. Ðā leorneras sindon wið ðǣm fīend.
4. Oft nabbað hīe hit lēoht.
5. Wē ne cunnon him helpan.
6. On ānum reċede flītað hīe be ðǣm plegan.
7. On Bunnan ne sindon hīe dōnliċe.
8. Man nīerð hīe on ðǣm strǣta.
9. Ðā lāra sindon dēore hēr.
10. Hit is unġelīċ on Anglum.
11. Sē cynedōm ġielt miċel for ðǣm muncum.

Chapter 5

Reading

Shortbread and a Walk

Redbod says:
'Lord Redbod, come to the door. A letter is here from Lady Freagifu,' calls my landlord one evening.

'When do you visit for a weekend (week's end) in Winchester?' asks my Freagifu in her letter. 'My father and mother wish also that you come.'

On the weekend then I am in Winchester and I see Freagifu's parents and Freagifu's sister, Godgifu, for the first time. Freagifu's father, Lord Freawulf, works as a builder for the king. The family dwells in a new house. It has five rooms.

'We have it good,' says Freagifu's mother, Godswith. 'Isn't it so, Freagifu and Godgifu? You are always full?

'Yes,' laughs Godgifu. 'And we also become very fat (thick), for we eat so much shortbread.'

'Leave the shortbread to remain once. It never gets old with you here,' calls Lady Godswith. And then she asks me, 'Take another piece, Lord Redbod.'

The shortbread is good, perhaps too good, and therefore I am glad that Lord Freawulf now calls, 'It is time that we go. Because of the guest, today we make a journey.'

In a little time, we sit in the family's wagon and we travel to a stream. Near the stream, we take a walk and also, we ride with a sailboat. In the evening, we are again in the family's house and we sit for two hours and we talk.

Pattern Drills

A. 1. Hē cymð on ānes frēondes hūs.
2. Wē sēoð ānre bāte seġl.
3. Hīe sīðiað mid ānes fēondes wæġne.
4. Hēr is ānes mæġdnes bord.
5. Hīe flītað for ānre scōla forðweardnesse.
6. Ānes leorneres ġewyrht ealneġ nis gladu.
7. Wē hīerað be ānes efenweorodes slitne.

B. 1. Ðāra magistra andswara sindon rihte.
2. Wē sēoð ðāra bāta seġlas.
3. Ðæt efenweorod besiehð ðāra burga mynstru.
4. Ðāra hūsa būr sindon nīewe.
5. Hēo talað ðāra frēonda writu.
6. Tōdæġ cumað ðāra leornera ealdras.
7. On ðāra reċeda būrum flītað ðā wyrhtan.
8. Iċ ne cann ðāra hlæfdiġena andswara.

C. 1. Iċ wille ðæt.
2. Ðæt mæġden wile ðæt.
3. Wē willað ðæt.
4. Sē brōðor wile ðæt.
5. Sēo mōdor wile ðæt.
6. Ġē willað ðæt.
7. Ġit willað ðæt.
8. Frēawulf wile ðæt.
9. Wit willað ðæt.
10. Ðā ealdras willað ðæt.

D. 1. Hē sitt æt ðæs magistres borde.
2. Hē sitt æt ðǣre hlæfdiġan borde.
3. Hē sitt æt ðæs mæġdnes borde.
4. Hē sitt æt ðāra wyrhtena borde.
5. Hē sitt æt ðāra hlāforda borde.
6. Hē sitt æt ðæs landhlāfordes borde.
7. Hē sitt æt ðæs leorneres borde.
8. Ðǣr sēoð hīe ānes leorneres hūs.
9. Ðǣr sēoð hīe ānes Angliscmannes hūs.
10. Ðǣr sēoð hīe ānes lǣringmǣdnes hūs.
11. Ðǣr sēoð hīe ānre hlæfdiġan hūs.
12. Iċ gā ðurh ānre burge strǣta.
13. Wē besiehð ānes cyninges reċed.
14. Talað ġit ānes hūses būr?
15. Hīe flītað wið ðæs cynedōmes fiend.

E. 1. Lēof Billferhð, cum ðū on ðæt hūs!
2. Frēaġifu and Godġifu, cumað ġit on ðæt hūs!
3. Fæder, mōdor and mīn brōðor, cumað ġē on ðæt hūs!
4. Lēof Frēawulf, cum ðū on ðæt hūs!
5. Frēawine and Æbbe, cumað ġit on ðæt hūs!
6. Mīn cynren, cum ðū on ðæt hūs!
7. Lēof Godswīð, cum ðū on ðæt hūs!
8. Cyneheard, cum ðū on ðæt hūs!
9. Mīn frēond, cum ðū on ðæt hūs!

Exercises

A. 1. Sē landhlāford clipað Redbod tō ðā duru.

2. Hē clipað 'Lēof Redbod, cum tō ðā duru.'
3. Frēaġifu ġebitt ðæt Redbod besiehð Witanċeastre.
4. Redbod is on Witanċeastre ðurh ðǽre wuce ende.
5. Redbod besiehð Frēaġife cynren ðǽr.
6. Frēawulf, hlāford, wyrċð for ðǽm cyninge.
7. Ðæs cynrenes hūs hæfð fīf būr.
8. Nā, ðæt hūs nis eald.
9. Godġifu hliefð for hīe etað swa miċel healstān.
10. Ġēa, sē healstān is gōd.
11. Redbod is glæd ðæt Frēawulf, hlāford, clipað.
12. Ðæt cynren macað ānne sīð.
13. Hīe sīðiað on ānum wæġne tō ðone strēam.
14. Hīe rīdað mid ānre seġlbāte ðǽr.
15. Hīe sindon on ðǽm hūse ðǽm ǽfne.
16. Hīe sittað twā tīda.

B. 1. Ðurh ðǽm ǽfne maciað wē ānne stepegang.
2. Iċ sīðie mid mīnes frēondes wæġne.
3. Sitst ðū oft mid ðǽm cynrene?
4. Ǽfter ðǽm plegan besiehð hēo ān reċed.
5. Ðæs hūses būr sindon nīewe.
6. Maciað ġē ānne stepegang ðurh ðǽm ǽfne?
7. Wierst ðū sæd ðæs healstānes?

C. 1. Hīe rīdað mid ðǽre seġlbāte.
2. Hē besiehð ___ ānes frēondes frēond.
3. Wē ne leorniað for ðǽre scōle.
4. Siððan ðā gewyrhte fint hē tīman for ānum stepegange.
5. Ne flītað ġit wið ðǽm fiend?

D. 1. Tōdæġ netað ġit miċel healstān.
2. Clipa ðū ðone landhlāford.
3. Ǽlċum dæġe leorniað ġē fēower tīda.
4. Ne forġiet ðū ðā andsware, lēof Billferhð.
5. Tala ðū Angla mynstru.

E. 1. Ðurh ðǽm dæge stent sē magister be ðǽm borde.
2. Gā tō ðā duru, Frēaġifu.
3. Sē wæġn wierð eald.
4. Godġife ealdras secgað 'Cum tō Witanċeastre, lēof Redbod.'
5. Iċ ne besēo ðā scōle for ðǽm iċ wyrċe.
6. Ðis is ðæs bytlan hūs.
7. Wē etað miċel healstān ðǽm ǽfne.
8. Ðū wierst ðiċċe, lēof Billferhð.
9. Lēof Godswīð, saga mē be ðǽm stepegange nēah ðǽm strēame.
10. Frēawine and Ǽbbe, tacað ġit ōðernes healstānes bitan.
11. For ðǽre sprǽċe, iċ nū leornie ðāra eorla ġemanan.
12. Mīn mōdor cymð for mīn fæder.

Chapter 6

Reading

The Way of Shopping

Redbod says:
Freagifu says to me that her brother Freawine is very happy in Boulogne. He finds life there so convenient.

'Your Redbod says that I should stay in Boulogne,' he writes in his letter. 'He is right that his Canterbury is pretty, but life there is not at all convenient. Think only about your shopping. Each morning every woman still goes with her (its) bag from this store (house of merchandise) to that. Here one buys milk, there her (its) bread, and into the market for her (its) vegetables. When you are in your house by noon, then you have fortune.'

I see that Freawine is right in many things. For the servant such shopping isn't easy. One loses much time and unfortunately also often much money. Nevertheless, it also has its advantage, for the milk, vegetables and meat are fresh in these markets.

My landlord, Lord Cyneheard, sends his servant for his food. There is a market very near our house. Lord Cyneheard says he finds all his food there. I like to go (it is pleasing to me that I go) there myself, for I gladly use my English. There are merchants in the market. When I ask for something, they answer me gladly.

Pattern Drills

A. 1. Hē cann mīn cynren.
2. Hē wrītt mīn writ.
3. Hē bycgð mīnne hlāf.
4. Hē ðancað mīnum friend.
5. Hē besiehð mīne burg.
6. Hē fint mīn reċed.

B. 1. Hēo cann ēowre ġeard.
2. Hēo besiehð ēower mynster.
3. Hēo lēornað on ēowre scōle.
4. Hēo bycgð ēowerne healstān.
5. Hēo hæfð ēower mangunghūs.
6. Hēo sitt on ēowre bāte.
7. Hēo stent beforan ēowrum hūse.
8. Hēo ðenċð be ēowre wuce ende.

C. 1. Ġēa, uncer mynster is forðweard.
2. Ġēa, mīn landhlāford is nēah ðǽre dura.
3. Ġēa, wē secgað be ūre scōle.
4. Ġēa, iċ canst mīnne magister.
5. Ġēa, uncer hūs is grēat.
6. Ġēa, wē bycgað ūre wyrta of ðǽm markte.
7. Ġēa, wit ġieta gāð on uncerne būr.
8. Ġēa, iċ sīðie mid mīnum ealdrum.

D. 1. Ġēa, hē bycgð his fōdan hēr.
2. Ġēa, hēo bycgð hire fōdan hēr.
3. Ġēa, wē bycgað ūrene fōdan hēr. *or* Ġēa, ġē bycgað ēowerne fōdan hēr.
4. Ġēa, wē gāð ðurh ūrene ġeard. *or* Ġēa, ġē gāð ðurh ēowerne ġeard.
5. Ġēa, hē gǽð ðurh his ġeard.
6. Ġēa, hīe ðencað be hiera scōlum.
7. Ġēa, hēo ðenċð be hire scōle.
8. Ġēa, hīe wrītað hiera sweoster.

E. 1. Nā, ac wē sēoð ūre sweoster.
2. Nā, ac wē sēoð ūrene fæder.
3. Nā, ac wē sēoð ūre feoh.
4. Nā, ac wē sēoð ūrene frēond.
5. Nā, ac wē sēoð ūre cynren.
6. Nā, ac wē sēoð ūre mōdor.
7. Nā, ac wē sēoð ūre friend.
8. Nā, ac wē sēoð ūrene landhlāford.

Exercises

A. 1. Ġēa, Frēawine glædlīċe is on Bunnan.
2. Hē ðǽr fint his līf tǽse.
3. On Cantwarabyriġ, hē fint ðæt līf is nāht tǽse.
4. Hēr finde iċ mīn līf tǽse.
5. On Cantwarabyriġ nis sē ċīeping nāht lēoht.
6. Ðæt wīf gǽð fram ðissum mangunghūse tō ðæm mid his fōdan.
7. Man bycgð his fōdan on ðǽm markte.
8. Hit nis ġieta morgen, hwonne ðæt wīf is on his hūse.
9. Nā, ðā fōdan ne sindon of ðǽm markte nāht ealde.

10. Redbod bycgð æt ðǽm markte ðǽm ðe is nēah his hūse.

B. 1. Wē sittað on ūrum hūse.
2. Iċ sēo mīnne frēond.
3. Sē leornere hilpð his magistre and ðǽm lǽringmǽdne.
4. Ðæt wīf bycgð his wyrta on ðǽm markte.
5. Sē hlāford hæfð feoh on his pohhan.
6. Sēo hlǽfdiġe beġiet hire meolce.
7. Sēo sweoster stent nēah hire ealdrum.
8. Hē bycgð his būrum.

C. 1. Wē sittað on ūrum hūsum.
2. Wē sēoð ūre friend.
3. Ðā leorneras helpað hiera magistrum and ðǽm lǽringmǽdnum.
4. Ðā wīf bycgað hiera wyrta on ðǽm marktum.
5. Ðā hlāfordas habbað fēo on hiera pohhan.
6. Ðā hlǽfdiġan beġietað hiera meolca.
7. Ðā sweoster standað nēah hiera ealdrum.
8. Hīe bycgað hiera būrum.

D. 1. Hwǽr hæfst ðū ðīn writ, Redbod?
2. Forġietað ġē ēowres cynrenes?
3. Frēaġifu and Godġifu, forġietað ġit incra ealdra?
4. Frēawine and Ǽbbe, ne sēoð ġit incre nytt nāht?
5. Hwǽr bycgað ġē ēowerne hlāf?
6. Is sē ðīn frēond, Cyneheard?

E. 1. Ðæt hūs is *nēah.*
2. Hīe sīðiað mid *ðǽm fēo.*
3. Hīe sīðiað mid *mīnum suna.*
4. Hit is *ðāra dohtra* hūs.
5. Cum ðū tō *ðā duru.*
6. *Ðā fæderas* gāð tō Witanċeastre.
7. *Mīne mōdor* is hēr.
8. Hit is *mīnes brōðor* hūs.

F. 1. Frēaġife brōðor is ēadiġ on Bunnan.
2. On his write, hē wrītt be his līfe ðǽr.
3. Hē cann Cantwaraburg and hē fint ðæt hēo is scīenu.
4. Ac hē ðenċð ðæt līf nis lēoht ðǽr.
5. Hē oft ðenċð ðæt sē ċīeping on Cantwarabyriġ nis tǽse.
6. Ðā wīf gāð fram ðissum mangunghūse tō ðæm.
7. Hīe bycgað hiera meoluc, hlāf and hiera wyrta.
8. Middæġe hīe sindon on hiera hūsum.
9. Sē fōda ealneġ is nīewe.
10. Redbod ealneġ āscað hwæt.

Review I

Reading

Redbod's Advantage

'Redbod visits us on many weekends in Winchester,' writes Freagifu to her brother, Freawine, in Boulogne. 'Father finds him pleasant and he talks with him often, naturally in English. Godgifu says that he is her friend because she likes sailboats and Redbod also has a sailboat in Frisia. And mother finds him wise.'

Redbod sits in Canterbury in the minster's hall and he writes to his abbot in Frisia. 'From time to time, I travel to Winchester, unfortunately not on my horse, for I don't have one. So I travel on feet. In Winchester lives my friend. Her name is Freagifu and she is a student of leech-craft.

'Yet don't say: "Oh Redbod, study while you are in England and visit your friends when you are again in Frisia!"

'No, no, that is not right. For I see, hear and learn more when I visit Freagifu's parents and her sister in Winchester: how they work, how they live, and what they do during their free time. Today, Winchester and Wessex are much more than only names for me. Naturally, I study diligently, often six or seven hours a day. I also go to the English school and sometimes I talk with other students of the school.

'In my house, directly under me lives a student of philosophy. I find him strange because in his thoughts he is monkish, but in truth he is a reveler. Whenever students pray, then he is always there. But he has a horse, and for sport he eats and drinks.

'Believe me that my life and my studies bring me very much advantage. And therefore, I thank you. Only through you can I study here in Canterbury. But I also thank Freagifu's family for my weekends in Winchester.

Pattern Drills

Review Drill 1A

A. 1. Ġēa, hē leornað for his scōle.
2. Ġēa, hēo leornað for hire scōle.
3. Ġēa, wē leorniað for ūre scōle.
4. Ġēa, ðā leorneras leorniað for hiera scōle.
5. Ġēa, sē hlāford wyrċð for his cynrene.
6. Ġēa, sēo hlǽfdiġe wyrċð for hire cynrene.
7. Ġēa, wē wyrcað for ūrum cynrene.
8. Ġēa, ðā hlāfordas wyrcað for hiera cynrene.

B. 1. Iċ gā mid mīnum fæder.
2. Iċ sīðie mid mīnum brēðer.
3. Iċ secge be mīnum stepegange.
4. Iċ bycge mid mīnum fēo.
5. Iċ ete mid mīnum mēder.
6. Iċ secge be mīnum sweoster.
7. Iċ sitte on mīnum reċede.
8. Iċ sīðie mid mīnum ealdrum.

C. 1. Nā, ac hē gǽð on ðæt būr.
2. Nā, ac hē gǽð on ðone ġeard.
3. Nā, ac hē gǽð beforan ðā duru.
4. Nā, ac hē gǽð of ðǽre strǽte.
5. Nā, ac hē gǽð on ðæt market.
6. Nā, ac hē gǽð of ðæm markte.
7. Nā, ac hē gǽð beforan ðā ġewyrhte.
8. Nā, ac hē gǽð behindan ðæt reċed.

D. 1. Ġēa, *oft* gǽð hē on ðā burg.
2. Ġēa, *ǽlċe morgne* gǽð ðēos hlǽfdiġe of ðæt markte.
3. Ġēa, *tō Witanċeastre* sīðiað wē mid ðý wæġne.
4. Ġēa, *mid ðý wæġne* sīðiað wē tō Witanċeastre.
5. Ġēa, *middæġe* gā iċ on ān reċed.
6. Ġēa, *ðýs ǽfne* cymð his frēond.
7. Ġēa, *on ðǽre byriġ* besēo iċ mīne sweoster.

E. 1. Ðā ǽfnas sindon scīene.
2. Ðā dagas sindon lange.
3. Ðā mæġdnu ne sindon lýtlu.
4. Ðās folc sindon wel eald.
5. Ðā tīda ne sindon gōde.
6. Ðās wyrhtan wel cunnon hīe.
7. Mīne ġewyrhta sindon lēohte.
8. Ūre strǽta sindon lange.
9. Ðīne hlāfas sindon nīewe.
10. Ðīne landhlāfordas ne sindon stunte.

Review Drill 1B

A. 1. Ġēa, hē cann his landhlāford.
2. Ġēa, wē cunnon ūrene landhlāford. *or* Ġēa, ġē cunnon ēowerne landhlāford.
3. Ġēa, hēo cann hire landhlāford.
4. Ġēa, ðā leorneras cunnon hiera landhlāfordas.
5. Ġēa, on hire frēolsum tīman leornað hēoAngle.
6. Ġēa, on ūrum frēolsan tīman leorniað wēAngle.
7. Ġēa, on hiera frēolsum tīman leorniað ðā leorneras Angle.
8. Ġēa, hēo hæfð hire pohhan.
9. Ġēa, wē habbað ūre pohhan. *or* Ġēa, ġē habbað ēowre pohhan
10. Ġēa, ðā hlǽfdiġan habbað hiera pohhan.

B. 1. Swelċ ġewyrht is lēoht.
2. Swelċ medu ealneġ is gōd.
3. Iċ nete swelċne hlāf.
4. Iċ ne cann swelċe hlāfordas.
5. Swelċe leorneras sindon nēodliċe.
6. Swelċ ċīeping tæcð miċel feoh.

C. 1. Nā, ac hē gǽð ofer āne sǽ.
2. Nā, ac hē gǽð on ān būr.
3. Nā, ac hē gǽð on āne burg.
4. Nā, ac hē gǽð beforan ðone ġeard.
5. Nā, ac hē gǽð on ðæt reċed.
6. Nā, ac hē gǽð beforan ðæt efenweorod.

D. 1. Ðis is hit.
2. Ðēs is hē.
3. Ðis is hit.
4. Ðis is hit.
5. Ðis is hit.
6. Ðēos is hēo.
7. Ðēs is hē.
8. Ðēos is hēo.

E. 1. Ġēa, hit wel gǽð mē.
2. Ġēa, iċ oft eom riht.
3. Ġēa, iċ miċel wyrċe.
4. Ġēa, iċ cann Frēaġife cynren.
5. Ġēa, ǽlċe dæġe cume iċ on ðæt būr.
6. Ġēa, hēr eom iċ tōdæġe for ðǽm forman tīman.
7. Ġēa, iċ ete healstānes bitan.
8. Ġēa, iċ oft gā ċīeping.

Exercises

A. Masculine
sē abbod, -as
sē beorn, -as
sē biscopstōl, -as
sē camp, -as
sē ċīeping, -as
sē cræft, -as
sē cynedōm, -as
sē cynestōl, -as
sē cyning, -as
sē ende, -as
sē eorl, -as
sē esne, -as
sē frið, -as
sē ġeard, -as
sē hām, -as
sē healstān, -as
sē hettend, -as
sē hilderinc, -as
sē hlāf, -as
sē hlāford, -as
sē hosebend, -as
sē landhlāford, -as
sē lǽċecræft, -as
sē leornere, -as
sē mangere, as
sē mete, -as
sē seġl, -as
sē sīð, -as
sē ġesīð, -as
sē sliten, -as
sē spring, -as
sē stepegang, -as
sē strēam, -as
sē ðeġn, -as
sē ±ðōht, -as
sē wæġn, -as
sē weald, -as

Feminine
sēo andswaru, -a
sēo bāt, -a
sēo cýðð, -a
sēo fōr, -a
sēo forðweardnes, -sa
sēo frēolstīd, -a
sēo lār, -a
sēo morgentīd, -a
sēo nīed, -a
sēo nytt, -a
sēo ±sǽlð, -a
sēo scōl, -a
sēo sprǽċ, -a
sēo strǽt, -a
sēo stōw, -a
sēo tīd, -a
sēo unstillnes, -sa
sēo ūðwitegung, -a
sēo wiðerwenning, -a
sēo wucu, a
sēo wynn, -a
sēo ġewyrht, -a
sēo wyrd, -a
sēo wyrt, -a

Neuter
ðæt ǽs, -
ðæt bebod, -
ðæt bord, -
ðæt būr, -
ðæt cynren, -
ðæt efenweorod, -
ðæt folc, -
ðæt fýr, -
ðæt ġēar, -u
ðæt hol, -u
ðæt hors, -
ðæt hūs, -
ðæt lāc, -
ðæt land, -
ðæt līf, -
ðæt mangunghūs, -
ðæt ±met, -u
ðæt ġemōt, -
ðæt mōthūs, -
ðæt reċed,-
ðæt setl, -
ðæt sōð, -
ðæt spell, -
ðæt ġesprec, -u
ðæt ðing, -
ðæt wīf, -
ðæt word, -
ðæt wordloc, -u
ðæt ±writ, -u

Dissyllabic
sē ǽfen, ǽfnas
sēo candel, candla
sēo ċeaster, ċeastra
sē ealdor, ealdras
ðæt lǽringmǽden, -mǽdnu

sē maġister, maġistras
ðæt market, marktu
ðæt mæġden, mæġdnu
sēo meoluc, meolca
sē mōnað, mōnðas
sē morgen, morgnas
sē munuc, muncas
ðæt mynster, mynstru
sē tōmorgen, -morgnas

Weak Nouns
sē bita, -an
sē bytla, -an
sēo cæppe, -an
sēo ċiriċe, -an
sē cuma, -an
sē eġesa, -an
sē eofora, -an
sē fōda, -an
sē guma, -an
sē hereflīema, -an
sēo hlǣfdiġe, -an
sē hosa, -an
sē ġemāna, -an
sē nama, -an
sē plega, -an
sē pohha, -an
sēo sunne, -an
sē tīma, -an
sē ūðwita, -an
sē wyrhta, -an

'Æ' Nouns
sē dæġ, dagas
sē mǣġ, -māgas
sē middæġ, -dagas
ðæt ġetæl, ġetalu
sē tōdæġ, -dagas

'I' Mutation
sēo burg, byriġ
sē fēond, fiend
sē fōt, fēt
sē frēond, friend
sē glīwingmann, -menn
sē hīredmann, -menn
sē mann, menn

Family Relationships
sē brōðor, -
sēo dohtor, -
sē fæder, -as
sēo mōdor, -
sēo sweoster, -

'U' Declensions
sēo duru, -a
sēo hand, -a
sē sunu, -a

'H' Declensions
ðæt feoh, fēo

Other
ðā lēode
sē medu, medwas
sēo sǣ, sǣ

B. 1. Frēaġifu wrītt ān writ tō hire brēðer.
2. On maniġra wuca endum besiehð Redbod on Witanċeastre.
3. Frēaġife fæder fint Redbod līciendliċe.
4. Redbod sæġð mid hire fæder on Anglum.
5. Ġēa, on Frisum hæfð Redbod āne seġlbāte.
6. Redbod sitt on ðǣm mynstre.
7. Hē wrītt ān writ.
8. Hē wrītt his abbode.
9. Witanċeaster is on West Seaxum.
10. Redbod cymð tō Cantwaraburg ðætte hē leornað Anlge.
11. Redbodes frēond leornað lǣċecræft.
12. Redbodes abbod ġieta sæġð 'O Redbod, leorna!'
13. Redbod fint ðæt nis riht for ðǣm hē leornað māra hwonne hē besiehð Frēaġife cynren.
14. Nā, Redbod nyrcð tō lýtel for his scōle.
15. Redbod hwīlum sæġð mid oðerum leornerum.
16. Ān ūðwitegunge leornere lifað on Redbodes hūse.
17. Redbod fint hine seldliċe for ðǣm his ðōhtas sindon municliċe, ac on sōðe is hē ān glīwingmann.
18. Ðēs leornere lifað ġereċlīċe under Redbode.
19. Ðonne sē leorneras ġebediað, ðonne is hē ðǣr.
20. Ġēa, hē hæfð ān hors.
21. For lāce itt hē and drincð hē.
22. Redbod ðancað his abbode for ðǣm ðurh him cann hē leornian on Cantwarabyriġ.
23. Redbod ðancað Frēaġife cynrene for his wuca endum on Witanċeastre.

C. 1. Ān writt is on ānum borde.
2. Ān scōl is on ānre byriġ.
3. Ān mæġden cann ān market.
4. Ān fēond nis gōd.
5. Wē sēoð āne sǣ.
6. Wē sēoð ānne plegan.

7. Iċ sitte æt ānum borde.
8. Iċ gā mid āne friend.
9. Ān wæġn is dēore.
10. Ān hlāf is nīewe.
11. Ān cynren wunað on ānum reċede.
12. Ān ġewyrht nis lēoht.
13. Ān scōl is forðweard.
14. Ānes healstānes bita ne macað ðē nāht ðiċċe.
15. Hē wyrċð for ānre forðweardnesse.
16. Ān ðōht nis stunt.
17. Ān landhlāford clipað mē tō āne duru.

D. 1. Ðā writu sindon on ðǣm borde.
2. Ðā scōla sindon on ðǣre byriġ.
3. Ðā mæġdnu cunnon ðæt market.
4. Ðā fiend ne sindon gōde.
5. Iċ sēo ðā sǣ.
6. Iċ sēo ðone plegan.
7. Wē sittað æt ðǣm borde.
8. Wē gāð mid ðǣm frēondum.
9. Ðā wæġnas sindon dēore.
10. Ðā hlāfas sindon nīewe.
11. Ðā cynren wuniað on ðǣm reċede.
12. Ðā ġewyrhta ne sindon lēohte.
13. Ðā scōla sindon forðwearde.
14. Ðæs healstānes bitan ne maciað ðē nāht ðiċċe.
15. Hīe wyrcað for ðǣre forðweardnesse.
16. Ðā ðōhtas ne sindon stunte.
17. Ðā landhlāfordas clipiað mē tō ðā duru.

E. 1. Sē cynren sīðað <u>mid</u> hiera wæġn.
2. Redbod besiehð Frēaġifu <u>on</u> ðǣre wuce ende.
3. Ūre hūs nis <u>nēah</u> ðǣm mynstre.
4. Sē hlāford gǣð <u>ðurh</u> ðone ġeard and ðonne, <u>ymbe</u> ðā sǣ.
5. Sēo strǣt is <u>be</u> ðǣm markte.
6. Iċ flīte <u>wið</u> his ðōhtas.
7. Frēaġifu sitt <u>mid</u> hire friend <u>æt</u> ðǣm borde.
8. Redbod wunað <u>on</u> ānum hūse.
9. Hēo ne sæġð hit <u>on</u> Anglum, ac <u>on</u> Frisum.
10. Hīe sēoð ðā seġlbāte <u>on</u> ðǣre sǣ.
11. Sē fōda <u>fram</u> ðǣm markte is ealneġ nīewu.

F. 1. Hē ðancað his friend for ðǣm hlāfe.
2. Hē sitt betweox his twǣm frēondum.
3. Hēo sitt æt ðǣm borde.
4. Iċ eom on ðǣm reċede.
5. Wē helpað ānum friend.
6. Redbod gǣð tō ðone abbod.
7. Wē sīðiað on ðā burg.
8. Hēo wunað on ðǣm hūse.
9. Ġē findað ān writ.
10. Mīn fæder macað ānne sīð mid his hlǣfdiġan.
11. Hīe flītað wið ðǣm fiend.
12. Ðū drincst ðone medu on ðǣm reċde.
13. Iċ forġiete scōle ðurh mīnum frēolstīde.

G. 1. Redbod is ān Frisa; hē nū lifað on Anglum.
2. Hē leornað Angle on Cantwarabyriġ.
3. His frēond lifað on Witanċeastre.
4. Sēo burg is on West Seaxum.
5. Sēo hēt Frēaġifu and hēo is ān lǣringmǣden.
6. Hēo leornað lǣċecræft and hēo nēodlīċe wyrċð.
7. Sēo scōl on Cantwarabyriġ nis wiðerrǣdu.
8. Man fint hit forðweard, for ðā reċed sindon nīewu.
9. Ac ðæt nis riht.
10. Hīe flītað wið maniġum ðingum, ac hīe hwīlum forġietað hiera ġewyrhte.
11. Redbod wrītt his abbode ðæt hē cann ūðwitegunge leornere.
12. Hē ðenċð ðæt hē is munucliċ.
13. His hors is wel dēore.
14. Frēaġifu oft ascað Redbod 'Cum tō Witanċeastre.'
15. Hire fæder wyrċð for ðǣm cyninge.
16. Hire cynren lifað on nīewum hūse.
17. Hīe rīdað on āne wæġne.
18. Frēaġife brōðor, Frēawine, is ān leornere on Bunnan.
19. Hē wile standan ðǣr.

20. Ǽlċe morgne ðā wīf on Cantwarabyriġ gāð on ðā burg mid hiera pohhum.
21. Hīe bycgað hiera meolce and hiera mete ðǽr.
22. Ðǽr sindon tō maniġu marktu.
23. Frēaġifu cann hire brōðor miċellīċe wel.
24. Hēo wrītt him 'Besēoh Witanċeastre hwonne ðū hēr eart onġēan.'
25. Ne leorna tō miċel.

Chapter 7

Reading

England for Ever

'I see that you would like to remain in England always,' says Redbod's abbot in a letter to his student. 'But you must not yet write to your parents about it. You know how diligently they work so that you, their child, can learn. Naturally they wish to see the results of your studies in Frisia and not in England.'

'In these months,' answers Redbod, 'I truly learn what conflict is. I know England pretty well and yet I can say that I am from a good land. One may think about England what one will. In spite of all troubles, man can live here well. And not only because of the standard (mode) of living. The statement 'Live and let live' is a proverb here. But I still think that with time I shall become doubtful for I learn to see England from the point of view of the English. Shall England truly become my home?'

Naturally Freagifu, Redbod's friend, likes to speak about his thoughts. 'You need not go to Frisia again if you do not wish,' says she. 'Or is England not as pleasing to you as Frisia?'

'That is not as easy to say as you might think,' answers Redbod. 'Since over 400 years Frisians come to England and all must find the answer to the question whether they will always live in England. For the Frisian today it sometimes is difficult for our standard of living also is high and Frisia finally has peace.'

'I understand,' says Freagifu, 'that many of you wish to go homeward again. They find Frisia very pleasing. But it pleases me that you remain here, Redbod. I cannot help you to find an answer to the question whether England shall become your home.'

Redbod must laugh. 'Unfortunately, that is true. Only I alone can and must find the answer.'

Pattern Drills

A. 1. seofon and twēntiġ
2. eahtatīene
3. twēġen and fēowertiġ
4. twēntiġ
5. fēowertīene
6. ān and twēntiġ
7. siex and fēowertiġ
8. nigontīene
9. eahta and seofontiġ
10. ān and ðrītiġ
11. ðrīe and siextiġ
12. ðrītiġ
13. siextiġ
14. fīf and eahtatiġ
15. twelf
16. ānhund

B. 1. twēġen and twēntiġ
2. ðrīehund and fīf and fīftiġ
3. fīfhund and ān and ðrītiġ
4. nigon and fēowertiġ
5. fēowerhund
6. ðrīe and nigontiġ
7. ān ðūsend and fīfhund
8. eahta and siextiġ
9. twelf
10. fēowertīene

C. 1. Ġēa, tōdæġe ðurfon wē miċel leornian.
2. Ġēa, wē willað ðǽm friend helpan.
3. Ġēa, wē magon on ðā burg.
4. Ġēa, ǽlċum dæġe sculon wē wyrċan.
5. Ġēa, wē mōston swelċne wæġn.
6. Ġēa, wē cunnon eall leornian.

7. Ġēa, wē mōston ān hūs.
8. Ġēa, wē ðurfon ðurh burg gān.
9. Ġēa, wē witon sum be Anglum.

D. 1. Ġēa, iċ wille Angle leornian.
2. Ġēa, iċ mōste swelċ lāc.
3. Ġēa, iċ sceal sum leornian.
4. Ġēa, iċ wille sum be him leornian.
5. Ġēa, iċ cann eall onġietan.
6. Ġēa, oft ðearf iċ mīnre mēder helpan.
7. Ġēa, iċ mōt hine sēon.
8. Ġēa, ðissum ǽfne wille iċ wyrċan.
9. Ġēa, iċ mæġ hīe talian.
10. Ġēa, iċ cann eall.

E. 1. Wē ne cunnon secgan.
2. Hē ðearf ðone magister āscian.
3. Man mæġ hit lēoht habban.
4. Mīn frēond wile ðurh Angle sīðian.
5. Tōdæġe sculon wē for ðǽre scōle leornian.
6. Iċ ne mōt miċel etan.
7. Iċ ne cann hit ġelīefan.
8. Wē ðurfon miċel leornian.

Exercises

A.
Angle for Ealneġ

'Iċ sēo ðæt mōste ðū on Anglum ealneġ standan,' spricð Redbodes abbod on write tō his leornere. 'Ac ðū ġieta ne sceal tō ðīnum ealdrum be him wrītan. Ðū wāst hū nēode wyrcað hīe ðæt ðū, hiera ċild, canst leornian. Ġecyndlīċe willað hīe hēr sēon ðīnra lāra wæstmas on Frisum and nāht on Anglum.'

'On ðissum mōnðum,' andswarað Redbod, 'iċ wislīċe leornie hwæt is ġeflit. Iċ cann Angle sumes wel and ġieta cann iċ secgan ðæt iċ eom of gōdum lande. Man meaht ðenċan be Anglum hwæt wile man. Ofer eallum unstillnessum cann man libban hēr wel. And nealles ān for ðǽm drohtðe. Ðæt spell "Leofa and ann tō libbanne" is hēr ān lārcwide. Ac iċ ġieta ðenċe ðæt mid tīman sceal iċ weorðan twēoġendliċ for iċ leornie Angle tō sēonne of ðǽre scēawungstōwe Angla. Sceal Angle weorðan wislīċe mīn hām?'

Ġecyndelīċe hit līcað Frēaġife, Redbodes friend, tō sprecanne be his ðōhtum. 'Ðū ne ðearf onġēan gān tō Frise ġief ðū nilt,' sæġð hēo. 'Oððe nis Angle swā nā līcwyrðe ðē swā Frise?'

'Ðæt nis swā lēoht tō secganne swā ðū meaht ðenċan,' andswarað Redbod. 'Fram ofer cd ġēara cymð Frise tō Anglum and eall ðearf āne andsware findan for āscunge hwæðer willað hīe ealneġ on Anglum libban. For ðǽm Frisum tōdæġe is hit hwīlum earfoðliċe, for ūre drohtað samod is hēah and Frise æt ende frið hæfð.'

'Iċ onġiete,' sæġð Frēaġifu, 'ðæt ēower maniġ wile onġēan hāmweard gān. Hīe findað Frise wel līcwyrðe. Ac hit līcað mē ðæt ðū hēr stent, Redbod. Iċ ne cann ðē helpan tō findanne āne andsware tō ðǽre āscunge hwæðer sceal Angle ðīn hām weorðan.'

Redbod ðearf hliehhan. 'Unġesæliġlīċe is ðæt sōðliċ. Ǽnliċ cann iċ and ðearf iċ sē āne ðā andsware findan.'

B. 1. Redbod ne mæġ his ealdrum wrītan ðæt hē mōste standan on Anglum.
2. Redbodes ealdras ðurfon wyrċan nēode ðætte hē mæġ scōle besēon.
3. Ġēa, iċ ðearf samod nēode wyrċan.
4. Redbod leornað wislīċe hwæt is ġeflit.
5. Hē sæġð ðæt hē cann Angle wel.
6. Ðæt spell 'Leofa and ann tō libbanne' on Anglum is lārcwide.
7. Redbod ne cann hwæðer hē ealneġ wile on Anglum standan.
8. Redbod ne ðearf gān tō Frise ġief hē ne mōste.
9. Ġēa, iċ wille on Anglum libban.
10. Ġēa, iċ cann mīnne hām wel.
11. Tīen, endleofan, twelf, ðrīetīene, fēowertīene, fīftīene, siextīene, seofontīene, eahtatīene, nigontīene, twēntiġ.
12. Twēntiġ, ān and twēntiġ, twēġen and twēntiġ, ðrīe and twēntiġ, fēower and twēntiġ, fīf and twēntiġ, siex and twēntiġ, seofon and twēntiġ, eahta and twēntiġ, nigon and twēntiġ, ðrītiġ.

C. 1. Iċ ne cann hwæt hīe willað.
2. Sē leornere ne mæġ wyrċan.
3. Ðæt ċild wile cuman.
4. Sēo hlǣfdiġe sceal tōdæġe on ðā burg gān.
5. Iċ ðearf ðæt sēon.
6. Hē mōste Angle leornian.
7. Ðæt ċild nāt nāht eall.

D. 1. We do not know what they wish.
2. The students are not able to work.
3. The children want to come.
4. The ladies ought to go into the town today.
5. We need to see that.
6. They would like to study English.
7. The children do not know (not at all) everything.

E. 1. Scealt ðū tō Frise onġēan gān, Redbod?
2. Hē sægð ðæt hē ne cann āne andsware findan.
3. Wē cunnon Angle sumes wel.
4. Hē leornað ðæs landes unstillnessa tō onġietanne.
5. Ðū ne meaht ðæt dōn, Æbbe.
6. Iċ wāt ðæt Angle ne līcað ðē.
7. Ðissum ġēare wile hēo besēon Frise.
8. Hēo mōste ðā sprǣċe leornian.
9. Mīne ealdras ðurfon nēode wyrċan ðætte iċ cann scōle besēon.
10. Ðū ne ðearft ān writ wrītan, for ðǣm ðisse wuce ende scealt ðū hine sēon.

Chapter 8

Reading

The Chief, his Lady and their Walled Town

The chief wears an under-shirt and breeches. Garters secure the breeches. When he wears breeches to his knees, then the lord wears hose. A belt that passes through holes in the waistband holds the breeches. Over the under-garment, he wears a wool or linen tunic that reaches the knee. The tunic has long sleeves, which become narrower (smaller) at the wrist. A brooch joins the mantle on the breast or shoulder. The lord often wears a cap.

The lady wears a linen under-garment and a tunic to her feet. She sometimes wears a second tunic and the woman girds it at the middle. Over this comes the mantle. It hangs down, forwards and backwards, with a hole for the head. A silk or linen veil covers her head. She bears a bag and she adorns herself with necklaces.

The chief and the lady dwell in a building that he built. He sets a platform in the middle of the north wall. The guest's seat is on the southern (side). A fire burns in the hall's middle. The lord's retainers surround the hall with their houses. Water wells up out of a spring near the moot-hall where the lord decides many things. An enclosure surrounds everything.

Pattern Drills

A. 1. Hē wiġð hosan.
2. Hē stent æt ðǣm borde.
3. Hē spricð mid him.
4. Hē stoppað beforan ðǣm hūse.
5. Hē oft gǣð ðurh fōtum.
6. Hē ne birð miċel.
7. Hē forġiet nāht.
8. Hē sīðað mid seġlbāte.

B. 1. Hīe nelpað mē nāht.
2. Hīe forġietað ðone tīman.
3. Hīe ne gāð miċellīċe lange.
4. Hīe etað æt ðǣm borde.
5. Hīe unnon ðā ċildru gān.
6. Hīe tīegað ðone belt.
7. Hīe weorðað sumes ðiċċe.
8. Hīe ġiefað hire sume tō etanne.

C. 1. Nā, iċ nege hit, ac hē hit wiġð.
2. Nā, iċ nelpe him, ac hē him hilpð.
3. Nā, iċ ne tace hit, ac hē hit tæcð.
4. Nā, iċ nete miċel, ac itt hē miċel.
5. Nā, iċ ne talie ðone tīman, ac hē hine talað.
6. Nā, iċ ne stoppie ðǽr, ac ðǽr stoppað hē.
7. Nā, iċ ne ġiefe hit him, ac hē him hit ġiefð.
8. Nā, iċ nonġiete hine, ac hē hine onġiet.

D. 1. Nā, hē ne dēmð ðā ġesīðas, ac iċ hīe dēme.
2. Nā, hē ne birð ānne pohhan, ac iċ hine bere.
3. Nā, hē ne cymð oft hēr, ac oft cume iċ.
4. Nā, hē nielt his cæppan, ac iċ mīne healde.
5. Nā, hē ne ðurhfærð ðone ġeard, ac iċ hine ðurhfare.
6. Nā, hē nrīett his hlǽfdiġan, ac iċ mīne hrēode.
7. Nā, hē ne gryt his belt, ac iċ mīnne gryrde.
8. Nā, hē nierð sumes ðiċċe, ac iċ sumes weorðe.

E. 1. ōðer
2. fīfta
3. seofoða
4. ðridda
5. nigoða
6. tēoða
7. forma
8. fēorða
9. siexta
10. eahtoða

Exercises

A. 1. Sē ealdormann wiġð undersyrċ and brēc.
2. Hosebendas fæstniað his brēc.
3. His belt ðurhfærð holu on ðǽm underwrǽdle.
4. His tunece is wyllnu oððe līnnu.
5. Hē tīegð his loðan on ðǽm bosme oððe sculdre.
6. Sēo hlǽfdiġe hwīlum wiġð ōðre tunecan.
7. Hire loða hēhð niðer forð and on bæce.
8. Seġle mid ġehelmað hēo hire hēafod.
9. Hēo birð ānne pohhan.
10. Ġēa, iċ bere ānne pohhan.
11. Nā, hēo nrīett selfe mid siġlum.
12. Iċ hrēode mē self mid siġlum. (Iċ hrēode mē selfe mid healsmyne.)
13. Sē ealdormann bytlað hiera reċede.
14. Hē āsett ðā yppan nēah ðǽm norðum wealle.
15. Ðæt fýr is on ðæs reċedes middle.
16. Sē ealdormann dēmð on ðǽm mōthūse.
17. Nā, iċ ne dēme ōðras.
18. Wæter wielð upp of ðone spring.

B. wegan
fæstnian
healdan
ðurhfaran
ġerǽċan
habban
nearwian
tīegan
gyrdan
cuman
hōn
ġehelmian
beran
hrēodan
wunian
bytlan
āsettan
bēon/ wesan
birnan
weallan
dēman

C. 1. Wē oft sīðiað ðurh Anglum.
2. Wē wegað ūre brēċ.
3. Wē berað ān writ tō ðone ealdormann.
4. Tōdæġe dēmað wē ðā ġesīðas.
5. Wē hwīlum sprecað mid ðǽm magistre.
6. Wē oft helpað ūrum friend.
7. Wē netað ðone hlāf.
8. Wē sēoð hine on his reċede.

D. 1. Sē ġesīð <u>besiehð</u> ðā burg.
2. Hē <u>nigð</u> hosan.
3. Ðæt wīf <u>onġiet</u> hire hlāford.
4. Sē ealdormann <u>wunað</u> on ðǽm reċde.
5. Hwý ne <u>spricst</u> ðū tō him?
6. Ðæt mæġden <u>itt</u> ðone hlāf.
7. <u>Gyrdað</u> hīe ðone weall?
8. Hē <u>ġiefð</u> hire ān siġle.

E. 1. Hīe wegað nīewe tunecan.
2. Ðā hlǽfdiġan sīðiað miċel.
3. Hīe tacað ðone healsmyne tō ðā hlǽfdiġan.
4. Ðā dagas gāð wel.
5. Ðā fæderas helpað ðǽm ċilde.
6. Hīe wrītað tō hiera friend.
7. Hīe berað pohhan.
8. Ðā ċildru netað ðone hlāf.

F. 1. Nealle hlǽfdiġan wegað seolcne tunecan.
2. Hē forġiet tō āsettanne yppan nēah ðǽm wealle.
3. Hē gyrt his belt æt his underwrǽdle.
4. Sē tūn is wel nīewe.
5. Hēo ġehelmað hire hēafod mid līnnum seġle.
6. His wyllen loða is lang.
7. Ðæt fýr birnð for langum tīman.
8. Siġle hrīett hire loðan.

Chapter 9

Reading

Mercian Strength

Mercian kings were strong Bretwaldas and they lived in a land of great writing and law. Æthelbald of Mercia (716-57) inherited much of the strength that Wulfhere aquired. Royal charters appeared in some multitude. Æthelbald was called 'King of Southern England'. The over-lord ruled all lands south of the Humber River. But Wessex remained free, and Northumbria did also.

Æthelbald's successor, Offa (757-96) was the most powerful English king before Alfred. He secured his position and governed all kingdoms except Northumbria and Wessex. Offa overcame the great royal families. He fully ruled Kent and he treated its king as his servant. Once he annuled a charter by King Ecgbert of Kent and he said that it was wrong that his minister gave land without his witness. The last king of Sussex was one of Offa's noblemen. In Surrey, Offa confirmed a charter that a Mercian lord made. In East Anglia, Offa ordered King Æthelbert to be beheaded.

Offa was the first king that one called 'Bretwalda'. Charlemagne addressed him as an equal. He called him his dear brother and he spoke about 'the bishoprics of your kingdoms and Æthelred's' as if Offa of Mercia and Æthelred of Northumbria were the only kings in England. In 787, Offa made his son, Ecgfrith, king of Mercia by consecration and the sacred nature of kingly power became stronger. But Ecgfrith died soon after Offa.

Pattern Drills

A. 1. Ġēa, ðæt ċild hæfde sum tō etanne.
2. Ġēa, hēo hēold ānne pohhan.
3. Ġēa, sē hlāford wæs scort.
4. Ġēa, sē ealdormann spræc be cynescipe.
5. Ġēa, sē ġesīð cōm on ðā burg.
6. Ġēa, Offa rīcsode Mierċe.
7. Ġēa, ðæt wīf hæfde tō miċel tō etanne.
8. Ġēa, hīe sprǽcon be ðæs cyninges cynde.
9. Ġēa, hit ðūhte nīewe.
10. Ġēa, hīe wǽron cyneliċe.

B. 1. Hē fint feoh.
2. Sē ġesīð birð medu.
3. Wē drincað meolce.
4. Hēo stent on markte.
5. Wē gāð ðurh fōtum.
6. Is sē ealdormann on ðǽre byriġ?

7. Onġietst ðū ðæt ċild?

8. Hē hilpð ðǽm mæġdne ofer sǽ.

C. 1. Ēower fæder leornode nēode.
2. Wē talodon miċel feoh for him.
3. Hæfde ðū tīman for him?
4. Hē sægde hlūde.
5. Hīe hæfdon ānne wæġn.

6. Wē oft hīerdon be ðǽm cyninge.
7. Hē nandswarode mē nāht.
8. Hē ne flītede wið mē nāht oft.
9. Iċ wunode on ðā burg.
10. Hīe leornodon Angle.

D. 1. Iċ æt mīnne hlāf.
2. Hē ġeaf miċel tō hire.
3. Hēo wæġ līnne tunecan.
4. Ðæt ċild sæt æt borde.
5. Ðū sawe ðæt reċed.
6. Hē forġeat his feoh.

7. Hē rād mid wæġne.
8. Hēo healp hire friend.
9. Hēo cōm on hūs.
10. Hīe tōcon hiera hors hāmweard.
11. Wē sprǽcon mid him.
12. Iċ nonġeat hine nāht.

E. 1. Hē wiste ðæt sē cyning wēold miċle strenge.
2. Hē ūðe ðæt ċild gān.
3. Ðæt ċild meahte gān ġief hē wile.
4. Ðorfte ðū ġiefan hire ðone healsmyne?

5. Hē cūðe hwǽr ðū wunodest.
6. Wē scoldon wyrċan nēode.
7. Hē dorste ofercuman Sūðereġe.
8. Hē ġemunde his mōdor.

Exercises

A. 1. Ġēa, Wulfhere strīende miċel strenge.
2. Æðelbald ierfde ðā strenge.
3. Æðelbald wēold fram dccxvi tō dcclvii.
4. Offa wēold fram dcclvii tō dccxcvi.
5. Æðelbald hēt 'Sūðengle cyning'.
6. Offa hēt 'Bretenwealda'.
7. Ġēa, Offa ierfde Æðelbaldes cynedōm.

8. Nā, iċ nierfde miċel feoh.
9. Offa bæd Æðelbertes cyninges behēafdunge.
10. Carl nǽġde Offa tō his efne.
11. Offa macode his sunu Ecgferhð cyning.
12. Ġēa, ðæs cynescipes cynd wearð strengra.
13. Ġēa, iċ wearð strengra.
14. Ecgferhð cwæl ǽr æfter Offan.

B. 1. sægð, sægde
2. itt, æt
3. wrītt, wrāt
4. fint, fand
5. leornað, leornode
6. wiġð, wæġ
7. drincð, dranc
8. ġiefð, ġeaf
9. is, wæs
10. andswarað, andswarode
11. wierð, wearð
12. cymð, cōm
13. spricð, spræc
14. onġiett, onġeat

15. hliehð, hlōh
16. sitt, sæt
17. hilpð, healp
18. dēð, dyde
19. stoppað, stoppode
20. wile, wolde
21. ðurhfærð, ðurhfōr
22. gǽð, ēode
23. er(e)ð, erede
24. strīenð, strīende
25. forġiett, forġeat
26. hīerð, hīerde
27. birð, bær
28. gyrt, gyrdde

C. 1. Mierċe cyningas wǽron strange Bretenwealdas.
2. Hīe lifdon on miċles writes lande.
3. Sē oferwealdend wēold eall land.
4. Offa wæs Æðelbaldes æftergengel.
5. Hē fæstnode his stōwe.

6. Hē rīcsode maniġe cynedōmas.
7. Mann namnode Offan 'Bretenwealda'.
8. Æðelred wæs Norðhymbra cyning.
9. Offa macode Ecgferhð cyning.
10. Ecgferhð cwæl ǽr æfter Offan.

D. 1. Đæt ċild ierfað miċel feoh of his fæder.
2. Hē wīelt ðæt land.
3. Hē trahtað his cyning wel.
4. Sē cyning staðolað ðā bōc.
5. Offa macað his sunu cyning.
6. Hēo hycgð ðæt hē is unriht.

E. 1. Hīe hæfdon miċlu writu.
2. Hīe samod hæfdon miċle laga.
3. Wulfhere ofercōm maniġe cynedōmas.
4. Æðelbald ierfode ðās cynedōmas.
5. Offa wæs strang cyning.
6. Hē wēold eall land, būtan Norðhymbre and West Seaxe.
7. Carl sē miċel nǽġde hine tō his efne.
8. Offan sunu wæs Ecgferhð.
9. Ecgferhð wæs Offan æftergengel.
10. Hē cwæl ǽr æfter his fæder.
11. Sē oferwealdend staðolode cyneliċe bēċ.
12. Hē samod bæd behēafdunge.
13. Offa trahtode Cente cyning tō his esne.
14. Offa cwæl on ðǽm ġēare dccxcvi.

Chapter 10

Reading

The Arrival of the Vikings

Mercian strength did not remain long after Offa's death. His successor, King Cenwulf, lost Wessex in 802. Ecgbert of Wessex won a victory in 825 and expelled the Mercian under-king from Kent. Later Mercia fell to Ecgbert and even Northumbria recognized his lordship. Mercia was again free by Ecgbert's death. But the Viking raids would help to unite England.

The Vikings had raided England in 789. The landing was an unimportant event and solitary raids had followed. The more serious raids occurred in the north. But a great raid on Kent in 835 began a period of [time of] 30 years in which they attacked yearly. This ended with the arrival of the host.

The Scandinavians were not barbarians. They had traded with lands to the south and west. But the population (inhabitants) had grown and it had become difficult for them supporting themselves at home. The Danish royal family had fallen in 854 and no strong king remained that hindered the raids.

The Danish sailed to England and to the French lands. In 865, Halfdan and Ivar the Boneless brought the Danish great army that landed in East Anglia. Before 869, they had captured York and had plundered Mercia. In that year, they again attacked East Anglia. They overcame the inhabitants and killed King Edmund. Within three years the kingdoms of Northumbria and East Anglia ceased to exist.

Pattern Drills

A. 1. etende, eten
2. gānde, ġegān
3. weġende, weġen
4. biddende, beden
5. sēonde, sewen
6. sittende, seten
7. berende, boren
8. helpende, holpen
9. cumende, cumen
10. tacende, tacen
11. sprecende, sprecen
12. forġietende, forġieten
13. weorðende, worden
14. witende, witen
15. hliehende, hlagen
16. mōtende, maten
17. drincende, druncen
18. cnāwende, cnāwen

19. dōnde, ġedōn

20. cunnende, cunnen

B. 1. Ðā wīcingas habbað nēah ðǽre byriġ becumen.
2. Hīe habbað his naman ġecunnen.
3. Wē habbað mid ðǽre seġlbāte ġeriden.
4. Hē hæfð hīe hlūde ġeandswarod.
5. Habbað hīe ðone plegan onġieten?
6. Iċ hæbbe tō mīnum friend on Eald Seaxum ġewriten.
7. Hīe habbað hine maniġe āscunga ġeāscod.
8. Sē hlāford is oft ġehlagen.

C. 1. Ðā wīcingas hæfdon nēah ðǽre byriġ becumen.
2. Hīe hæfdon his naman ġecunnen.
3. Wē hæfdon mid ðǽre seġlbāte ġeriden.
4. Hē hæfde hīe hlūde ġeandswarod.
5. Hæfdon hīe ðone plegan onġieten?
6. Iċ hæfde tō mīnum friend on Eald Seaxum ġewriten.
7. Hīe hæfdon hine maniġe āscunga ġeāscod.
8. Sē hlāford wæs oft ġehlagen.

D. 1. Hē is on ðǽre byriġ standende.
2. Hē is miċel forġietende.
3. Sē wīcing is miċel feoh bringende.
4. Sēo hlǽfdiġe is langum tīman standende.
5. Hē is oft leorniende.
6. Iċ eom medu drincende.
7. Sē sīð is ǽr endiende.
8. Sē bytla is his wīfe clipiende.

E. 1. He is remaining in the town.
2. He is forgetting much.
3. The viking is bringing much money.
4. The lady is standing for a long time.
5. He is studying often.
6. I am drinking mead.
7. The journey is ending early.
8. The builder is calling to his wife.

Exercises

A. 1. Nā, Mierċe strengu ne stōd lange æfter Offan dēaðe.
2. Cenwulf wæs Offan æftergengel.
3. Cenwulf forlēt West Seaxe on dccciii.
4. Ecgbert wæs West Seaxne cyning.
5. Ðā wīcingas hæfdon Angle on dcclxxxix ġeherġod.
6. Ġēa, ðǽr wǽron ānlīepġe herġunga.
7. Sēo grēate herġung on dccccxxxv wæs on Cente.
8. Nā, ðā Norðmenn nǽron bærbære.
9. Ðā Norðmenn hæfdon mid landum tō sūðum and tō westum ġeċēapod.
10. Hit hæfde earfoðliċne æt hāme ġeworden hire selfum tō helpanne for ðǽm sēo landwaru hæfde ġegrōwen.
11. Nā, iċ ne finde ðæt hit wierð earfoðliċne tō helpanne mīnum selfum. (mīnre selfum)
12. Healfden brang Deniscne grēatan here and Inwær.
13. Edmund wæs Ēastengle cyning.

B.

Ðāra Wīcinga Cyme

Mierċe strengu ne dyde standan langum æfter Offan dēaðe. His æftergengel Cenwulf cyning forlēt West Seaxe on dcccii. West Seaxna Ecgbert ġewann siġe on dccccxxv and drāf Mierċe undercyning Cente fram. Lætra Mierċe fēollon Ecgberte tō and efen Norðhymbre cnēowon his hlāforddōme. Ac be Ecgbertes dēaðe on dccccxxxix Mierċe wǽron onġēan frēolsa. Ac wīcinga herġunga scoldon gadrian Angle helpan.

Ðā wīcingas hæfdon Angle ġeherġod on dcclxxxix. Sē ūpganga wæs lýtel ðing and ānlīepġe herġunga hæfdon ġefolgod. Māran hefiġe herġunga hæfdon on norðum ġelumpen. Ac ān grēate herġung on Cente on dccccxxxv begann ðrītiġ wintra tīman ðone ðe on hīe rǽsdon ġēare. Ðis endode mid heres cyme.

Ðā Norðmenn næron bærbære. Hīe hæfdon mid landum tō sūðum and tō westum ġeċēapod. Ac sēo landwaru hæfde ġegrōwen and hit hæfde earfoðliċne æt hāme ġeworden for hire selfum tō helpanne. Denisc cynecynn hæfde on dcccliv ġefeallen and nā strang cyning stōd ðætte ðā herġunga hindrode.

Ðā Dene seġldon tō Anglum and tō Freniscum landum. On dccclxv, Healfden brang Deniscne grēatan here and Inwær sē bānlēas ðone ðe becōm on Ēastengle. Beforan dccclxix hæfdon hīe Eoforwīċ ġelæht and hīe hæfdon Mierċe ġeherġod. On ðǽm ġēare rǽsdon hīe Ēastengle onġēan. Hīe ofercōmon ðā landfolc and hīe cwealdon Edmund cyning. Wiðinnan ðrim ġēarum Norðhymbrena cynedōmas and Ēastengla stoppodon tō ġelimpanne.

C. 1. Ðā leorneras habbað hīe ġesewen æfter hīe hæfdon hiera wið frēondum ġeflīted.
2. Wē habbað sliten ġehīered, ac hē ne līcað ūs nāht.
3. Ðā hlǽfdiġan wæron miċel sīðod, for ðǽm hīe habbað maniġ plegan ġegān.
4. Ðā wīcingas hæfdon tō nīewu land ġeseġled, hwonne sēo landwaru hæfde grēate ġegrōwen.

D. 1. The students have seen them after they had quarreled with their friends.
2. We have heard the heretic, but he is not pleasing to us at all.
3. The ladies have traveled much, because they have gone to many plays.
4. The vikings had sailed to new lands, when the inhabitants had grown large.

E. 1. Ēower fæder hæfde nēode ġeleornod.
2. Wē hæfdon miċel feoh for him ġetalod.
3. Hē hæfde hlūde ġesæġd.
4. Iċ hæfde mīnne hlāf ġeeten.
5. Hē hæfde mid wæġne ġeriden.
6. Wē hæfdon mid him ġesprecen.
7. Ðæt ċild hæfde tō market ġegān.
8. Ælcne dæġ hæfde hēo hire ġewyrhte ġedōn.
9. Offa hæfde Ecgferhð cyning ġemacod.
10. Hīe samod hæfdon miċle laga ġehæfd.

F. 1. Ðǽre landware grōwendum, ðā wīcingas seġldon ofer sǽ.
2. Herġodum Ēastenglum, hīe sīðodon tō Norðhymbre.
3. Cwellendean maniġum landware, hīe læhton ðæt land.
4. Ðā Norðmenn hæfdon mid landum tō sūðum and tō westum ġeċēapod.
5. Ðǽre landware tō grēat ġegrōwen, hīe ne cūðon hire selfum helpan.
6. Sēondum gōdum lande, hīe sīðodon tō west.
7. Becumendum on lýtlum weorodum, ðā Dene herġodon Angle.
8. Æt forman, hæfdon Angle ġehogd ðæt ðās herġunga wǽron lýtel.
9. Healfdene grēatan Deniscne here bringendum and Inwære, ðā wīcingas becōmon on dccclxv.
10. Ofercōmendum Ēastenglum, hīe cwealdon Edmund cyning.

Review II

Reading

The Arrival of the Anglo-Saxons

There is no written source concerning the Anglo-Saxons' origin from that time. This people was illiterate during their first two centuries in Britain. Therefore, we can only see their early history through the hostile eyes of the Britons and the ill-advised foreigners.

Archeology (excavation) gives the first evidence, for it shows that Anglo-Saxon warriors were in Britain before 410. Late Roman cemeteries near the Thames valley from Oxfordshire to the Essex coast have produced burials with belt-buckles that are the kind that the Saxon warriors wore in the Roman army. Early pirates joined family who settled in Britain as Roman warriors. Sunken halls with gables are the kind that the Anglo-Saxons used during the settlement. One has found 200 halls at a great site near Mucking on the Thames. Warriors lived there who settled in 400 to guard London.

From 430, Anglo-Saxon settlers came in great numbers. Pots from early cemeteries in East Anglia seem like those found in Old Saxony. Kentish pots and jewelry seem like those of the Jutes. Archeology (excavation) does not show a strong difference between (of) the two people. By the end of the next century, East Anglian skilled workmanship seems like that of Kent. Racial bonds (bonds of race) weakened because of sea-voyage and society grew to suit the needs of the settlers.

Throughout Anglo-Saxon history the strongest social ties were the claims of family and of lordship. Families were close (near) at home and remained close (near) in England. One man's family and retainers sometimes founded their own settlement, sharing goods and land. One can see this in place names as Hastings and Reading, which mean 'Hasta's people' and 'Reada's people'. Society grew, but family loyalties remained great. One knew that his family would avenge his death.

Pattern Drills

Review Drill 2A

A. 1. Nā, iċ ne cann ān reċed bytlan, ac wē cunnon ān bytlan.
2. Nā, iċ ne dearr cyninges reċed gyrdan, ac wē durron hit gyrdan.
3. Nā, iċ ne mæġ tō market gān, ac wē magan ðǣr gān.
4. Nā, iċ ne mōt tō Eoforwīċ sīðian, ac wē mōton ðǣr sīðian.
5. Nā, iċ ne ġeman his mōdor, ac wē hīe ġemunon.
6. Nā, iċ ne sceal esnas forġietan, ac wē sculon hīe forġietan.
7. Nā, iċ ne ðearf mīnne hlāford besēon, ac wē ðurfon ūrne hlāford besēon.
8. Nā, iċ nāt ðæt ċild, ac wē witon hit.

B. 1. (454) fēowerhund and fēower and fīftiġ
2. (768) seofonhund and eahta and siextiġ
3. (899) eahtahund and nigon and nigontiġ
4. (223) twēġenhund and ðrīe and twēntiġ
5. (55) fīf and fīftiġ
6. (422) fēowerhund and twēġen and twēntiġ
7. (987) nigonhund and seofon and eahtatiġ
8. (1066) ān ðūsend and siex and siextiġ
9. (341) ðrīhund and ān and fēowertiġ
10. (724) seofonhund and fēower and twēntiġ

C. 1. Ġēa, iċ cume tō ðone plegan.
2. Ġēa, iċ ete miċel hlāf.
3. Ġēa, iċ helpe ċilde ðurh ðone ġeard.
4. Ġēa, iċ sēo ðæt weorod.
5. Ġēa, iċ sprece mid mīnum frēondum.
6. Ġēa, iċ stande on ðǣm reċede siððan lǣfde sē hlāford.
7. Ġēa, iċ ðurhfare ðǣre burge weallas.
8. Ġēa, iċ weġe ānne loðan.
9. Ġēa, iċ weorðe ēadiġ hwonne sēo iċ mīnne frēond.
10. Ġēa, iċ clyppe mīn wīf.

D. 1. Hīe bǣron fōdan tō bord.
2. Sē mangere brang ċēap tō market.
3. Sē ealdormann mōste his hīredmann dēman.
4. Hīe fliton be hiera ċildrum.
5. Sē here forlēt his ealdormann.
6. Hēo rād hire hors on sīðe.
7. Sēo tunece wel lamp ðā hlǣfdiġan.
8. Sē fæder wræc ðā wīgan ðā ðe wǣron latas.
9. Ðæt stǣr nū endode.
10. Ðā Angle herġodon ðā Brettas.

E. 1. Hīe habbað fōdan tō ðæt ġeboren.
2. Sē mangere hæfð ċēap tō market ġebrungen.
3. Sē ealdormann hæfð his hīredmann dēman ġemōten.
4. Hīe habbað be hiera ċildrum ġefliten.
5. Sē here hæfð his ealdormann ġeforlǣten.
6. Hēo hæfð hire hors on sīðe ġeriden.
7. Sēo tunece hæfð ðā hlǣfdiġan wel ġelumpen.
8. Sē fæder hæfð ðā wīgan ġewrecen ðā ðe habbað latas ġebēon.
9. Ðæt stǣr nū hæfð ġeendod.
10. Ðā Angle habbað ðā Brettas ġehergod.

Review Drill 2B

A. 1. Nā, iċ ne cūðe ān reċed bytlan, ac wē cūðon ān bytlan.
2. Nā, iċ ne dorste cyninges reċed gyrdan, ac wē dorston hit gyrdan.
3. Nā, iċ ne meahte tō market gān, ac wē meahton ðǣr gān.
4. Nā, iċ ne mōste tō Eoforwīċ sīðian, ac wē mōston sīðian.
5. Nā, iċ ne ġemunde his mōdor, ac wē hīe ġemundon.
6. Nā, iċ ne scolde esnas forġiefan, ac wē scoldon hīe forġiefan.
7. Nā, iċ ne ðorfte mīnne hlāford besēon, ac wē ðorfton ūrne hlāford besēon.
8. Nā, iċ niste ðæt ċild, ac wē wiston hit.

B. 1. Ġēa, iċ cōm tō ðone plegan.
2. Ġēa, iċ æt miċelne hlāf.
3. Ġēa, iċ healp ċilde ðurh ðone ġeard.
4. Ġēa, iċ seah ðæt weorod.
5. Ġēa, iċ spræc mid mīnum frēondum.
6. Ġēa, iċ stōd on reċede siððan hæfde sē hlāford lǣfed.
7. Ġēa, iċ ðurhfōr ðǣre burge weallas.
8. Ġēa, iċ wæġ ānne loðan.
9. Ġēa, iċ wearð ēadiġ hwonne seah iċ mīnne frēond.
10. Ġēa, iċ clypede mīn wīf.

C. 1. Hē is ān hūs for his wīfe bytlende.
2. Hīe sindon on ðǣm markte ċēapiende.
3. Sēo mōdor is hire sunu æt hāme findende.
4. Iċ eom ymbe ðā sǣ gānde.
5. Hēo is wel hlūde hliehende.
6. Wē sindon on Eald Seaxum libbende.
7. Hē ealneġ is his dohtor ġelīefende.
8. Sē ealdormann is Norðhymbre on ðǣm ǣfne becumende.
9. Hē is mid his cynrene sīðiende.
10. Sē fēond nis his folc nāht onġietende.

D. 1. Hē hæfde ān hūs for his wīfe ġebytled.
2. Hīe hæfdon on ðǣm markte ġeċēapod.
3. Sēo mōdor hæfde hire sunu æt hāme ġefunden.
4. Iċ hæfde ymbe ðā sǣ ġegān.
5. Hēo hæfde wel hlūde ġehlagen.
6. Wē hæfdon on Eald Seaxum ġelifd.
7. Hē ealneġ hæfde his dohtor ġelīefed.
8. Sē ealdormann hæfde Norðhymbre on ðǣm ǣfne becumen.
9. Hē hæfde mid his cynrene ġesīðod.
10. Sē fēond næfde his folc nāht onġieten.

E. 1. forma
2. ōðer
3. ðridda
4. fēorða
5. fīfta
6. siexta
7. seofoða
8. eahtoða
9. nigoða
10. tēoða

Exercises

A. 1. Ðǣr nis ne writen ord be Anglum cynde of ðǣm tīman for ðǣm ðā ǣrst Angle unġelǣred wǣron.
2. Ġēa, ðā Brettas wǣron wraðas.
3. Ġedelf ġeaf ūs forman ġewitscipe.
4. Man fint Rōmanisce līċrest mid Seaxum gyrdelhringe nēah Temese.
5. Ġēa, Angle wīġsmiðas lifdon on siġenum hornreċdum.
6. Nā, iċ ne lifde on siġenum hornreċede.
7. Ðās wīġsmiðas weardodon Lundne.
8. Nā, iċ næbbe Lundne sēonde.
9. Ġēa, ġecynde bendas wācodon on Anglum.
10. Hīe wācodon for sǣsīðe.
11. Cynrenes āgnunga wǣron strengoste and hlāforddōmes.

12. Mann staðolode his selfes staðolunge mid his cynrene and his hīredmenn.
13. Nā, iċ næbbe āne staðolunge staðolod.
14. Mannes cynren wolde mannes dēað wrecan.

B. 1. Hīe besāwon ðæt mynster on Witanċeastre.
2. Ðā hlāfordas bycgdon ān esne.
3. Ðā ċildru clipodon tō his ealdrum.
4. Ðā hlǣfdiġan fundon healsmyne on borde.
5. Hīe hulpon hiera friend ān hūs tō findanne.
6. Ðā magistras ne līefdon ðæt lǣringmǣden ætWitanċeastre tō leornianne.
7. Ðā suna sprǣcon mid his sweoster.
8. Ðā wīf wǣgon ðā seolcnan tunecan.
9. Hīe gyrddon selfe mid beltum.
10. Ðā wīgan druncon tō miċel.

C. 1. Sē wīga næfð frēolsum tīman.
2. Sē plega is miċel tō lange.
3. Wē oft sprecað be ðǣre herġunge.
4. Wē gāð tō Eoforwīċ ðurh fōtum.
5. Hē ġiefð ðone healsmyne tō ðǣm mæġdne.
6. Man fint ðā burg scīene.
7. Ðæt cynren sīðað mid his ċildrum.
8. Hē lifað on siġenum hornreċede.
9. Hēo wrītt mē ān writ.
10. Ðā leorneras ealneġ flītað.

D. 1. Wē tōcon āne seġlbāte.
2. Iċ ne sīðode mid ðǣm wæġne.
3. Hīe hlōgon for ðǣm spelle.
4. Iċ dranc sumne medu.
5. Iċ ne forġeat ðē.
6. Wē oft æt nīewe wýrta.
7. Hīe sāwon ðone plegan.
8. Ðū nonġeat ðone magister.
9. Hēo spræc miċel.
10. Hēo brang mē ðā meolce.

E. 1. Ðǣr ne sindon writen ordas of ðǣm tīman.
2. Ǣrstan Angle wǣron unġelǣrede.
3. Ġedelf ġiefð ūs ūre forman ġewitscipe.
4. Rōmanisce līcresta habbað gyrdelhring ġelīċ ðǣm ġecened ðǣm ðe Angle wīġan wǣġon.
5. Flotan tīegdon hiera cynren hit ðe ǣr on Anglum lifde.
6. Pottas ðā ðe man fand on Cente and beagas ætīewdon ġelīċe ðǣm of Iotum.
7. Cynren mid hiera hīredmannum staðolodon staðolunga.
8. Cynrenes holdscipas wǣron wel grēate for Anglum.
9. Hīe dǣldon hiera land and ċēapas.
10. Mannes cynren wolde his dēað wrecan.

Chapter 11

Reading

Alfred, Guardian of the Realm

In 870 the Danish army dwelled at Reading and prepared to invade Wessex. But here the adversary better arranged itself. When the vikings attacked, then Ethelred was on the throne. His brother and heir's name, Alfred, became the greatest in Anglo-Saxon history.

Ethelred's and Alfred's combined force found the Danes on the Berkshire Downs and the Danes had their first heavy loss. But the English success was brief. The Danes withdrew to Reading, but immediately again advanced and overcame Ethelred and Alfred near Basing. In April 871 a new Danish army landed. It seemed the invasion of Wessex was unavoidable to the defenders and they had nowhere to turn for help. In the middle of this trouble, Ethelred died and his brother became king of Wessex.

The reign began badly and after a year of small losses, Alfred needed to buy off the Danes. They left Wessex for five years, during which they raided Mercia, expelled King Burgred and set there one of their own. The great army now split into two. Halfdan took one north and began to divide Yorkshire for settlement. Guthrum,

Oscytel and Anund, brought the other south and in 875 again attacked Wessex. At first they had limited success. In 877 they retreated again and divided Mercia. Another group split off and settled Lincolnshire, Derbyshire and Leicestershire.

Thus it was a smaller army that attacked Wessex for the third time in 878. But an unexpected raid on Chippenham gave them the advantage. Much of Wiltshire and Hampshire submitted and the Danes expelled Alfred to a refuge in the fens at Athelney. It seemed a hopeless position, but Alfred awaited his time. In early May he gathered his forces and they rode to Edington. There he fought against the whole host and expelled it.

The victory was incontestable. The Danish ruler, Guthrum, accepted baptism with some of his retainers and the two kings made a peace treaty. Alfred recognized the Danelaw. The border stretched northwest from London to Chester. Guthrum retreated with his army to the Danelaw where became king. By autumn 880, the Danes had left Wessex and began the settlement of East Anglia.

Pattern Drills

A. 1. Frēawine is grēatra ðonne Æbbe.
2. Godġifu is ġingre ðonne Frēaġifu.
3. Ðæt reċed is nīewre ðonne ðæt hūs.
4. Sē ġeard is scīenra ðonne sēo sǽ.
5. His wæġn is ieldra ðonne mīn wæġn.
6. Ðæt lǽringmǽden is stuntre ðonne sē leornere.
7. Sē strēam is lengra ðonne sēo fōr.
8. Hē hæfð māran ġewyrhte ðonne wē.
9. Sē magister is wīısra ðonne Redbod.
10. Sē mynster is nīerra ðonne sēo scōl.

B. 1. Mīn fæder is eldra ðonne his fæder.
2. Hē hæfð māran friend ðonne wē.
3. Ðēos burg is scīenre ðonne Witanċeaster.
4. Ðis būr is lǽsse ðonne mīn būr.
5. Sē plega is ;engra ðonne sīð hāmweard.
6. Ðīn brōðor is ġingra ðonne mīn brōðor.
7. Hire frēond is līciendliċra ðonne hēo.
8. Hē is stuntra ðonne his sweoster.
9. Ðæt reċed is grēatre ðonne sēo scōl.
10. Sēo ġewyrht is lēohtre ðonne ðæt lāc.

C. 1. Hē is wierst sliten.
2. Hit is ġingest mæġden.
3. Hē cann ieldestne brōðor.
4. Hīe ridon mid nīewostum seġlbāte.
5. Hit wæs lēofost land.
6. Hīe folgiað lengeste fōre.
7. Hīe wæs scortostu frið.
8. Ælfrǽd wæs grēatost cyning.
9. Ðæt is scīenost siġle.
10. Hē nū is gladost.

D. 1. Sē cyning sōhte his ġesīð.
2. Sē magister rehte ūre stǽr.
3. Ælfrǽd sealde wīcingum feoh.
4. Ðā Dene cwealdon Burgrǽd cyning.
5. Healfden brōhte his here tō Anglum.
6. Hit ðūhte ġelīcum nīewum.
7. Sē ende strehte fram Lundne tō Legaċeastre.
8. Sē esne bohte landhlāfordes fodan.
9. Hē ðōhte ðæt hit līcode him.
10. Mīn fæder worhte nēodlīċe.

E. 1. twelfta
2. seofon and ðrītigoða
3. siex and fīftigoða
4. fēowertigoða
5. eahtatēoða
6. nigontigoða
7. fēowertēoða
8. ðrīe and siextigoða
9. hundtēontigoða
10. endlyfta

Exercises

A. 1. Sē Denisc here wunode on Rēadingum on dccclxx.
2. Ælfrǽd wæs Æðelrǽdes brōðor.
3. Ðāra Angla siġe wæs scortliċ.
4. On Ēastermōnðe dccclxxi becōm sē nīewe here.
5. Ġēa, ðā Dene lǽfdon of West Seaxum.
6. Ælfrǽd forġeald hīe.

7. Burgrǣd wæs Mierċna cyning.
8. Healfden ēode tō Eoforwīċscīre.
9. Godrum, Oscytel and Anund brōhton ōðer weorod.
10. Hīe dǣldon Mierċe.
11. Ġēa, sēo herġung on Ċippanhāme wæs unwēndu.
12. Ælfrǣd ēode tō Æðelinga-īeġe.
13. Hē rād tō Ēðantūne mid his fierdum.
14. Godrum onfēng fulwiht.
15. Godrum wurde Denelage cyning.

B. 1. Hiera ġingra brōðor stent leng on Anglum.
2. Hē is mīn betst frēond.
3. Hæfð ðis land forðweardran scōle ðonne Angle?
4. Hire ieldre sweoster is ān betere lǣringmǣden ðonne hēo.
5. Behindan ūrum hūse is hīerre ān.
6. Hē is wīsra ðonne iċ.
7. Sēo scīenostu sǣ is on grēatostum ġearde.
8. Sē leornere is eallra stuntost.
9. Hēo lifað on nīewostum reċede.
10. Cann ðū macian ġewyrhte lēohtran?

C. 1. Hiera ġingran brōðor standað leng on Anglum.
2. Hīe sindon mīne betste friend.
3. Habbað ðās land forðweardran scōla ðonne Anglum?
4. Hiera ieldran sweoster sindon beteran lǣringmǣdnu ðonne hēo.
5. Behindan ūrum hūsum sindon hīerran hūs.
6. Hīe sindon wīsran ðonne wē..
7. Ðā scīenoste sǣ sindon on grēatostum ġeardum.
8. Ðā leorneras sindon eallra stunoste.
9. Hīe libbað on nīewostum reċedum.
10. Cunnon ġē macian ġewyrhte lēohtran?

D. 1. Eald Seaxe is *lýtlre* ðonne Angle.
2. Mīn fæder is *ieldra* ðonne mīne mōdor.
3. Ðæt reċed is *hīerra* ðonne ðæt hūs.
4. Ðēs plega is *lengra* ðonne sē plega.
5. Frēaġifu is *scīenre* ðonne Godġifu.
6. Redbod is *līciendliċra* ðonne Æbbe.
7. Mīne sweoster is *ġingra* ðonne mīn brōðor.
8. Iċ eom *ēadiġra* ðonne hē.
9. Ūðwitegung is *lēohtre* ðonne lǣċecræft.
10. Witanċeaster is *nīerre* ðonne Eoforwīċ.

E. 1. Sē magister mē rehte be frǣde.
2. Sē Denisc here ġearode West Seaxe tō ongānne.
3. Hit ðūhte ðæt ðā Angle ofercōmon hīe.
4. Ac hiera siġe scortliċ wæs.
5. On Ēastermōnðe, nīewe here cōm.
6. Ðā weardas hæfdon nāwērn tō wendanne.
7. Æt ðý tīman wurde Ælfrǣd cyning.
8. Hē ðorfte feoh tō ðǣm Denum tō forġieldanne.
9. Ðā ēodon hīe tō Miercum ðǣm ðe of hīe ðone cyning drifon.
10. Ðǣm grētan here dǣled, Healfden wendde norð.
11. Unwēndu herġung ġeaf ðǣm wīcingum ðā nytte.
12. Ælfrǣd worhte nēodlīċe and his fierdas gadrode.
13. Siððan Godrum fulwihte onfēng, his here lǣfde West Seaxe.
14. Ðā Ælfrǣd Denelage cnēow, ðā wurde Godrum hire cyning.

Reading

Beowulf's Story

We are told Beowulf's story by an unknown poet. Beowulf was the prince of the Geats who traveled to Denmark and visited King Hrothgar. Heorot, a great hall, was built by Hrothgar and that is where he gave his retainers treasures. But his retainers were kept from the hall by the monster, Grendel. This fiend bore off warriors when they slept after the feast.

Fourteen champions were brought by Beowulf on his ship. They wore chain-mail corslets and helmets that were adorned with boar-images. When they sat on the benches at Heorot, then their shields were set against the wall.

Beowulf met Hrothgar and was served mead by Queen Wealtheow. He and his men slept in the hall. When Grendel came that night, then one of Beowulf's men was killed by him. Then was the fiend attacked by Beowulf, but losing one arm, he fled. He returned to his home in the pond in which he died.

Beowulf's victory was celebrated by Hrothgar and his retainers. But Grendel's mother came and avenged her son's death. A thane was born off by her. Beowulf put on his armor and went to the pond. He swam to the bottom where he fought the she-monster. She was killed by Beowulf with a mystical sword. Then he hewed Grendel's head off his dead body.

Then Beowulf returned to his home. He succeeded his nephew as king and governed many years in peace. But then one of his servants robbed a cup that belonged to (of) a dragon. The dragon became hostile and flew around the land, vomiting fire and wreaking devastation. Beowulf went and fought the dragon. He killed it with the help of his retainer, Wiglaf. But Beowulf was also killed by the dragon.

Beowulf's pyre was built on a cliff near the sea and the dragon's treasures were also laid there. After the fire burned, a great barrow was built by Beowulf's retainers that covered both gold and king.

Pattern Drills

A. 1. Ġēa, man hēr sīehð him.
2. Ġēa, man oft hilpð him.
3. Ġēa, man bytleð nīewe wæġn.
4. Ġēa, man macað ānne sīð.
5. Ġēa, man ġiefð mē gold.
6. Ġēa, man leornað æt scōle.
7. Ġēa, man ċēapað on markte.
8. Ġēa, man hwīlum ðearf tō hliehhanne.
9. Ġēa, man wunað on hūse.
10. Ġēa, man cann mē hīeran.

B. 1. Ġēa, sē wæġn is ðurh him brōht.
2. Ġēa, ān lang sīð is ðurh ūs macod.
3. Ġēa, sē mynster is ðurh Redbode besewen.
4. Ġēa, sēo āscung is ðurh ðý magistre āscod.
5. Ġēa, sē plega is ðurh ðǽm leornerum sewen.
6. Ġēa, hēo is ðurh ðý ċilde onġieten.
7. Ġēa, sē fōda is ðurh ðý mæġdne boren.
8. Ġēa, sē fierd is ðurh ðý cyninge holpen.
9. Ġēa, sēo mōdor is ðurh hire suna ġemunen.
10. Ġēa, sēo andswaru is ðurh ðý wīfe ġiefen.

C. 1. Sē stepegang wæs macod ðurh fēt.
2. Sē ealdor wæs cweald ðurh ðý ċilde.
3. Sē hlāf wæs eten ðurh ðý cuman.
4. Sē frið wæs staðolod ðurh ðý cyninge.
5. Sēo hlæfdiġe wæs læċed ðurh ðý wīcinge.
6. Sē frið wæs spiled ðurh ðǽre herġunge.
7. Sēo burg wæs burnen ðurh ðý fýre.
8. Sē hlāford wæs ġehelmod ðurh his loðan.
9. Ðæt hors wæs riden ðurh ðý wīġsmiðe.
10. Sēo byrġen wæs funden ðurh ġedelfe.

D. 1. Ðā stepegangas sindon ðurh fōtum macod.
2. Ðā ealdras sindon ðurh ðý ċilde cweald.
3. Ðā hlāfas sindon ðurh ðý cuman eten.
4. Ðā friðas sindon ðurh ðý cyninge staðolod.
5. Ðā hlæfdiġan sindon ðurh ðý wīcinge læht.
6. Ðā friðas sindon ðurh ðǽm herġungum spiled.
7. Ðā byriġ sindon ðurh fýre burnen.
8. Ðā hlāfordas sindon ðurh hiera loðan ġehelmod.

9. Ðā hors sindon ðurh ðý wīġsmiðe riden.
10. Ðā byrġena sindon ðurh ġedelfe funden.

E. 1. Sē healsmyne wæs ðurh him tō his wīfe ġiefen.
or His wīf wæs ðone healsmyne ðurh him ġiefen.
2. Eald hors sindon ðurh ūs riden.
3. Ðā leorneras sindon ðā bēċ ðurh ðý magistre ġiefen.
or Ðā bēċ is tō ðǽm leornerum ðurh ðý magistre ġiefen.
4. Sē plega wæs ðurh him besewen.
5. Sēo meoluc wæs ðurh his ġeongum dehter druncen.
6. Sē healstān wæs ðurh hire ðiċċum brēðer eten.
7. His hīredmenn wǽron ðurh ðý wrāðum ealdormenn funden.
8. Ðæt grēat reċed wæs ðurh ðý gladum bytlan bytled.
9. Sēo cwēn oft is ðurh inc holpen.
10. Ēastengle wæs ðurh ðý lýtlum here herġod.

Exercises

A. 1. Sē uncūð scop rehte ūs ðone stǽr.
2. Bēowulf seġlde tō Denamearce.
3. Nā, iċ ne beseah Denamearc.
4. Hē beseah Hroðgār.
5. Hroðgāres reċed hēt Heorot.
6. His ġefēran wǽron fram ðǽm reċede ðurh Grendle healden.
7. Ðā helmas wǽron mid eoforlīcum hroden.
8. Grendel cōm ðǽre nihte.
9. His hām wæs on mere.
10. Grendles dēað wæs ðurh his mēder wrecen.
11. Hēo wæs mid rūnlicum sweorde cweald.
12. Bēowulf æfterfolgode his nefan.
13. Ġēa, hē rīscode on friðe.
14. Bēowulf wæs ðurh dracan cweald.
15. Ġēa, hē samod cwealde ðone dracan.
16. Wīġlaf healp Bēowulfe.

B. 1. is/ sindon ascod; wæs/wǽron ascod
2. is/ sindon funden; wæs/wǽron funden
3. is/ sindon stoppod; wæs/wǽron stoppod
4. is/ sindon forġieten; wæs/wǽron forġieten
5. is/ sindon namnod; wæs/wǽron namnod
6. is/ sindon dēmed; wæs/wǽron dēmed
7. is/ sindon hīered; wæs/wǽron hīered
8. is/ sindon līefed; wæs/wǽron līefed
9. is/ sindon riden; wæs/wǽron riden
10. is/ sindon gyrded; wæs/wǽron gyrdd

C. 1. Hē wæs tō dura ðurh Frēawine clipod.
2. Ðæt hors wæs ðurh Redbode riden.
3. Sē leornere is ðurh his magistre holpen.
4. Sē wæġn is ðurh wyrhtan macod.
5. Maniġū ðing sindon ðurh munce leornod.
6. Grendles earm wæs on reċede ðurh Bēowulfe hengen.

D. 1. Hēo is ðurh Godswīðe onġieten.
Hēo wæs ðurh Godswīðe onġieten.
2. Billferhð is ðurh his friend holpen.
Billferhð wæs ðurh his friend holpen.
3. Ðæt hus is ðurh ðý hlāforde bytled.
Ðæt hūs wæs ðurh ðý hlāforde bytled.
4. Tīma is ðurh ðǽre hlǽfdiġan talod.
Tīma wæs ðurh ðǽre hlǽfdiġan talod.
5. Sē cyning is ðurh ūs hīered.
Sē cyning wæs ðurh ūs hīered.
6. Sēo ġewyrht is ðurh ðeġnum ġedōn.
Sēo ġewyrht wæs ðurh ðeġnum ġedōn.
7. Sē hlāf is ðurh ðǽm ċildrum tacen.
Sē hlāf wæs ðurh ðǽm ċildrum tacen.
8. Sē wæġn is ðurh ðý mangere brungen.
Sē wæġn wæs ðurh ðý mangere brungen.

E. 1. Bēowulf sīðode mid fēowertīene mannum.
2. Hīe wǽġon hringnettes byrna.
3. Hiera scieldas wǽron wið ðǽm wealle āsett.
4. Sē medu wæs ðurh Wealðēowe ðeġnod.
5. Grendles earm wæs of his hrǽwe hēawen.
6. Bēowulfes siġe wæs ðurh Hroðgāre frēolsod and his menn.
7. Ðā Bēowulf cwealde Grendles mōdor.

8. Hē rīscode on friðe maniġum ġēarum.
9. Āne cuppe wæs of ðǣm dracan benūmen.
10. Bēowulf fēaht ðone dracan.
11. His ād wæs on clīfe bytled.
12. Dracan frætwa wæs ðǣr āsett.
13. Bēowulf wæs mid beorge ġehelmod and ðā frætwa.
14. Swā reċð sē uncūð scop ūs.

Chapter 13

Reading

Women and the Law

Women are seen in the laws very much as wives, widows, and nuns, though maidens too receive note. All but the last of these were legal states that separated women from the control of their families, and allowed them to act somewhat freely. The written laws say that women were able to make decisions concerning their lives and were not fully governed by men, their own families, or the church.

Although there may be a bit of buying in the laws concerning marriage, women had something to say in the process. We find the following statement in the earliest Kentish law books. 'If a freeman should lie with a freeman's wife, he shall pay for the wergild, and attain another wife with his own money and shall bring her to the other's home.' Although this sounds as if the women had no choice, the language suggests otherwise. The word 'beġietan' occurs elsewhere in English writing where it means to get a wife and it suggests the process of the deed rather than a money deed only. Although money was involved, nothing is in the statement which shows that the process could occur without the woman's agreement. The wrongdoer's duty is prominent. His duty is to pay all moneys involved in the new marriage if the people are willing. Another law concerning the betrothal of women strongly says that a woman shall confirm the wedding agreement.

Marriage truly was a business agreement. Two more statements in the earliest laws command our attention. 'If a man should procure a maiden, the bargain shall be bought if it is honest. If it is deceitful then, afterwards he shall bring her to her home and one shall restore to him his money.' And 'if one shall procure a wife, and the marriage gift does not come forth, he shall restore the money and pay double and he shall compensate the trustee as is his breach of surety.' In the Maxims, the word 'gebycgan' is used to advise a king about attaining a queen and it implies acquisition of a desirable thing, such as spiritual salvation. Although marriage might be a business contract, the language suggests a thing of importance (greatness). Other laws amplify these early statements.

Pattern Drills

A. 1. Wē sīen on Eoforwīċe.
2. Iċ macie ānne sīð.
3. Ðū hæbbe feoh.
4. Hē sīe on Eald Seaxum.
5. Hīe sīen lange.
6. Ġē weorðen ēadġas.
7. Hēo hliehe hlūde.
8. Iċ besēo hīe.
9. Wit andswarien nāht.
10. Ġit cumen eft.

B. 1. Wē wǣren on Eoforwīċe.
2. Iċ macode ānne sīð.
3. Ðū hæfde feoh.
4. Hē wǣre on Eald Seaxum.
5. Hīe wǣren lange.
6. Ġē wurden ēadġas.
7. Hēo hlōgen hlūde.
8. Iċ beseah hīe.
9. Wit andswaroden nāht.
10. Ġit cōmen eft.

C. 1. Ġief iċ feoh hæfde, iċ besāwe Angle.
2. Ġief hēo hlāf ǣte, hēo wurde sadu.
3. Ġief ðū mē write, iċ andswarode ðē.
4. Ġief hē tō ðǣm manunghūse ēode, hē sprǣce mid ðǣm mangere.

5. Ġief hīe fliten, hīe leornoden nāht.
6. Ġief ġit nēodlīċe worhten, ġit beġēaten miċel feoh.
7. Ġief ðū mīn mōdor sāwe, ðū sæġst 'hāl wes ðū' for mē.
8. Ġief hē ðæt ċild hīerde, hē wurde ēadiġ.
9. Ġief hīe ðone magister hīerden, hīe nonġēaten hine.
10. Ġief hē ānne healsmyne bohte, his wīf scolde nā flītan.

D. 1. Ðēah hēo nēodlīċe wyrċe, hēo is ēadġu.
2. Ðēah hīe ānne spring hæbben, hīe ne drincað wæter.
3. Ðēah sē mann rǽse, hē cymð læt.
4. Ðēah ðæt folc nā cyning næbbe, hiera land hæfð frið.
5. Ðēah sēo hlǽfdiġe miċel hlāf ete, hēo nierð sadu nāht.
6. Ðēah ðæt ċild hāme ēode, his mōdor ne fand hit.
7. Ðēah Redbod on Eoforwīċe wǽre, hē ne seah Frēaġife.
8. Ðēah wē his fæder cnēowen, wē ne cnēowon his mōdor.
9. Ðēah hē hlūde hlōge, hē næs ēadiġ.
10. Ðēah hīe ðā esnas dēmden, hīe hæfdon lýtel ġeweald.

Exercises

A. 1. Wīfmenn ætīewað on lagum tō wīfum, wuduwan and nunnan.
2. Ġēa, wīfmenn meahton rǽdnessa be hiera līfum macian.
3. Wē findað forman spell fram Cente.
4. Man ōðer wīf beġēate, ġief hē ōðres mannes wīf tōce, and tō ōðrum hāme hīe brunge.
5. Sceatt and fēoh wǽron ymbhæfed on ðǽm gange.
6. Ġēa, hǽmed wæs an bisiġnesse wedd.
7. An mann scolde ġift forð cuman.
8. Man wolde gāstliċe hālse beġietan.
9. Sēo sprǽċ underwierpð gemiċelnesse ðing.

B. 1. Ġief iċ tō Witanċeastre ēode, iċ fande āne ċirican.
2. Ġief iċ fēoh āhte, iċ ġēafe him fōdan.
3. Ġief hēo ðæt wæter drunce, hēo nācode.
4. Ġief ġē ūs writen, wē andswaroden ēow.
5. Ġief hē sæ ofer seġlde, hē besāwe his frēond.
6. Ġief hīe leornoden, hīe gān lange.
7. Ġief ġit Eald Seaxum tō sīðoden, ġit sāwen maniġu ðing.
8. Ġief ðū mīnum fæder mid sprǽce, sprec samod mid mīnum mōdor.
9. Ġief hē ðæt ċild Eoforwīċe tō tōce, hīe wurden gōde friend.
10. Ġief hīe ðone magister besāwen, hīe leornoden miċel.
11. Ġief hē his wīfe wið flite, hē ðorfte ānne healsmyne hire bycgan.

C. 1. Ðēah ðæt mæġden ðæt ċild weardie, hit gǽð on hūse.
2. Ðēah sē wīfmann ðæt siġle læċċe, sē ne ðearf nā ġift.
3. Ðēah ðæt hūs nīewe wǽre, hit birnð.
4. Ðēah sē here ðā burg gyrdde, sēo landwaru spilð ðā Dene.
5. Ðēah ðā leorneras beġinnen tō onġietanne, hīe habbað miċel tō leornianne.
6. Ðēah sē cyning ġeong wǽre, hē ċīest ānne æftergengel.
7. Ðēah sē hlāford miċel feoh hæbbe, his sunu næfð.
8. Ðēah sē healsmyne wel dēore sīe, sēo cwen nyle hine.

D. 1. Wīfmenn ætīewað on lagum tō wīfum, wuduwan and nunnan.
2. Hīe meahton rǣdnessa be hiera līfum macian.
3. Ðēah ðǣr ċēapiendes bitan on lagum sīe, wīfmenn hæfdon sume tō secganne on gange.
4. Ġief mann ōðres mannes wīfe mid lǣge, hē beġēate ōðer mid his agenes fēo.
5. Ðēah singe ðēos swelċe wīf ne cost næfde, sēo sprǣċ underwierpð elles.
6. Twā māran laga bēodað ūre wæċċan.
7. Ġief mann wīf ġebohte and ðǣr wǣre unfǣcne, ċēap wǣre ġeċēapod.
8. Ġief man wīf ġebohte and ġift nā forð cōme, hē āġēafe ðæt fēoh.
9. On Lārcwides, ðæt word 'ġebycgan' is brocen ānne cyning tō rǣdenne be cwēne beġēate.
10. Ōðre laga miċliað ðās æran spell.

Chapter 14

Reading

The Battle of Brunanburg

Here King Athelstan, lord of earls,
ring-giver of men, and his brother also,
Prince Edmund, won eternal glory
at strife of the swords' edges
around Brunanburg. The shield-wall they split,
the linden-wood shields they hewed with their swords,
they, Edward's heirs, as was natural for them
as a result of their ancestors, that they at battle often
against hostile men defended their land,
their hoards and their homes. The enemy fell in battle,
the people of the Scots and Vikings [sailors],
fell doomed. The field flowed
with the blood of men, after sun up
in the morning, that great star
bright over the plains, God's bright candle,
the eternal lord's, until she, that noble creation,
sank into her place. There lies many a man
destroyed by spears, (many a) Scandinavian man
shot over his shield; likewise the Scottish also,
weary, full of strife. The West Saxons,
the entire day, followed the company
of hostile people forth,
hewed the deserters vigorously from behind
with swords sharpened on a grindstone. The Mercians did not deny
a hard fight to none [any] of the heroes
whom over the surge with Olaf
sought land in a ship's hold,
doomed to fight. Five
young kings remained on that battlefield
put to death by swords; likewise also seven
earls of Olaf, (and) a countless number of the army,
pirates and Scots. There was driven away
the ruler of the Scandinavians, compulsorily required,
to his ship's prow with a little company;
he pressed his galley afloat; the king departed

unto the dark flood, his life saved.
Likewise there also an old (man) went in flight
north to his home. Constantine,
gray warrior, had no need to boast
of the company of swords [battle]; he was bereft of his kinsman,
bereft of his friends on the battlefield,
beaten at strife, and he lost his son,
on the battlefield, destroyed by wounds,
the young (man), at war. Neither had he need to boast,
that gray-haired man of battle,
that old adversary, nor Olaf, the more,
with the remains of their hosts; they had no need to laugh,
that they were better with battle-works
on the battlefield of the clash of banners,
of the meeting of spears, of the assembly of men,
of the hostile encounter, that they, on the battlefield,
fought with Edward's heirs.
The Scandinavians departed themselves in nail-fastened vessels,
the sad survivors, to Ding's sea,
over the deep water to search for Dublin,
again for Ireland, ashamed.
Likewise the brothers, both together,
king and prince, sought their home,
the land of Wessex, boasting of battle.
They left behind them the corpses to divide
that black raven, having dark plumage,
horny-billed, and that gray-coated
eagle, white-tailed [white from behind], the carrion to enjoy
the greedy war-hawk and that gray beast,
the wolf in the forest.[1] Never was more slaughter
on this island yet
of people felled before this
by swords' edges, of which books tell us [say to us],
by old scholars, since from the east, hither
came the Angles and Saxons inland,
sought Britain over the broad seas,
those splendid warriors, overcame the British,
earls eager for glory acquired the region.

[1] A smoother Modern English translation of this sentence would be 'They left behind them the dark, black raven and the gray eagle to divide the corpses and they left behind the greedy war-hawk and the gray beast of the forest to enjoy the carrion.'

Pattern Drills

A. 1. ġēaras wæstmas, ðā ðe him God sendað
2. Ðǽr wæs stīð ġemōt; stōdon fæste
3. uppe ġe niðer. Ðæt is æðele stenc.
4. earðan inndryhtnu ealdað and sēarað
5. drēam mid duguðum. Dagas sind ġewitene,
6. ġīfre and grǽdiġ; ġielleð ānfloga
7. ofer holma ġelagu. Forðon mē hātran sind
8. ġenāp under nihthelm, swā hēo nā wǽre!
9. mæte weorode. Wæs mōdsefa
10. āna oftor ðonne ealle menn

B. 1. gā mǽst ōnettan ymbe
2. cann ġief hlūd hwīlum
3. ēac healp wel wyrhta
4. cōm hwonne ofer sīð
5. eall hwæt stent unġesæliġlīċe
6. hāten hēton ġereċlīċe ðenden
7. cnēowon dearst mōt unnan
8. forð hol niðer gyrt
9. būtan fullīċe cwellende cwealdon
10. dealf ġedelf dulfon sigon

C. 1. Type C (on burg rīdan)
2. Type B (on sīdne sǽ)
3. Type B (ðes hearda hēap)
4. Type C (ðǽr is blis miċel)
5. Type A (folc and rīċe)
6. Type A (drytnes dōme)
7. Type B (wæs ðæt beorhte bold)
8. Type A (eorla ofer eorðan)
9. Type A (rinca maniġe) 'Ma-ni' bears resolved stress.
10. Type C (ðæt hīe forð ēodon)
11. Type B (ofer horda ġebræc)
12. Type C (of brýd būre)

D. 1. Type E (hrīmcealde sǽ)
2. Type D (healda his hordcofan)
3. Type D (bord ord onfēng)
4. Type E (wælræste ġeċēas)
5. Type D (eald enta ġeweorc)
6. Type E (blædfæstne beorn)
7. Type D (hrīm hrūsan bond)
8. Type E (Wēlandes ġeweorc)
9. Type D (hār hilderinc)
10. Type D (lēof landfruma)
11. Type E (feala ealra ġebād) 'Fea-la' bears resolved stress.
12. Type D (fēond manncynnes)

Exercises

A. 1. Ēadmund wæs Æðelstānes brōðor.
2. Constantīnus brang ðā Scottas.
3. Anlāf brang ðā Norðmenn.
4. Ēadweard wæs Æðelstānes fæder and Ēadmundes.
5. Constantīnes sunu cwæl ðǽr.
6. Anlāf sohte Dyflin and his menn.
7. Nā, Anlāf ne ðearf hliehhan ðæt his beaduweorca beteran wearð.
8. Fīfe cyningas and ġeonge cwǽlon ðǽr.
9. Seofon Anlāfes eorla cwǽlon.
10. Æðelstān wæs West Seaxa cyning.

B. Men bore me there on their shoulders, until they put me on a hill;
enough enemies fastened me there. I saw the Ruler of Mankind
hasten with great courage that he would ascend me.

C. 1. Type E (wordhord onlēac)
2. Type B (ymb brantne ford)
3. Type A (fēor āfýsan)
4. Type D (frōd folces weard)
5. Type C (ne tō hrædwyrde)
6. Type E (folcrihta ġehwelċ)
7. Type A (findan meahte)
8. Type D (rīċe æfter ōðrum)
9. Type B (on ūrne eard)
10. Type A (gār tō gūðe)

D. 1. Æðelstān, cyning, eorla dryhten, ġeslōh ealdorlangne tīr and his brōðor, Ēadmund, æðeling.
2. Hettend crungon, fǽġe fēollon.

3. Godes beorht candel sāg tō setle.
4. Fīfe cyningas and ġeonge lǣġon on ðǣm campstede.
5. Norðmanna bregu wearð lýtle weorode ġeflīemed.
6. Ðǣr ēac cōm sē frōda Constantinus norð mid flēame.
7. Hiera herelāf ne ðorfte hliehhan.
8. Ðā Norðmenn ġewiton næġledcnearrum.
9. Hīe lēton ðā hrǣw behindan him.
10. Sē grǣdiġ wulf brēac ðæt ǣs.

Review III

Reading

Cynewulf and Cyneheard

Here Cynewulf and the councilors of the West Saxons deprived Sigeberht of his kingdom for wrong deeds, except Hampshire; and he had that until he killed the nobleman who dwelled with him longest. And then Cynewulf drove him into the Weald, and there he remained until a swineherd stabbed him at Privett's Channel; and he [the swineherd] avenged the prince, Cumbra. And that Cynewulf often fought great battles against the British.

And after he had the kingdom around 31 years, he wished to drive out a prince who was called Cyneheard; and that Cyneheard was brother of that Sigeberht.

And then he (Cyneheard) discovered the king with a little company in the company of a woman in Merton and there he besieged and surrounded that chamber until the men who were with the king noticed him. And then the king understood that and he went to the door and then defended him (self) valiantly until he looked on the prince, and then he rushed out to him and wounded him greatly; and they all were attacking the king until they had killed him. And then by the behavior of the woman, the king's retainers discovered the trouble, and then they hastened thither whoever was prepared and quickest.

And the prince asked each of them (to accept) money and life, and not any of them would accept, but they continually were fighting until they all lie (dead) except one British hostage and he was severely wounded.

Then in the morning the king's retainers who were behind heard that, that the king was killed. Then they rode thither, and his nobleman, Osric, and Wigfrith, his retainer, and the men whom he (the king) left behind earlier.

And they met the prince in the fort, where the king lay killed, and they (Cyneheard and his men) had locked the gates to them, and they (Osric and the others) went to that place. And then he (Cyneheard) asked them (to take) their own judgment of money and lands, if they granted him (possession) of the kingdom, and he proclaimed that their kinsmen were with him, they who would not (go) from him. And then they (Osric and the others) said that not any kinsman was dearer to them than their lord and they never would follow his killer. And then they offered their kinsmen that they might go from (them) uninjured and they (Cyneheard's men) said that that same was offered their (Osric and the others) companions who were earlier with the king. Then they (Cyneheard's men) said that they did not think themselves worthy of 'more than your companions, who were killed with the king.'

And then they were fighting around the gates until they entered therein and killed the prince and the men who were with him, all but one. He was the nobleman's godson, and he (Osric) saved his life, but nevertheless he was often wounded.

And that Cynewulf governed 31 years, and his body lies at Winchester, and the prince's at Axminster, and their direct paternal descent goes to Cerdic.

Pattern Drills

Review Drills 3A

A. 1. Ðis stǣr is scortlicost stǣr.
2. Lēgaċeaster is ieldest burg.
3. Plegmund flīemede uncūðostne mann.
4. Siġebeorht wæs wierst lahbreca.

5. Sēo cwēn wæs lustbǽrost wīfmann.
6. Sēo nunne wearð gladost.
7. Offa nerede blandenfeaxoste wuduwan.
8. Sē stuntost leornere leornað lǽstne.
9. Hīe wiðstylledon tō strengestum tūne.
10. Sē guma hēold sceardostne mēċe.

B. 1. Ðæt ċild wæs ðý frēan sōht.
2. Sēo fierde wæs ðý weardmenn twidǽled.
3. Sē æðeling wæs ðý cempan ðeġnod.
4. Āne cuppe wæs dracan fram ðý frēomenn benūmen.
5. Sēo cwēn wæs midnihte æt ðurh his nefan mēt.
6. Ðæs hettendes helm wæs ðý hilderīnce hēawen.
7. Ðæt ġift wæs wuduwan for ðý frēan āboht.
8. Ðæt mæġden wæs ðý bīgengan rǽded.
9. Ðæt hrǽw wæs ðý wulfe eten.
10. Sē gār wæs ðý secge ġescoten.

C. 1. Sē here losode ðæt wīġ ǽr beorn sæte on beorge.
2. Sē ġefēra ealgode ðone tūn ǽr weard crange.
3. Sē bregu gadrode his friend ǽr hē onfēnge fulwiht.
4. Ðæt āglǽcwīf hrēad hit self ǽr sē beorn hlōge.
5. Sē guma nerede ðā herelāfe ǽr sē inwidda gulpe.
6. Hire hlāford ġearode tō gānne ǽr sē wīfmann sunge hlūde.
7. Ðæt cynren spræc oft ǽr ðæt fýr burne on ðǽm scīenan reċde.
8. Sē abbod ċēapode mid ðǽm mangere ǽr hē ēode tō ðǽm mynstre.
9. Sēo hlǽfdiġe besāwe ðone bytlan ǽr hē bytlede ðæt reċed.
10. Sē magister æt ðone hlāf ǽr hē ǽte ðone mete.

D. 1. Mē sendan tō ðē sǽmenn snelle
2. Sē flōd ūt ġewāt. Ðā flotan stōdon ġearwe,
3. lidmenn tō lande linda bǽron.
4. Biter wæs sē beaduræs, beornas fēollon
5. bæd gangan forð gōde ġefēran.
6. ðæt hīe hellscaðan hīenan ne mōton
7. miċel on mōde, and mīn mundbyrd is
8. daga ġehwelċe hwonne mē Dryhtnes rōd,
9. Oft iċ scolde āna ūhtna ġehwelċe
10. gārum āġīeted, guma Norðerna

E. 1. sē undern
2. sē middæġ
3. sēo nōn
4. sē ǽfensang
5. sē nihtsang
6. sē æftersang *or* sēo midniht

Review Drill 3B

A. 1. Brūnanburg is lǽssa ðonne Lēgaċeaster.
2. Sēo nunne is glædra ðonne sēo wuduwe.
3. Medu is betera ðonne meoluc.
4. Sē hræfn is sweartra ðonne sē earn.
5. Sē cempa is ārhwætra ðonne sē beaġġiefa.
6. Sē āglǽca is wiersa ðonne sē draca.
7. Sē lahbreca is fǽcnra ðonne sē bīgenga.
8. Midniht is lætra ðonne nihtsang.
9. Sē weard is strengra ðonne sē hilderinc.
10. Ðæt gold is scīenra ðonne ān candel.

B. 1. God āsette ðā sunnan.
2. Sē cempa healp ðǽm frēan.
3. Sē weardmann gadrode herelāfe.
4. Sē lahbreca benam ðæt gold.
5. Sē æðeling bær ðone scield.
6. Sē draca æt ðone scop.
7. Sēo cwēn wēold ðæt rīċe.
8. Sē wīfmann talode ðæt feoh.
9. Ðæt mæġden staðolode ðæt wedd.
10. Sēo ēorodcyst feaht ðæt beaduweorc.

C. 1. Ġief sē mēce wǽre mylenscearp, hē hæfde gōde ecge.
2. Ġief his ġefēra frēolsode him, sē wīga wǽre glæd.
3. Ġief sē ād burne scīene, lýtel stōde ðæs hrǽwes.
4. Ġief sē inwidda fluge, ðā Ġēatas folgoden his lāste.
5. Ġief ðā ċildru hlōgen hlūde, hiera mōdor wǽren glade.

6. Ġief sē frēomann cure fealwe tunecan, his wīf wǽġe hīe.
7. Ġief sē leornere wǽre nēodliċ, hē leornode ðā æbēċ.
8. Ġief ðā secgas miċloden hiera gōdan dǽda, sēo landwaru gulde him.
9. Ġief sēo herelāf forlēten on ðǽm mere, hiera wuduwan wācoden.
10. Ġief ðā gūðhafcas ēoden ofer felda, wit efsteden and sāwen him.

D. 1. Type B (ðǽr æt hýðe stōd)
2. Type E (nihtlange first)
3. Type E (wynnlēasne wudu)
'Wu-du' bears resolved stress
3. Type D (magu Ecglāfes)
'Ma-gu' bears resolved stress.
5. Type D (swāt ýðum wēoll)
6. Type C (ðæt hē mā mōste)
7. Type D (blæd wīde sprang)
8. Type B (ofer Miercan mōr)
9. Type A (siġora Wealdend)
'Si-ġo' bears resolved stress.
10. Type E (wlitebeorhtne wrang)
'Wli-te' bears resolved stress.

E. 1. is brenged
brenge, brengen
brōhte, brōhten
2. is bogen
būge, būgen
buge, bugen
3. is ðeġnod
ðeġnie, ðeġnien
ðeġnode, ðeġnoden
4. is swummen
swimme, swimmen
swumme, swummen
5. is went
wende, wenden
wentte, wentten
6. is boden
bēode, bēoden
bude, buden
7. is forlǽten
forlǽte, forlǽten
forlēte, forlēten
8. is ġewiten
ġewīte, ġewīten
ġewite, ġewiten
9. is ofstungen
ofsting, ofstingen
ofstunge, ofstungen
10. is faren
fare, faren
fōre, fōren

Exercises

A. 1. Cynewulf benam Siġebeorht his rīċes būtan Hāmtūnscīre and West Seaxna witan.
2. Hīe benōmon hine for unrihtum dǽdum.
3. Cynewulf flīemde hine on Andrede.
4. Cyneheard wæs sē æðeling.
5. Ġēa, hē wæs ðæs Siġebeorhtes brōðor.
6. Ān swān ofstang Siġebeorht.
7. Cyneheard berād ðone cyning on Merantūne.
8. Sē cyning ēode on ðā duru.
9. Ðæs cyninges ðeġnas wǽron ðider ġebrungen ðæs wīfes ġebǽrum.
10. Sē æðeling ġebēad him feoh and feorh.
11. Nā, hiera næniġ nolde hit ġeðicgan.
12. Cyneheard belēac ðā ġeatu and his menn.
13. Hiera hlāford wæs lēofra ðonne hiera māgas.
14. Hīe wǽron ymbe ðā ġeatu oð ðæt hīe ðǽrinne fulgon and ðone æðeling cwealdon.
15. Ðæs æðelinges hrǽw ligeð æt Axanmyntre.

B. 1. Sē gāstlicost munuc æt mynstre wæs samod sē unfǽcnost.
2. Sē sweartost wulf ōnette ofer brādostum wælfelda.
3. Sēo cwēn is scortru ðonne hire ieldestes brēðer wīf.

4. Hit ðynċð ðæt sē draca is rūnlicost dēor.
5. Hire nefa slǽpð earfoðlīcor ðonne mǽst folc.
6. Sē frēa is ēadigra for his cempa flīemede ðone fēond.
7. Sē ǽwiscmōdost wīcing efstede of folcstede.
8. Sēo unwēndost help cōm ðǽm landware.
9. Sē betst secg sōhte wierstne inwiddan.
10. Ðæt lǽssa rīċe frið nam ðætte sēo losing endode.

C. 1. Ġēa, ðǽre Ēðandūne camp wæs Ælfrǽde ġewunnen.
2. Ġēa, sē tūn wæs ðý weardmenn weardod.
3. Ġēa, ðæt stǽr wæs ðý scope reht.
4. Ġēa, sēo fierd wæs ðý frēan twidǽled.
5. Ġēa, ān cempa wæs ðý cyninge namnod.
6. Ġēa, sē draca wæs Bēowulfe fohten.
7. Ġēa, fenfriðu wæs Ælfrǽde sōht.
8. Ġēa, sēo ċeaster wæs ðý bytlan bytled.
9. Ġēa, sē earm wæs ðý hilderīnce of ðǽm inwiddan clofen.
10. Ġēa, sē abbod wæs ðý munuce ðeġnod.

D. 1. Ðēah mīn frēond wel lýtelne hlāf ǽte, hē wearð ðiċċe.
2. Ðēah sēo ealde nunne on wæġne ride, hēo becōm læt.
3. Ðēah sēo dǽd yfelīċe wǽre ġedōn, ðæt mæġden worhte miċel.
4. Ðēah sē fēond ðæt writ leornode, hē nonġeat ðæt folc.
5. Ðēah sē plega ūs ne līcode, wē brucon ðā frēolstīde.
6. Ðēah sē cuma tō lange stōde, hē wæs ġieta hiera frēond.
7. Ðēah sē esne trīewe wǽre, sē hlāford ne ġelīefede hine on sīðe tō gānne.
8. Ðēah hire dohtor ðā wyrta bohte, hēo forġeat ðā meolce.
9. Ðēah sē hām ðǽm friðe wǽre gyrdde, ðæt land wæs ðǽm wīcingum herġod.
10. Ðēah ðā landsētan on sǽlande āsetten, hīe nāhton scip.

E. 1. Hēr sē grēat here cōm ðæt land.
2. Hīe ridon tō West Seaxe and stōdon eallne winter.
3. Hīe drifon ðæs folces miċel ofer ðǽre sǽ.
4. Healfdenes brōðor wæs on Anglum.
5. Ymbe Ēastermōnðe, Ælfrǽd, cyning, lýtlum weorode, worhte tūn æt Æðelinga-īeġe.
6. Ðā menn cōmon tō him and hē wæs glæd.
7. Hē feaht æt Ēðandūne and ofercōm wīcinges here.
8. Ðā Dene sealdon ġīslas and miċle āðas.
9. Godrum cōm tō ðǽm cyninge and onfēng fulwiht.
10. Ælfrǽd wæs Angla gōd weard.
11. Hē wæs maniġum wīcinges cyningum ongān.
12. Ġief ðā scopas on his ġemōte Bēowulfes stǽr rehten, hē hīerde be cempan dǽdum.
13. Ðāra beorna swāt ġehelmode ðæt wælfeld.
14. Sē bīgenga rǽdde ðā cwēne ðæt hēo sceal wedd fram hire esne onfōn.
15. Sē ġeong guma staðolode ðǽs friðes rǽdnessa.
16. Ðā Dene bǽron ðone hræfn on hiera scieldum.
17. Ǽr se wæl ġelumpen, ðæt weorod hrēmde ðearle.
18. Hwonne sē bordweall ðā herelāfe crude, stōdon hrǽw on ðǽm brādan wælfelda.
19. Ðā menn ealgode ðā ċeastre.
20. Būtan ðǽm cyninge wǽron ðā guman on Andrede ofercumen.
21. Sēō fenfriðu nerede ðā Angle.
22. Hiera wīġsmiðas gadrodon mid hiera frēan ǽr begunne sē camp.
23. Siġebeorht cwealde ðone ealdermann ðe him lengest wunode.
24. Ān swān ofstang hine æt Pryfetesflōdum.
25. Sē cyning ealgode unhēanlīċe hine oð ðæt hē tō ðǽm æðelinge rǽsde.

26. Ōsrīċ ġenerede his godsunu feorh.
27. Cynewulf, cyning, rīcsode xxxi wintra and his hrǽw ligeð æt Wintanċeastre.

Glossary

All vocabulary words listed in the 'Old English to Modern English' glossary are followed by the chapter number in which they were first used. The definition given for each word is not necessarily the only possible meaning. It is, however, the only meaning used in this text.

Old English to Modern English

A

sē **abbod, -as** [R1] abbot
ābycgan (I) [13] to pay for, buy
ac (conj) [1] but
sē **ād, -as** [12] pyre
āgan (pp) āh, āhst, āhte [7] to own, have
±āgen [13] own, proper
āġiefen (5) -ġeaf, -ġēafon, -ġiefen [13] to restore
āġietan (I) [14] to waste, destroy
sē **āglǽca, -an** [12] monster
ðæt **āglǽcwīf, -** [12] she-monster
sēo **āgnung, -a** [R2] claim
ān (adj, indef art) [1] a, an, one
and (conj) [1] and, but, or
andlang [3] entire
  (prep) [+ g] along, by the side of
ðæt **Andred** [R3] the Weald
±andswarian (II) [2] to answer
sēo **andswaru, -a** [1] answer
(ðā) **Angle [m]** [1] English, England
sē **Angliscmann, -menn (-mannes)** [5] Englishman
ānlīepiġ [10] solitary
ārhwæt [14] eager for glory
āscian (II) [2] to ask
ġeāscian (II) [R3] to discover
sēo **±āscung, -a** [7] question
āsettan (I) [3] to put, set
āswebban (III) [14] to put to death
sē **āð, -as** [R3] oath
(ðæt) **Axanmynster** [R3] Axminster, Devonshire

Æ

ðā **æbēċ (-bōce)** [R2] books of law
sē **ǽfen, ǽfnas** [2] evening
sē **ǽfensang, -as** [12] vespers, six o'clock p.m.
ǽfre (adv) [2] ever
æftan (adv) [8] from behind, in the rear
æfter (adv) [4] after, afterwards
  (prep) [+ a] for
  [+ d] after, along
æfterfolgian (II) [12] to succeed, pursue
sē **æftergengel, -genglas** [9] successor
sē **æftersang, -as** [12] matins, twelve midnight
ǽlċ (adj, pron) [2] each
ǽliċ [12] legal
ǽnes (adv) [5] once
ǽniġ (adj, pron) [R3] any, any one
ǽnliċ [2] only
ǽnlīċe (adv) [2] only
ǽr (adv) [2] soon, already
ǽrst (supl) [R2] earliest, first of all
ðæt **ǽs, -u** [5] carrion
æt (prep) [+ d] [4] at, toward, near
æt ende (idiom) [6] finally
ætīewan (I) [9] to show oneself, appear
ætsamne (adv) [2] together
ġeæðele [7] natural
sē **æðeling, -as** [12] prince
(sēo) **Æðelinga-īeġ** [11] Athelney, Somerset
ǽwiscmōd [14] ashamed

B

sē **bana, -an** [R3] killer
bānlēas [8] boneless
(ðā) **Basingas** [11] Basing, Hampshire
sēo **bāt, -a** [4] boat, ship
ðæt **bæc, -u** [8] back
bærbære [8] barbarous
ðæt **ġebǽre, -u** [R3] behavior
be (prep) [+ d] [4] by, with, about, concerning
sēo **beadu, beadwa (beadwe)** [10] battle, war
ðæt **beaduweorc, -** [14] battle-work
sē **bēag, -as** [R2] ring
  (pl) jewelry
sē **beaġġiefa, -an** [14] ring-giver, king
ðæt **bealu, -u (bealwes)** harm
sē **bearu, bearwas (bearwes)** [8] grove
beæftan (adv) [R3] behind
ðæt **bebod, -u** [5] order

becuman (4) [-cymð] -cōm, -cōmon, -cumen [10] to come
ġebedian (II) [R1] to pray
beforan (prep) [+ a *or* **d]** [3] before, in front of
sē **beġēat, -as** [13] acquisition
bēġen [4] both
beġietan (5) -ġeat, -ġēaton, -ġieten [4] to receive, attain
beġinnan (3) -gann, -gunnon, -gunnen [10] to begin
behēafdian (II) [9] to behead
sēo **behēafdung, -a** [9] beheading
behindan (prep) [+ a *or* **d]** [3] behind
sē **belt, -as** [8] belt
belūcan (2) [-lýcð] -lēac, -lucon, -locen [R3] to lock
sēo **benċ, -a** [R2] bench
sē **bend, -as** [R2] bond
beniman (4) -nam, -nōmon, -nūmen [R2] to rob, deprive of
±bēodan (2) [bīett] bēad, budon, boden [13] to command
bēon, (anom) bēo, bist, wæs [1] to be
sē **beorg, -as** [12] mound, barrow
(sēo) **Beorgscīr** [11] Berkshire
beorht [4] bright
sē **beorn, -as** [R1] hero, warrior
sē **bēorscipe, -as** [12] feast
±beran (4) [birð] bær, bǽron, boren [8] to bear
berīdan (1) -rād, -ridon, -riden [R3] to besiege
besēon (5) [-siehð] -seah, -sāwon, -sewen [2] to visit
beslēan (6) [-slīehð] -slōh, -slōgon, -slagen [14] to beat
±bētan (I) [13] to compensate
betera (comp) [11] better, greater
betst (supl) [11] best, greatest
betweox (prep) [+ a *or* **d]** [3] between, among
±bīdan (1) [+ g] bād, bidon, biden [10] to await
biddan (5) bæd, bǽdon, beden [9] to order, require
ġebiddan (5) ġebæd, ġebǽdon, ġebeden [5] to ask
sē **bīgenga, -an** [13] trustee
ðæt **billġeslieht, -** [14] sword-clash, battle
birnan (3) barn, burnon, burnen [8] to burn
sē **biscopstōl, -as** [1] bishopric
sēo **bisiġnes, -sa** [R2] business
sē **bita, -an** [5] bit, piece
blandenfeax [13] grey-haired
sēo **bōc, bēċ (bōce)** [7] book, charter
ðæt **bord, -** [4] table
sē **bordweall, -as** [13] shield-wall
sē **borgbryċe, -as** [13] breach of surety
sē **bosm, -as** [8] breast, ship's hold
sē **botm, -as** [12] bottom
brād [13] broad
sē **bregu, -a (brega)** [10] ruler
±brengan (I) [10] to bring
(sēo) **Breten** [R2] Britain
sē **Bretenwealda, -an** [9] Bretwalda
(ðā) **Brettas [m]** [R2] Britons
(sē) **Brettisc-** [R2] British
±bringan (3) brang, brungon, brungen [6] to bring
sēo **brōc, brēċ, (brōce)** [8] breeches
sē **±brōðor, - (brēðer)** [2] brother
±brūcan (2) [brýcð] brēac, brucon, brocen [6] to use, enjoy
(sēo) **Brūnanburg** [14] Brunanburg [*an unidentified location*]
bryttian (II) [14] to distribute
bufan (prep) [+ a or d] [4] over, on
±būgan (2) [býhð] bēag, bugon, bogen [11] to submit
(sēo) **Bunne** [2] Boulogne-sur-mer, France
ðæt **būr, -** [5] chamber
sēo **burg, byriġ (burge)** [2] fort, walled town
būtan (conj) [8] but, except, unless
(prep) [+ d] [R3] without, except, besides
±bycgan (I) [6] to buy, acquire
sēo **byrġen, -na** [R2] burial
sēo **byrne, -an** [12] corslet
sē **bytla, -an** [5] builder
bytlan (I) [8] to build

C

sē **±camp, -as** [3] battle
sē **campstede, -as** [14] battlefield
sēo **candel, candla** [R1] candle
(sēo) **Cantwaraburg** [1]Canterbury, Kent
sēo **cæppe, -an** [R1] cap, cape
sē **ċēap, -as** [10] cattle, goods, bargain
±ċēapian (II) [6] to trade, buy
sēo **ċeaster, ċeastra** [1] town
sē **cempa, -an** [12] champion, warrior
±cennan (I) [9] to produce
(sēo) **Cent** [9] Kent
(sē) **Centisc-** [9] Kentish
sē **ċīeping, -as** [6] marketing
ðæt **ċild, -ru (ċildes)** [7] child

(sē) **Ċippanhām** [11] Chippenham, Wiltshire
sēo **ċiriċe, -an** [4] church
clēofan (2) [clīefð] clēaf, clufon, clofen [13] to split, separate
ðæt **clīf, -** [12] cliff
clipian (II) [3] to call
clyppan (I) [9] to clasp
±cnāwan (7) [cnæwð] cnēow, cnēowon, cnāwen [R1] to know, recognize
sē **cnearr, -as** [14] galley
ðæt **cnēo, - (cnēowes)** [8] knee
sē **cnēomǽġ, -māgas (-mǽġes)** [9] kinsman, ancestor
sē **cost, -as** [13] choice
sē **cræft, -as** [1] art
ðæt **cræftwyrċ, -** [R2] skilled workmanship
±cringan (3) crang, crungon. crungen [13] to fall in battle
crūdan (2) [crýtt] crēad, crudon, cruden [14] to press
sē **cuma, -an** [4] guest
cuman (4) [cymð] cōm, cōmon, cumen [5] to come, approach
ðæt **cumbolġehnāst, -** [14] clash of banners, battle
±cunnan (pp) cann, canst, cūðe [3] to be acquainted with, know, can
sēo **cuppe, -an** [R2] cup
cwelan (4) [cwilð] cwæl, cwǽlon, cwolen [9] to die
±cwellan (I) [8] to kill
sēo **cwēn, a** [11] queen
±cweðan (5) [cwiðð] cwæð, cwǽdon, cweden [R3] to say
sē **cyme, -as** [10] arrival
ðæt **±cynd, -** [9] kind, nature, race
ġecynde [3] natural
ġecyndelīċe (adv) [3] naturally
ðæt **cynecynn, -** [9] royal family
sē **cynedōm, -as** [4] kingdom
cyneliċ [7] royal
sē **cynescipe, -as** [9] kingly power
sē **cynestōl, -as** [1] throne, royal city
sē **cyning, -as** [4] king
ðæt **cynn, -** [9] kind
ðæt **cynren, -** [5] family
±cýðan (I) [R3] to proclaim
sēo **cýðð, -a** [4] home

D

sē **daroð, -as** [13] spear
daroða lāf (idiom) [14] those left by spears, survivors
sēo **dǽd, -a** [11] deed
sē **dæġ, dagas (dæġes)** [1] day
sē **dæġrima, -an** [12] daybreak
ðæt **dǽl, -** [R2] valley
±dǽlan (I) [9] to share, divide
±dēad [12] dead
sē **dēað, -as** [10] death
ðæt **ġedelf, -** [R2] excavation
delfan (3) [dilfð] dealf, dulfon, dolfen [R2] to dig
±dēman (I) [R1] to decide
sēo **Denalagu** [11] the Danelaw
(sēo) **Denamearc** [12] Denmark
(ðā) **Dene** [10] Danes
(sē) **Denisc-** [10] Danish
dennian (II) [13] to flow
dēop [R1] deep
ðæt **dēor, -** [13] beast
(sēo) **Dēorabyscīr** [11] Derbyshire
dēore [4] dear, costly
sēo **dohtor, - (dohtor)** [6] daughter
sē **dōm, -as** [R3] judgment
±dōn (anom) dō, dēst, dyde [3] to do, make, act
dōn tō nāhte (idiom) [9] to annul
dōnliċ [3] active
sē **draca, -an** [12] dragon
drēoriġ [6] sad
±drīfan (1) drāf, drifon, drifen [10] to expel
±drincan (3) dranc, druncon, druncen [6] to drink
sē **drohtað, drohtðas** [7] mode of living, condition
sē **dryhten, dryhtnas** [13] lord
dugan (pp) dēah, -, dohte [7] to be capable of
sēo **dūn, -a** [10] down, hill
durran (pp) dearr, dearst, dorste [7] to dare
sēo **duru, -a (dura)** [4] door, gate
(sē) **Dyflin** [14] Dublin, Ireland

E

ēac [4] **(adv)** also
(prep) [+ d] besides
ēadiġ [1] happy
sē **eafora, -an** [R1] son, heir
ðæt **ēaġe, -an** [R2] eye
eahta [2] eight
eald [1] old
(ðā) **Eald Seaxe (Seaxna)** [10] Old Saxons, Saxony
sē **ealdor, ealdras** [4] parent

[pl] ancestors
ealdorlang [R1] eternal
sē **ealdormann, -menn (-mannes)** [7] prince, nobleman
±ealgian (II) [8] to defend
eall [6] all, every, whole
(adv) fully
eallswā (conj) [7] just as, as if, likewise
ealneġ (adv) [3] always
sē **eard, -as** [7] region
earfoðliċ [7] difficult
earfoðlīċe (adv) [7] with difficulty
ðæt **ēargebland, -** [14] surge
sē **earm, -as** [12] arm
sē **earn, -as** [14] eagle
(ðā) **Ēast Seaxe (Seaxna)** [R2] Essex, East Saxons
ēastan [8] eastern
(ðā) **Ēastengle** [9] East Anglians, East Anglia
Ēasterlic [3] Pascal
sē **Ēastermōnað, -mōnðas** [11] April
ēċe [R1] eternal
sēo **ecg, -a** [14] edge, sword
efne [8] even, equal
(adv) [R1] even, evenly
ðæt **efenweorod, -** [4] band of comrades
±efstan (I) [13] to hasten
eft (adv) [12] again, afterwards
sē **eġesa, -an** [5] fear
ellenwōd [3] zealous
elles (adv, conj) [12] otherwise
ðā **elðēoda** [9] foreigners
sē **ende, -as** [4] end, border
endenēhst [9] last, final
±endian (II) [8] to end
sē **eoforlīċ, -as** [12] boar-image
(ðæt) **Eoforwiċ** [1] York, Yorkshire
sē **eorl, -as** [4] earl, warrior
sēo **ēorodcyst, -a** [12] troop, company
erian (I) [2] to plow
sē **esne, -as** [6] slave, servant
±etan (5) [itt] æt, ǽton, eten [5] to eat
(sēo) **Ēðandūn** [11] Edington, Wiltshire

F

sēo **fandung, -a** [12] test
fǽcne [12] deceitful
sē **fæder, - (fæder)** [5] father
fǽġe [6] doomed
±fæstnian (II) [7] to fasten, secure
feallan (7) [fielð] fēoll, fēollon, feallen [10] to fall, fail
fealu [13] dark
sē **feld, -a (felda)** [7] field
sēo **fenfriðu, -a** [11] refuge in the fens
ðæt **feoh, fēo (fēos)** [6] property, money
ðæt **±feoht, -** [11] fight, battle
±feohtan (3) [fieht] feaht, fuhton, fohten [11] to fight
±fēolan (3) fealh, fulgon, folgen [14] to enter
sē **fēond, fiend (fēondes)** [4] fiend, devil
sē **feorh, feoras (feores)** [13] life
feorr (adv) [10] far
fēower [2] four
(ðæt) **fēowerhund, - [+ g]** [7] four hundred
sē **ġefēra, -an** [12] companion
sē **fērscipe, -as** [R2] society
±fiellan (I) [3] to fell, destroy
ġefielled [+ d *or* g] [14] bereft of
sēo **fierd, -a** [10] army
fīf [2] five
findan (3) fand, fundon, funden [3] to find, discover
sē **flēam, -as** [14] flight
±flēon (2) [flīehð] flēah, flugon, flogen [12] to flee
±flīeman (I) [14] to drive away
ðæt **ġeflit, -u** [7] conflict
±flītan (1) flāt, fliton, fliten [3] to quarrel
sē **flōd, -as** [13] flood
sēo **flōde, -an** [R3] channel
sē **flota, -an** [7] pirate
sē **fōda, -an** [5] food
ðæt **folc, -** [1] people
sē **folcstede, -as** [14] battlefield
±folgian (II) [*often* +d] [6] to follow
for (prep) [+ a *or* d] [2 + 4] for, during, before, on account of, instead of, because of
sēo **fōr, -a** [5] way, manner of life
for ðǽm (adv) [1] therefore
(conj) because
forġieldan (3) [-ġielt] -ġeald, -guldon, -golden [11] to buy off, pay double [*as a penalty*]
forġietan (5) -ġeat, -ġēaton, -ġieten [+ a *or* g] [3] to forget
forgrindan (3) -grand, grundon, -grunden [14] to destroy
forlǽtan (7) -lēt, -lēton, -lǽten [5] to lose
forma [5] first, earliest
forð (adv) [8] forth, forwards, onwards
forðhlīfian (II) [13] to be prominent
forðweard [3] progressing

sēo **forðweardnes, -sa** [3] progress
sē **fōt, fēt (fōtes)** [R1] foot
fram (prep) [+ d] [2] from, since, as a result of, about
ðā **frætwa (frætwa)** [12] treasures
sē **frēa, -an** [11] ruler
(sē) **Frensisc-** [10] French
frēols [6] free, festive
±frēolsian (II) [12] to celebrate
sēo **frēolstīd, -a** [4] feast-day
sē **frēomann, -menn (-mannes)** [13] freeman
sē **frēond, friend (frēondes)** [1] friend
(ðā) **Frisa (Frisna) [m]** [1] Frisia, Frisian
sē **frið, -as** [R1] peace
frið ±niman (idiom) to make a peace treaty
frōd [5] old, wise
fullīċe (adv) [7] fully
sē **fulwiht, -as** [11] baptism
ðæt **fýr, -** [6] fire

G

±gadrian (I) [7] to gather, unite
±gān (anom) gā, gǽst, ēode [2] to go
sē **gang, -as** [13] process
sē **gār, -as** [13] spear
sēo **gārmitting, -a** [14] meeting of spears, battle
gāstliċ [12] spiritual, holy
ġēa (adv) [1] yes
ðæt **ġear, -u** [4] year
sē **ġeard, -as** [2] yard
ġearu [8] prepared
ðā **ġearwa (ġearwa)** [12] armor
±ġearwian (II) [11] to prepare
ðæt **ġeat, -u** [R3] gate, door
(ðā) **Ġēatas** [12] Geats
ġeond (prep) [+ a] [4] throughout
ġeong [11] young
ġief (conj) [3] if, whether
ġiefan (5) ġeaf, ġēafon, ġiefen [+ a or **d]** [4] to give
ġieldan (3) ġeald, guldon, golden [4] to pay
ġielpan (3) ġealp, gulpon, golpen [14] to boast
sē **giesterdæġ, -dagas (-dæġes)** [12] yesterday
ġieta (adv) [3] yet, still
ġietan (5) ġeat, ġēaton, ġieten [13] to get
ðæt **ġift, -** [13] gift, marriage gift [*by the groom*]
sē **ġīsl, -as** [R3] hostage
glæd [1] bright, glad
glædlīċe (adv) [6] gladly
sē **glīwingmann, -menn (-mannes)** [R1] reveler
sē **god, -as** [13] God
gōd [1] good
sē **godsunu, -a (-suna)** [R3] godson
ðæt **gold, -** [R2] gold
grǽdiġ [R1] greedy
grǽġ [5] grey
grēat [5] great, tall
±grōwan (7) [grēwð] grēow, grēowon, grōwen [10] to grow
sē **guma, -an** [2] man
sēo **gūð, -a** [10] war, battle
sē **gūðhafoc, gūðhafcas** [11] war-hawk
±gyrdan (I) [7] to gird, surround
sē **gyrdel, grydlas** [8] girdle, belt
ðæt **gyrdelhring, -** [R2] belt-buckle

H

habban (III) [2] to have
sēo **±hālgung, -a** [9] consecration
hāliġ [7] sacred
sēo **hāls, -sa** [R2] salvation
sē **hām, -as** [R1] home
hamora lāfa (idiom) [14] remains of forging, sword
(sēo) **Hāmtūnscīr** [11] Hampshire
hāmweard (adv) [7] homeward
sēo **hand, -a (handa)** [6] hand
sē **handplega, -an** [11] fight
hār [5] old, grey
hasupād [6] grey-coated
±hātan (7) [hæt] hēt, hēton, hāten [R1] to command
  (passive) to be called
sē **hæleð, -as** [14] hero
ðæt **hǽmed, hǽmdru** [13] marriage
sē **hærfest, -as** [11] autumn
(ðā) **Hǽstingas** [R2] Hastings, Sussex
hē, hit, hēo, hīe (pers pron) [1] he, it, she, they
hē āna (idiom) [6] alone
ðæt **hēafod, hēafdu** [8] head
hēah [6] high, tall
healdan (7) [hielt] hēold, hēoldon, healden [8] to hold
sē **healsmyne, -as** [8] necklace
sē **healstān, -as** [5] shortbread
heard [9] hard, harsh, cruel
sēo **heaðulind, -a** [10] linden-wood shield
±hēawan (7) [hīewð] hēow, hēowon, hēawen [12] to hew
hefiġ [2] serious, heavy

sē **helm, -as** [12] helmet
ġehelmian (II) [8] to cover
sēo **help, -a** [10] help
±helpan (3) [hilpð] healp, hulpon, holpen [+ d *or* **g]** [4] to help, support
hēr (adv) [1] here
sē **here, -as** [10] army, host
sē **hereflīema, -an** [R1] deserter
sēo **herelāf, -a** [14] remains of a host
sē **herġað, -as** [12] devastation
±herġian (II) [10] to plunder
sēo **herġung, -a** [10] raid, invasion
sē **hettend, -as** [R1] enemy
hider (adv) hither, to this side
±hīeran (I) [3] to hear
[+ d] to obey
sē **hilderīnc, -as** [R1] warrior, hero
hindan [R1] from behind
±hindrian (I) [10] to hinder
sē **hīredmann, -menn (-mannes)** [4] retainer
sē **hlāf, -as** [5] bread
sē **hlāford, -as** [1] lord, husband
sē **hlāforddōm, -as** [10] lordship
sēo **hlǣfdiġe, -an** [1] lady
hliehhan (6) hlōh, hlōgon, hlagen [2] to laugh
hlūd [3] loud
hlūde (adv) [3] loudly
ðæt **hol, -u** [6] hole
sē **holdscipe, -as** [R2] loyalty
hōn (7) [hēhð] hēng, hēngon, hengen [8] to hang
ðæt **hord, -** [11] hoard
ðæt **hornreċed, -** [10] hall with gables
ðæt **hors, -** [R1] horse
sē **hosa, -an** [R1] hose
sē **hosebend, -as** [R1] garter
hræd [R3] quick, nimble, alert
sē **hræfn, -as** [14] raven
ðæt **hrǣw, -** [12] corpse, body
hrēman (I) [14] to boast
hrēmiġ [12] boasting
hrēodan (2) [hrīett] hrēad, hrudon, hroden [8] to adorn
ðæt **hringnett, -** [12] ring-mail
hū (adv) [1] how
(ðā) **hundwintras** [R2] one hundred years
ðæt **hūs, -** [5] house
hwā, hwæt (inter pron) [1] who, what
(pron) [6] someone, something
gehwā (pron) [R1] each one, any one, whoever
hwǣr (adv, conj) [1] where
hwæt (adj) [1] what
(adv) [5] surely
hwæðer (adj, adv, conj, pron) [3] whether, which of two
hwæðere (adv) [5] however
ġehwelċ [6] each, every
sēo **hwil, -a** [4] while
hwīlum (adv) [3] sometimes, once
hwīt [12] white
hwonne (adv) [5] when, at some time
hwý (adv, conj) [1] why
hycgan (III) [9] to think
sēo **Hymbre** [9] the Humber River
hyrnenebba [14] horny-billed

I

iċ, wit, wē (pers pron) [1] I, we two, we
iċ hātte ___ (idiom) [R1] my name is ___
ðæt **īeġland, -** [11] island
ierfian (II) [9] to inherit
iernan (3) arn, urnon, urnen [13] to hasten
±ilca (pron) [R3] same
sē **inwidda, -an** [11] adversary
(ðā) **Iotas, Iotna** [R2] Jutes
(ðæt) **Īraland** [14] Ireland

L

ðæt **lāc, -** [R1] sport, play
sēo **lāf, -a** [14] remnant
sēo **lagu, -a** [7] law
sē **lahbreca, -an** [13] law-breaker
ðæt **land, -** [6] land
ðæt **landfolc, -** [8] natives
sē **landhlāford, -as** [5] landlord
sē **landsēta, -an** [R2] settler
sēo **landwaru, -a** [10] inhabitants
lang [2] long, tall
lange (adv) [2] long, far
sēo **lār, -a** [3] learning, study
sē **lārcwide, -as** [7] maxim, proverb
sē **lāst, -as** [12] track
late (adv) [9] slowly, lately
±lāð [12] hostile
±læċċan (I) [10] to capture
sē **lǣċecræft, -as** [R1] leech-craft
±lǣfan (I) [10] to leave
ðæt **lǣringmǣden, -mǣdnu** [1] female pupil
lǣssa (comp) [11] smaller, fewer
lǣst (supl) [4] least
læt [9] late, slow

lǽtan (7) lēt, lēton, lǽten [9] to leave behind, bequeath
lætra (comp) [10] later, slower
(sēo) **Lēgaċeaster** [11] Chester, England
±lecgan (III) [14] to lay
lendan (I) [7] to land
ðā **lēode (lēodena)** [5] people
lēof [5] dear; [*in addressing a person*] sir, ma'm
lēoht [4] light [*not heavy*], easy
sē **leornere, -as** [1] student
±leornian (II) [1] to learn, study
libban (III) [R1] to live
ġelīċ [+ d] [1] like, alike
±licgan (5) [liġeð] læġ, lǽġon, leġen [12] to lie, remain
līcian (II) [*impersonal*, + d] [6] to please
līciendliċ [R1] pleasant
sēo **līċrest, -a** [9] cemetery
±līcwyrðe [6] pleasing
ðæt **lid, -u** [8] ship
līefan (I) [3] to allow
ġelīefan (I) [3] to believe
ðæt **līf, -** [5] life, existence
līgfæmende [R2] vomiting fire
(sēo) **Ligoraċeasterscīr** [11] Leicestershire
limpan (3) lamp, lumpon, lumpen [10] to suit
ġelimpan (3) ġelamp, ġelumpon, ġelumpen [10] to occur, exist
(sēo) **Lindcylenscīr** [11] Lincolnshire
līnen [7] linen
±lōcian (II) [13] to look
sēo **losing, -a** [11] loss
sē **loða, -an** [8] mantle
(sēo) **Lunden** [R2] London, England
lustbǽre [13] desirable
lýtel [1] little, unimportant
(adv) little, slightly

M

mā (adv) [4] more, longer
macian (II) [3] to make, do
magan (pp) mæġ, meaht, meahte [7] to be able
sē **magister, magistras** [1] teacher
man (pron) [2] one
sē **gemāna, -an** [4] company
sē **mangere, -as** [6] merchant
ðæt **mangunghūs, -** [6] house of merchandise
maniġ [5] many, many a, much
sē **mann, menn (mannes)** [6] man
māra [4] more, greater
māre (adv) [4] in addition
ðæt **market, marktu** [6] market
sēo **mǽd, mǽdwa (mǽdwe)** [10] meadow
sē **mǽġ, māgas, (mǽġes)** [5] kinsman
ðæt **mæġden, mæġdnu** [1] girl
±mǽnan (I) [9] to mean
mǽre [7] famous, great
mǽst (supl) [9] most, greatest
(adv) [2] very much
sē **mēċe, -as** [12] sword
sē **medu, -was (medwes)** [5] mead
ðæt **melu, -u (melwes)** [10] meal, flour
sēo **meoluc, meolca** [5] milk
sē **mere, as** [12] lake, pond
(sē) **Merantūn** [R3] Merton, Surrey
ðæt **±met, -u** [6] manner
±mētan (I) [R2] to meet, find
sē **mete, -as** [6] meat
ġemetliċ [3] moderate, fitting
miċel [2] much, great, many
(adv) much, greatly
miċellīċe (adv) [3] very
sēo **ġemiċelnes, -sa** [13] greatness
±miċlian (II) [12] to magnify
mid (prep) [+ a *or* d] [2] with, in
mid mē selfum (idiom) [6] by myself
sē **middæġ, -dagas (-dæġes)** [6] noon, sext
ðæt **middel, middlu** [8] middle
sēo **midniht, -a** [R2] midnight
(ðā) **Mierċe (Mierċna)** [9] Mercia, Mercians
sēo **mil, -a** [2] mile
mildeliċ [3] propitious
mīn (poss adj) [1] my
(pron) mine
sē **mōdġeðanc, -as** [10] reason, thought
sēo **mōdor, - (mēder)** [5] mother
sē **mōnað, mōnðas** [6] month
sē **morgen, morgnas** [6] morning
sēo **morgentīd, -a** [5] morning
mōste iċ (idiom) [7] I would like
ðæt **gemōt, -** [2] court
mōtan (pp) mōt, mōst, mōste [7] to may
ðæt **mothūs, -** [R1] moot-hall
(sēo) **Mucing** [R2] Mucking, Essex
ġemunan (pp) ġeman, ġemanst, ġemunde [7] to remember
sē **munuc, -as** [3] monk
munucliċ [R1] monkish
mylenscearp [14] sharpened on a grindstone
ðæt **mynster, mynstru** [2] minster

N

nā (adv) [1] no, never
nā mā (indcl adj, adv) [4] no more
ðæt **nāht, -** [8] nothing
nāht (adv) [2] not, not at all
nāthwæt (pron) [6] something or other
sē **nama, -an** [1] name
±namnian (II) [8] to call, name
nān (adj, indef art) [1] no, none, not a
nāwa (adv) [6] never
nāwērn (adv) [11] nowhere
±nǣġan (I) [9] to address, advance
sē **næġledcnearr, -as** [14] nail-fastened vessel
ne (adv) [1] no, not
ne...ne (conj) [3] neither...nor
nēah (adj, adv) [5] near
  (prep) [+ d] [4] near, close to
nealles ān (idiom) [7] not only
nearwian (II) [8] become small
sē **±nefa, -an** [12] nephew, grandson
nēodliċ [R1] diligent
nēodlīċe (adv) [R1] diligently
±nerian (I) [13] to save
sēo **nīed, -a** [6] need, duty
nīede (adv) [14] compulsorily
nīewe [3] new, fresh
nigon [2] nine
sēo **niht, -a** [11] night
sē **nihtsang, -as** [12] compline, nine o'clock p.m.
niðer (adv) [8] down, downwards, beneath
ġenōg [R1] enough
  (adv) quite
sēo **nōn, -a** [12] nones, three o'clock p.m.
norð [8] north, northern
  (adv) north, northwards
norðerne [10] northerner, Northumbrian, Scandinavian
(ðā) **Norðhymbre (Norðhymbrena) [m]** [1] Northumbrian, Northumbria
sē **Norðmann, -menn (-mannes)** [10] Scandinavian
sē **nōt, -as** [13] note, mark
nū (adv) [1] now, immediately
sēo **nunne, -an** [11] nun
sēo **nytt, -a** [5] use, advantage

O

of (adv) [R2] off, away, absent
  (prep) [+ d] [1] out of, of
ofer (prep) [+ a *or* **d]** [4] over, in spite of, contrary to
ofercuman (4) [-cymð] -cōm, -cōmon, -cumen [9] to overcome
sē **oferwealdend, -as** [9] over-lord
ofstingan (3) -stang, -stungon, -stungen [R3] to stab
oft (adv) [1] often
on (prep) [+ a *or* **d]** [1] in, into, on, onto, to
on bæce (idiom) [8] backwards
on ±feohtan (idiom) [12] to attack, fight against
on flot (idiom) [14] afloat
on lāst lecgan (idiom) [14] to follow
onfindan (3) -fand, -fundon, -funden [13] to notice
onfōn (7) [-fēhð] -fēng, -fēngon, -fengen [R2] to accept
ongān (anom) -gā, -gǣst, -ēode [11] to attack
onġēan (adv) [4] opposite, back, again
onġietan (5) -ġeat, -ġēaton, -ġieten [6] to understand
ōnettan (I) [2] to hasten on
onmunan (pp) -man, -manst, -munde [R3] to think worthy of
sē **ord, -as** [R2] source, beginning
oð (prep) [+ a] [2] until
oð ðæt (conj) [R1] until
ōðer (adj, pron) [5] other, another, next, second
oððe (conj) [2] or
(sēo) **Oxnafordscīr** [R2] Oxfordshire

P

sē **plega, -an** [4] play
plegian (II) [4] to play
sē **pohha, -an** [6] bag
sē **pott, -as** [R2] pot
sē **prīm, as** [12] prime, six o'clock a.m.
(sē) **Pryfetesflōd** [R3] Privett Channel, Hampshire

R

ġerǣċan (I) [R1] to reach
±rǣdan (I) [12] to advise
rǣdlēas [R2] ill-advised, unwise
sēo **±rǣdnes, -sa** [13] condition, decision
rǣsan (I) [10] to rush, attack
(ðā) **Rēadingas** [R2] Reading, Berkshire
reċċan (I) [11] to tell
ðæt **reċed, -** [3] building, hall
ġereċlīċe (adv) [R1] directly

ðæt **rīċe, -u** [R2] reign, kingdom
rīcsian (II) [7] to govern
±rīdan (1) rād, ridon, riden [5] to ride, sail
±riht [3] right, correct
ðæt **rihtfæderencynn, -** [R3] direct paternal descent
±risne [1] proper, fit
(sē) **Rōmanisc-** [R2] Roman
sē **rūm, -as** [5] room
rūnliċ [R2] mystical

S

salwiġpād [14] having dark plumage
sam...sam (conj) [13] whether...or
samod (adv) [1] also, too
sēo **sǽ, sǽ (sǽ)** [2] lake, sea
sēo **sæċċ, -a** [14] strife
sæd [+ g] [5] filled, full
ðæt **sǽland, -** [9] coast
sē **sǽsīð, -as** [R2] sea-voyage
sēo **±sǽlð, -a** [6] fortune
sēo **scadu, scadwa (scadwe)** [7] shadow
sēo **±sceaft, -a** [8] creation, origin
sceard [+ g] [14] bereft of
sēo **scēawungstōw, -a** [7] point of view
±scēotan (2) [scīett] scēat, scuton, scoten [13] to shoot
sē **scield, -as** [12] shield
scīene [2] beautiful
ðæt **scip, -u** [R2] ship
sē **scipflota, -an** [13] sailor
sēo **scīr, -a** [8] district
sēo **scōl, -a** [1] school
sē **scop, -as** [12] poet
scort [8] short
scortliċ [11] brief
scortlīċe (adv) [11] briefly, soon
(ðā) **Scottas** [7] Scots
sculan (pp) sceal, scealt, scolde [7] to be obliged, shall, must
sē **sculdor, sculdru (sculdres)** [8] shoulder
(sē) **Scyttisc-** [7] Scottish, Scottish language
sē, ðæt, sēo (def art, dem pron) [1] the, that **(rel pron)** who, which
sē āna (idiom) [6] alone
(ðā) **Seaxe (Seaxna)** [3] Saxons, Saxony
±sēċan (I) [11] to search for
sē **secg, -as** [13] man, warrior, hero
±secgan (III) [1] to say, speak
sēo **secge, -an** [13] say

sē **seġl, -as** [5] sail, veil
±seġlan (I) [7] to sail
seldliċ [R1] strange
self (pron) [5] self, own
±sellan (I) [+ d *of person*, **+ a** *of thing*] [11] to give, lend
sendan (I) [5] to send
seofon [2] seven
seolcen [7] silken
sēon (5) [siehð] seah, sāwon, sewen [4] to see, appear
sēo **seonu, seonwa (seonwe)** [10] sinew
ðæt **setl, -** [6] seat, place
siex [2] six
±sīgan (1) sāg, sigon, siġen [10] to sink
sē **siġe, -as** [7] victory, success
ðæt **siġle, -u** [8] brooch
simble [R3] continously
±singan (3) sang, sungon, sungen [12] to sing, sound
±sittan (5) sæt, sæton, seten [4] to sit
sē **sīð, -as** [5] journey
sē **ġesīð, -as** [6] retainer
sīðian (II) [4] to travel
siððan (prep [+ a], conj) [4] since, after
±slǽpan (7) slēp, slēpon, slǽpen [12] to sleep
slēan (6) [slīehð] slōh, slōgon, slagen [7] to slay
geslēan (6) [ġeslīehð] ġeslōh, ġeslōgon, ġeslagen [9] to win
sēo **slīefe, -an** [7] sleeve
sē **sliten, slitnas** [3] heretic
ðæt **smeoru, -u (smeorwes)** [10] fat, grease
ðæt **sōð, -** [R1] truth
sōðliċ [3] true
ðæt **spell, -u** [6] statement, story
sēo **sprǽċ, -a** [1] language, speech
ðæt **ġesprec, -u** [1] talk, discussion
±sprecan (5) [spricð] spræc, sprǽcon, sprecen [R1] to speak, say
sē **spring, -as** [6] spring, source
±standan (6) [stent] stōd, stōdon, standen [4] to stand, remain
±staðolian (II) [9] to establish, confirm
sēo **±staðolung, -a** [10] settlement
ðæt **stǽr, -** [9] history, story
sē **steall, -as** [13] position
sē **stefn, -as** [R2] ship's prow
sē **stepegang, -as** [5] walk
±stīgan (I) [R1] to ascend, mount
±stihtan (I) [11] to arrange
stoppian (II) [2] to stop

sēo **stōw, -a** [1] site
strang [9] strong, powerful
sēo **strǣt, -a** [4] street
sē **strēam, -as** [4] stream
±streċċan (I) [11] to stretch
strenglīċe (adv) [13] strongly, firmly
strengost (supl) [R2] strongest
strengra (comp) [9] stronger
sēo **strengu, -a** [8] strength
±strīenan (I) [2] to acquire
stunt [1] stupid
sum [6] (a) certain, some
sumes (idiom) [7] to some extent, somewhat
ġesund [R3] safe, uninjured, healthy
sēo **sunne, -an** [R1] sun
sē **sunu, -a (suna)** [6] son
sūð [8] south, southern
(ðā) **Sūðengle** [9] South Anglians, people of Southern England
(ðā) **Sūðerġe** [9] Surrey, people of Surrey
(ðā) **Sūð Seaxe (Seaxna)** [9] Sussex, South Saxons
swā (adv, conj) [1] so, thus
swā hwelċ swā (idiom) [R3] whoever
swa...swa (idiom) [7] so...as, as...as
sē **swān, -as** [R3] swineherd
sē **swāt, -as** [13] sweat, blood
sweart [14] black
swelċ [6] such, which
swelċe (adv, conj [+ ind]) [6] as, as if, likewise
ðæt **sweord, -** [R2] sword
sēo **sweoster, - (sweoster)** [5] sister
±sweotolian (II) [R2] to show
±swimman (3) swamm, swummon, swummen [11] to swim
swīðe (adv) [13] severely

T

tacan (6) (tæcð) tōc, tōcon, tacen [5] to take
±talian (II) [2] to count
sē **ġetalscipe, -as** [9] multitude
ðæt **ġetæl, ġetalu (ġetæles)** [R1] number
±tǣse [6] convenient
sēo **Temes** [R2] the Thames River
sēo **tīd, -a** [2] time, hour
±tīegan (I) [R1] to tie, join
tīen [2] ten
sē **tīma, -an** [2] time
sē **tīr, -as** [14] honor, glory
tō (adv) [1] too, excessively
    (prep) [+ d] to, into, as a
sē **tōdæġ, -dagas (-dæġes)** [2] today
sē **tōmorgen, -morgnas** [2] tomorrow
±trahtian (II) [9] to treat
trīewe [4] true
sē **tūn, -as** [8] enclosure
sēo **tunece, -an** [7] tunic
ðæt **tungol, tunglu** [13] star
twēġen [2] two
twēoġendliċ [7] doubtful
twēoniġendlīċe (adv) [3] perhaps
twidǣlan (I) [11] to divide in two
twifyrċlian (II) [11] to split into two

Ð

ðā (adv, conj) [3] then, when, at that time
±ðancian (II) [+ d *of person*, **g** *of thing*] [4] to thank
ðǣr (adv, pron) [2] there
ðǣrinne (adv) [R3] therein
ðǣrtō (adv) [R3] to that place
ðæt (adv, conj) [2] that, so that
ðætte (pron) [3] that, that which
    (conj) that, so that, in order that
ðe (rel pron) [3] who, which, that
ðe mā ðe (idiom) [13] rather than, more than
ðēah (adv, conj) [6] nevertheless, although, though
ðearle (adv) [14] vigorously
sē **ðeġn, -as** [6] thane
±ðeġnian (II) [+ d] [11] to serve
±ðenċan (I) [6] to think
ðenden (adv, conj) [R1] meanwhile, while
ðēs, ðis, ðēos (dem pron) [1] this
ðiċċe [4] thick
ðider (adv) [R3] thither
ðæt **ðing, -** [5] thing, event
sē **ðōht, -as** [R1] thought
ðon mā ðe (idiom) [R3] any more than
ðonne (adv, conj) [3] then, when, than
ðrīe [2] three
sē **Ðrimilcemōnað, -mōnðas** [11] May
ðū, ġit, ġē (pers pron) [1] thou, you two, you
ðurfan (pp) ðearf, ðearft, ðorfte [7] to need, must
ðurh (adv) [2] through, throughout
    (prep) [+ a, d, g, *or* **i]** through, during, by, by means of
ðurhfaran (5) [-færð] -fōr, -fōron, -faren [8] to pass through
±ðynċan (I) [9] to appear, seem

U

unbeċēas [11] incontestable
uncūð [12] unknown
under (prep) [+ a *or* **d]** [3] under, beneath
sē **undercyning, -as** [10] under-king
sē **underhwītel, -hwītlas** [8] under-garment
sē **undern, -as** [12] tierce, nine o'clock a.m.
sē **undersyrċ, -as** [7] undershirt
underweorpan (3) [-wierpð] -wearp, -wurpon, -worpen [13] to suggest
sē **underwrǣdel, -wrǣdlas** [8] waistband
undōn (anom) -dō, -dēst, -dyde [9] to undo, cancel
unfǣcne [13] honest
unforbūgendliċ [11] unavoidable
unġelǣred [8] ignorant, illiterate
unġelīċ [4] different
sēo **unġelīċnes, -sa** [9] difference
unġesæliġlīċe (adv) [6] unfortunately
unhēanlīċe (adv) valiantly
unnan (pp) ann, -, ūðe [7] to allow
unriht [R1] wrong
ðæt **unrīm, -** [14] countless number
sēo **unstillnes, -sa** [R1] trouble
unwēne [11] hopeless
unwēned [11] unexpected
sē **ūpganga, -an** [10] landing
upp (adv) [8] up, upstream, inland
ūt (adv) [R1] out, without, outside
sēo **ūðwitegung, -a** [R1] philosophy
sē **ūðwita, -an** [3] scholar
ūðwitian (II) [R1] to study philosophy

W

wācian (II) [9] to become weak
sēo **wæċċe, -an** [13] attention
sē **wæġn, -as** [4] wagon
ðæt **wæl, walu (wæles)** [14] slaughter
sē **wælfeld, -a (-felda)** [14] battlefield
sēo **wælstōw, -a** [14] battlefield, place of slaughter
ðæt **wǣpenġewrixl, -** [14] hostile encounter
sē **wæstm, -as** [7] result
ðæt **wæter, - (wætres)** [7] water, sea
sē **weald, -as** [R1] forest
±wealdan (7) [wielt] wēold, wēoldon, wealden [+ d *or* **g]** [9] to rule
(ðā) **Wēalas** [R2] Welsh, British, Wales
sē **weall, -as** [8] wall
weallan (7) [wielð] wēoll, wēollon, weallen [8] to well
sē **weard, -as** [R2] watchman, guard
weardian (II) [9] to watch, guard
sē **weardmann, -menn (-mannes)** [11] guardian of the realm
ðæt **wedd, -** [11] agreement
sēo **weddung, -a** [13] betrothal
sē **weġ, -as** [5] way
wegan (5) [wiġð] wæġ, wǣgon, weġen [8] to wear
wel (adv) [4] well, very
±wendan (I) [R2] to turn, return
ðæt **weorod, -** [8] company
±weorðan (3) [wierð] wearð, wurdon, worden [5] to become, get, be
ðæt **werġield, -** [13] wergild
wēriġ [R1] weary
wes ðū hāl (idiom) [1] hello
wesan (anom) eom, eart, wæs [1] to be
west [10] west, western
(ðā) **West Seaxe (Seaxna) [m]** [1] Wessex, West Saxons
sē **wīċing, -as** [7] viking
wiernan (I) [+d ***of person***, **+ g** ***of thing*****]** [13] to deny
ðæt **wīf, -** [1] woman, wife
sēo **wīfcýððu, -a** [R3] company of a woman
sē **wīfmann, -menn (-mannes)** [R2] woman
ðæt **wīġ, -** [7] strife, battle
sē wīga, -an [9] fighter
sē **wīġsmið, -as** [9] warrior
willan (anom) wille, wilt, wolde [5] to will, wish
(sēo) **Wiltūnscīr** [11] Wiltshire
winnan (3) wann, wunnon, wunnen [10] to fight
ġewinnan (3) ġewann, ġewunnon, ġewunnen [10] to conquer
sē **winter, wintras** [7] year, winter
wīs [R1] wise
wisliċ [3] certain, true
wislīċe (adv) [3] certainly, truly, indeed
sē **±wita, -an** [R3] councillor
±witan (pp) wāt, wāst, wiste [7] to understand, know
ġewītan (1) ġewāt, ġewiton, ġewiten [14] to depart
(sēo) **Witanċeaster** [1] Winchester, Hampshire
sēo **±witnes, -sa** [7] witness
sē **ġewitscipe, -as** [R2] evidence
wið (prep) [+a ***or*** **d]** [2] with, against **[+ g]** towards
wiðerrǣde [3] rebellious
sēo **wiðerwenning, -a** [3] controversy

wiðinnan (prep) [+a *or* d] [10] within
wiðstyllan (I) [10] to retreat
wiðūtan (prep) [+ d] [2] outside of, except, without
wlanc [R1] splendid
ðæt **word, -** [3] word
ðæt **wordloc, -u** [R1] art of logic
wrāð [8] hostile
±wrecan (5) [wricð] wræc, wrǽcon, wrecen [R2] to avenge, wreak
sēo **wrist, -a** [8] wrist
ðæt **±writ, -u** [3] letter, treatise
±wrītan (1) wrāt, writon, writen [3] to write
sēo **wucu, -a** [5] week
sēo **wuduwe, -an** [R2] widow
sē **wulf, -as** [14] wolf
sēo **wund, -a** [13] wound
wund [R1] wounded
±wundian (II) [13] to wound
±wunian (II) [5] to dwell
wyllen [7] woolen
sēo **wynn, -a** [5] joy
±wyrċan (I) [2] to work, make
sēo **ġewyrht, -a** [3] work
sē **wyrhta, -an** [3] worker
sēo **wyrd, -a** [6] fate
sēo **wyrt, -a** [6] vegetable

Y

yfel [4] bad
yfelīċe (adv) [10] badly, poorly
ymbe (prep) [+ a *or* d] [2] around, about
ymbhabban (III) [13] to surround
sēo **yppe, -an** [8] platform

Modern English to Old English

A

a, an ān
abbey ðæt abbodrīċe, -u
abbot sē abbod, -as
about (prep) be [+ d]; fram [+d]; ymbe [+ a *or* d]
absent (adv) of
to **accept (7)** onfōn [-fēhð] -fēng, -fēngon, -fengen
to **acquire (I)** ±bycgan; ±strīenan
acquisition sē beġēat, -as
act (anom) ±dōn, dō, dēst, dyde
active dōnliċ
to **address (I)** ±nǣġan
to **adorn (2)** hrēodan [hrīett] hrēad, hrudon, hroden
to **advance (I)** ±nǣġan
advantage sēo nytt, -a
adversary sē inwidda, -an
to **advise (I)** ±rǣdan
afloat (idiom) on flot
after (adv) æfter
(conj) siððan
(prep) æfter [+ d]; siððan [+ a]
afterwards (adv) æfter; eft
again (adv) eft; onġēan
against (prep) wið [+ a *or* d]
agreement ðæt wedd, -
alert hræd
alike ġelīċ [+ d]
all eall
allow (I) līefan
(pp) unnan, ann, -, ūðe
alone (idiom) hē āna; sē āna
along (prep) andlang [+ g]; æfter [+ d]
already (adv) ǣr
also (adv) ēac; samod
although (adv, conj) ðēah
always (adv) ealneġ
among (prep) betweox [+ a *or* d]
ancestor sē cnēowmǣġ, -māgas (-mǣġes)
ancestors ðā ealdras
and (conj) and
to **annul (idiom)** dōn tō nāhte
another (adj, pron) ōðer
answer sēo andswaru, -a
to **answer (II)** ±andswarian
any (adj) ǣniġ
any more than (idiom) ðon mā ðe
any one (pron) ǣniġ, ġēhwā
to **appear (I)** ætīewan; ±ðynċan
(5) sēon [siehð] seah, sāwon, sewen
to **approach (4)** cuman [cymð] cōm, cōmon, cumen
April sē Ēastermōnað, -mōnðas
arm sē earm, -as
armor ðā ġearwa (ġearwa)
army sē here, -as; sēo fierd, -a
around (prep) ymbe [+ a *or* d]
to **arrange (I)** ±stihtan
arrival sē cyme, -as
art sē cræft, -as
art of logic ðæt wordloc, -u
as (adv, conj) swelċe [+ ind]
as a (prep) tō [+ d]
as a result of (prep) fram [+ d]
as...as (idiom) swa...swa
as if (adv) swelċe
(conj) eallswā; swelċe [+ ind]
to **ascend (I)** ±stīgan
ashamed ǣwiscmōd
to **ask (II)** āscian
(5) ġebiddan, ġebæd, ġebǣdon, ġebeden
at (prep) æt [+ d]
at sometime (adv) hwonne
at that time (adv, conj) ðā
Athelney, Somerset (sēo) Æðelinga-īeġ
to **attack (I)** rǣsan
(anom) ongān, -gā, -gǣst, -ēode
(idiom) on ±feohtan
to **attain (5)** beġietan, -ġeat, -ġēaton, -ġieten
attention sēo wæċċe, -an
autumn sē hærfest, -as
to **avenge (5)** ±wrecan [wricð] wræc, wrǣcon, wrecen
to **await (1)** ±bīdan, bād, bidon, biden [+ g]
away (adv) of
Axminster, Devonshire (ðæt) Axanmynster

B

back ðæt bæc, -u
(adv) onġēan
backwards (idiom) on bæce
bad yfel
badly (adv) yfelīċe
bag sē pohha, -an
band of comrades ðæt efenweorod, -

baptism sē fulwiht, -as
barbarous bærbære
bargain sē ċēap, -as
barrow sē beorg, -as
Basing, Hampshire (ðā) Basingas
battle sē ±camp, -as; ðæt billġeslieht, -; ðæt cumbolġehnāst, -; ðæt ±feoht, -; ðæt wīġ, -; sēo beadu, beadwa (beadwe); sēo gārmitting, -a; sēo gūð, -a
battlefield sē campstede, -as; sē folcstede, -as; sē wælfeld, -a (-felda); sēo wælstōw, -a
battle-work ðæt beaduweorc, -
to **be (3)** ±weorðan [wierð] wearð, wurdon, worden
(anom) bēon, bēo, bist, wæs
wesan, eom, eart, wæs
to **be able (pp)** magan, mæġ, meaht, meahte
to **be acquainted with (pp)** ±cunnan, cann, canst, cūðe
to **be called (7)** ±hātan [hæt] hēt, hēton, hāten
to **be capable of (pp)** dugan, dēah, -, dohte
to **be obliged (pp)** sculan, sceal, scealt, scolde
to **be prominent (II)** forðhlīfian
beautiful scīene
to **bear (4)** ±beran [birð] bær, bǣron, boren
beast ðæt dēor, -
to **beat (6)** beslēan [-slīehð] -slōh, -slōgon, -slagen
because (conj) for ðǣm
because of (prep) for [+ a *or* d]
to **become (3)** ±weorðan [wierð] wearð, wurdon, worden
to **become small (II)** nearwian
to **become weak (II)** wācian
before (prep) beforan [+a *or* d], for [+ a *or* d]
to **begin (3)** beġinnan, -gann, -gunnon, -gunnen
beginning sē ord, -as
behavior ðæt ġebǣre, -u
to **behead (II)** behēafdian
beheading sēo behēafdung, -a
behind (adv) beæftan
(prep) behindan [+ a *or* d]
believe (I) ġelīefan
belt sē belt, -as; sē gyrdel, grydlas
belt-buckle ðæt gyrdelhring, -
bench sēo benċ, -a
beneath (adv) niðer
(prep) under [+ a *or* d]
to **bequeath (7)** lǣtan, lēt, lēton, lǣten
bereft of ġefielled [+ d *or* g]; sceard [+ g]
Berkshire (sēo) Beorgscīr
besides (prep) būtan [+ d]; ēac [+ d]
to **besiege (1)** berīdan, -rād, -ridon, -riden
best (supl) betst
betrothal sēo weddung, -a
better (comp) betra
between (prep) betweox [+ a *or* d]
bishopric sē biscopstōl, -as
bit sē bita, -an
black sweart
blood sē swāt, -as
boar-image sē eoforlīċ, -as
to **boast (I)** hrēman
(3) ġielpan, ġealp, gulpon, golpen
boasting hrēmiġ
boat sēo bāt, -a
body ðæt hrǣw, -
bond sē bend, -as
boneless bānlēas
book sēo bōc, bēċ (bōce)
books of law ðā æbēċ (-bōce)
border sē ende, -as
both bēġen
bottom sē botm, -as
Boulogne-sur-mer, France (sēo) Bunne
breach of surety sē borgbryċe, -as
bread sē hlāf, -as
breast sē bosm, -as
breeches sēo brōc, brēċ, (brōce)
Bretwalda sē Bretenwealda, -an
brief scortliċ
briefly (adv) scortlīċe
bright beorht; glæd
to **bring (I)** ±brengan
(3) ±bringan, brang, brungon, brungen
Britain (sēo) Breten
British (sē) Brettisc-; (ðā) Wēalas
Britons (ðā) Brettas
broad brād
brooch ðæt siġle, -u
brother sē ±brōðor, - (brēðer)
Brunanburg [*an unidentified location*] (sēo) Brūnanburg
to **build (I)** bytlan
builder sē bytla, -an
building ðæt reċed, -
burial sēo byrġen, -na
to **burn (3)** birnan [birnð] barn, burnon, burnen
business sēo bisiġnes, -sa
but (conj) ac, and, būtan
to **buy (I)** ābycgan, ±bycgan
(II) ±ċēapian

to **buy off (3)** forġieldan [-ġielt] -ġeald, -guldon, -golden
by (prep) be [+ d]; ðurh [+ a, d, g, *or* i]
by means of (prep) ðurh [+ a, d, *or* g]
by myself (idiom) mid mē selfum
by the side of (prep) [+ g] andlang

C

to **call (II)** clipian; ±namnian
can (pp) ±cunnan, cann, canst, cūðe
to **cancel (anom)** undōn, -dō, -dēst, -dyde
candle sēo candel, candla
Canterbury, Kent (sēo) Cantwaraburg
cap sēo cæppe, -an
cape sēo cæppe, -an
to **capture (I)** ±læċċan
carcass ðæt hrǣw, -
carrion ðæt ǣs, -u
to **celebrate (II)** ±frēolsian
cemetery sēo līċrest, -a
certain wisliċ
(a) **certain** sum
certainly (adv) wislīċe
chamber ðæt būr, -
champion sē cempa, -an
chance sēo wyrd, -a
channel sēo flōde, -an
charter sēo bōc, bēċ (bōce)
cheerful glæd
Chester, England (sēo) Lēgaċeaster
child ðæt ċild, -ru (ċildes)
Chippenham, Wiltshire (sē) Ċippanhām
choice sē cost, -as
church sēo ċiriċe, -an
claim sēo āgnung, -a
clash of banners ðæt cumbolġehnāst, -
to **clasp (I)** clyppan
cliff ðæt clīf, -
close to (prep) nēah [+ d]
coast ðæt sǣland, -
to **come (4)** becuman [-cymð] -cōm, -cōmon, -cumen
cuman [cymð] cōm, cōmon, cumen
command ðæt bebod, -u
to **command (2)** ±bēodan [bīett] bēad, budon, boden
(7) ±hātan [hæt] hēt, hēton, hāten
companion sē ġefēra, -an
condition sē drohtað, drohtðas
company sē ġemāna, -an; ðæt weorod, -; sēo ēorodcyst, -a
company of a woman sēo wīfcýððu, -a
to **compensate (I)** ±bētan
compline sē nihtsang, -as
compulsorily (adv) nīede
concerning (prep) be [+ d]
condition sē drohtað, drohtðas; sēo ±rǣdnes, -sa
to **confirm (II)** ±staðolian
conflict ðæt ġeflit, -u
to **conquer (3)** ġewinnan ġewann, ġewunnon, ġewunnen
consecration sēo ±hālgung, -a
continously simble
controversy sēo wiðerwenning, -a
contrary to (prep) ofer [+ a *or* d]
control sēo hand, -a (handa)
convenient ±tǣse
corpse ðæt hrǣw, -
correct ±riht
corslet sēo byrne, -an
costly dēore
councillor sē ±wita, -an
to **count (II)** ±talian
countless number ðæt unrīm, -
court ðæt ġemōt, -
to **cover (II)** ġehelmian
creation sēo ±sceaft, -a
cruel heard
cup sēo cuppe, -an

D

Danes (ðā) Dene
the **Danelaw** sēo Denalagu
Danish (sē) Denisc-
to **dare (pp)** durran, dearr, dearst, dorste
dark fealu
daughter sēo dohtor, - (dohtor)
day sē dæġ, dagas (dæġes)
daybreak sē dæġrima, -an
dead ±dēad
dear dēore; lēof
death sē dēað, -as
deceitful fǣcne
to **decide (I)** ±dēman
decision sēo ±rǣdnes, -sa
deed sēo dǣd, -a
deep dēop
to **defend (II)** ±ealgian
Denmark (sēo) Denemearc

to **deny (I) [+d *of person*, + g *of thing*]** wiernan
to **depart (1)** ġewītan, ġewāt, ġewiton, ġewiten
to **deprive of (4)** beniman, -nam, -nōmon, -nūmen
Derbyshire (sēo) Dēorabyscīr
desirable lustbǽre
deserter sē hereflīema, -an
to **destroy (I)** āġietaan; ±fiellan
(3) forgrindan, -grand, grundon, -grunden
devastation sē herġað, -as
devil sē fēond, fiend (fēondes)
to **die (4)** cwelan [cwilð] cwæl, cwǽlon, cwolen
difference sēo unġelīcnes, -sa
different unġelīċ
difficult earfoðliċ
to **dig (3)** delfan [dilfð] dealf, dulfon, dolfen
diligent nēodliċ
diligently (adv) nēodlīċe
direct paternal descent ðæt rihtfæderencynn, -
directly (adv) ġereċlīċe
to **discover (II)** ġeāscian
(3) findan, fand, fundon, funden
discussion ðæt ġesprec, -u
to **distribute (II)** bryttian
district sēo scīr, -a
to **divide (I)** ±dǽlan
to **divide in two (I)** twidǽlan
to **do (II)** macian
(anom) ±dōn, dō, dēst, dyde
doomed fǽġe
door ðæt ġeat, -u; sēo duru, -a (dura)
doubtful twēoġendliċ
down sēo dūn, -a
down (adv) niðer
downwards (adv) niðer
dragon sē draca, -an
to **drink (3)** ±drincan, dranc, druncon, druncen
to **drive away (I)** ±flīeman
Dublin, Ireland (sē) Dyflin
during (prep) for [+ a *or* d]; ðurh [+ a, d, *or* g]
duty sēo nīed, -a
to **dwell (II)** ±wunian

E

each (adj) ǽlċ, ġehwelċ
(pron) ǽlċ
each one (pron) ġehwā
eager for glory ārhwæt
eagle sē earn, -as
earl sē eorl, -as
earliest forma
(supl) ǽrst
East Anglia (ðā) Ēastengle
East Anglians (ðā) Ēastengle
East Saxons (ðā) Ēast Seaxe (Seaxna)
eastern ēastan
easy lēoht
to **eat (5)** ±etan [itt] æt, ǽton, eten
edge sēo ecg, -a
Edington, Wiltshire (sēo) Ēðandūn
eight eahta
enclosure sē tūn, -as
end sē ende, -as
to **end (II)** ±endian
enemy sē hettend, -as
England (ðā) Angle
English (ðā) Angle
Englishman sē Angliscmann, -menn (-mannes)
to **enjoy (2)** ±brūcan [brýcð] brēac, brucon, brocen
enough ġenōg
to **enter (3)** ±fēolan, fealh, fulgon, folgen
entire andlang
equal efne
Essex (ðā) Ēast Seaxe (Seaxna)
to **establish (II)** ±staðolian
eternal ealdorlang; ēċe
even (adj, adv) efne
evening sē ǽfen, ǽfnas
evenly (adv) efne
event ðæt ðing, -u
ever (adv) ǽfre
every eall; ġehwelċ
excavation ðæt ġedelf, -
evidence sē ġewitscipe, -as
except (conj) būtan
(prep) būtan [+ d]; wiðūtan [+ d]
excessively (adv) tō
to **exist (3)** ġelimpan, ġelamp, ġelumpon, ġelumpen
existence ðæt līf, -
to **expel (1)** ±drīfan, drāf, drifon, drifen
eye ðæt ēage, -an

F

to **fail (7)** feallan [fielð] fēoll, fēollon, feallen
to **fall (7)** feallan [fielð] fēoll, fēollon, feallen
to **fall in battle (3)** ±cringan crang, crungon, crungen
family ðæt cynren, -
famous mǽre
far (adv) feorr; lange

to **fasten (II)** ±fæstnian
fat ðæt smeoru, -u (smeorwes)
fate sēo wyrd, -a
father sē fæder, - (fæder)
fear sē eġesa, -an
feast sē bēorscipe, -as
feast-day sēo frēolstīd, -a
to **fell (I)** ±fiellan
female pupil ðæt lǽringmǽden, -mǽdnu
festive frēols
fewer (comp) lǽssa
field sē feld, -a (felda)
fiend sē fēond, fiend (fēondes)
fight sē handplega, -an; ðæt ±feoht, -
to **fight (3)** ±feohtan [fieht] feaht, fuhton, fohten
winnan, wann, wunnon, wunnen
to **fight against (idiom)** on ±feohtan
fighter sē wīga, -an
filled sæd [+ g]
final endenēhst
finally (idiom) æt ende
to **find (I)** ±mētan
(3) findan, fand, fundon, funden
fire ðæt fýr, -
firmly (adv) strenglīċe
first forma
first of all (supl) ǽrst
fit ±risne
fitting ġemetliċ
five fīf
to **flee (2)** ±flēon [flīehð] flēah, flugon, flogen
flight sē flēam, -as
flood sē flōd, -as
flour ðæt melu, -u (melwes)
to **flow (II)** dennian
to **follow (I)** on lāst lecgan
(II) ±folgian [+ d]
food sē fōda, -an
foot sē fōt, fēt (fōtes)
for (conj) for
(prep) æfter [+ a], for [+ a *or* d]
to **forget (5)** forġietan, -ġeat, -ġēaton, -ġieten [+ a *or* g]
foreigners ðā elðēoda
forest sē weald, -as
fort sēo burg, byriġ (burge)
forth (adv) forð
fortune sēo ±sǽlð, -a
forwards (adv) forð
four fēower
four hundred (ðæt) fēowerhundred, -
free frēols
freeman sē frēomann, -menn (-mannes)
French (sē) Frensisc-
fresh nīewe
friend sē frēond, friend (frēondes)
Friscia (ðā) Frisa (Frisna)
Frisian (ðā) Frisa (Frisna)
from (prep) fram [+ d]
from behind hindan
(adv) æftan
full sæd [+ g]
fully (adv) eall; fullīċe

G

galley sē cnearr, -as
garter sē hosebend, -as
gate ðæt ġeat, -u; sēo duru, -a
to **gather (I)** ±gadrian
Geats (ðā) Ġēatas
to **get (3)** ±weorðan [wierð] wearð, wurdon, worden
(5) ġietan, ġeat, ġēaton, ġieten
gift ðæt ġift, -
to **gird (I)** ±gyrdan
girdle sē gyrdel, gyrdlas
girl ðæt mæġden, mæġdnu
to **give (I)** ±sellan [+ d *of person*, + a *of thing*]
(5) ġiefan, ġeaf, ġēafon, ġiefen [+ a or d]
glad glæd
gladly (adv) glædlīċe
glory sē tīr, -as
to **go (anom)** ±gān, gā, gǽst, ēode
God sē god, -as
godson sē godsunu, -a (-suna)
gold ðæt gold, -
good gōd
goods sē ċēap, -as
to **govern (II)** rīcsian
grandson sē ±nefa, -an
gray *see* ***grey***
grease ðæt smeoru, -u (smeorwes)
great grēat; mǽre; miċel
greater (comp) betra; māra
greatest (supl) betst, mǽst
greatly (adv) miċel
greatness sēo ġemiċelnes, -sa
greedy grǽdiġ
grey grǽġ; hār
grey-coated hasupād
grey-haired blandenfeax

grove sē bearu, bearwas (bearwes)
to **grow (7)** ±grōwan [grēwð] grēow, grēowon, grōwen
guard sē weard, -as
to **guard (II)** weardian
guardian of the realm sē weardmann, -menn (-mannes)
guest sē cuma, -an

H

hall ðæt reċed, -
hall with gables ðæt hornreċed, -
Hampshire (sēo) Hāmtūnscīr
hand sēo hand, -a (handa)
to **hang (7)** hōn [hēhð] hēng, hēngon, hengen
happy ēadig
hard heard
harm ðæt bealu, -u (bealwes)
harsh heard
to **hasten (I)** ±efstan
(3) iernan, arn, urnon, urnen
to **hasten on (I)** ōnettan
Hastings, Sussex (ðā) Hǽstingas
to **have (III)** habban
(pp) āgan, āh, āhst, āhte
having dark plumage salwiġpād
he (pers pron) hē
head ðæt hēafod, hēafdu
healthy ġesund
to **hear (I)** ±hīeran
heavy hefiġ
heir sē eafora, -an
hello (idiom) wes ðū hāl
helmet sē helm, -as
help sēo help, -a
to **help (3)** ±helpan [hilpð] healp, hulpon, holpen [+ d *or* g]
here (adv) hēr
hero sē beorn, -as; sē hæleð, -as; sē hilderīnc, -as; sē secg, -as
heretic sē sliten, -as
to **hew (7)** ±hēawan [hīewð] hēow, hēowon, hēawen
high hēah
hill sēo dūn, -a
to **hinder (I)** ±hindrian
history ðæt stǽr, -
hither (adv) hider
hoard ðæt hord, -
to **hold (7)** healdan [hielt] hēold, hēoldon, healden
hole ðæt hol, -u
holy gāstliċ
home sē hām, -as; sēo cýðð, -a
homewards (adv) hāmweard
honest unfǽcne
honor sē tīr, -as
hopeless unwēne
horny-billed hyrnenebba
horse ðæt hors, -
hose sē hosa, -an
host sē here, -as
hostage sē ġīsl, -as
hostile ±lāð; wrāð
hostile encounter ðæt wǽpenġewrixl, -
hour sēo tīd, -a
house ðæt hūs, -
house of merchandise ðæt mangunghūs, -
how (adv) hū
however (adv) hwæðere
(the) **Humber River** sēo Hymbre
husband sē hlāford, -as

I

I (pers pron) iċ
I would like (idiom) mōste iċ
if (conj) ġief
ignorant unġelǽred
ill-advised rǽdlēas
illiterate unġelǽred
immediately (adv) nū
in (prep) mid [+ a *or* d]; on [+ a *or* d]
in addition (adv) māre
in front of (prep) beforan [+ a *or* d]
in order that (conj) ðætte
in spite of (prep) ofer [+ a *or* d]
in the rear (adv) æftan
incontestable unbeċēas
indeed (adv) wislīċe
inhabitants sēo landwaru, -a
to **inherit (II)** ierfian
inland (adv) upp
instead of (prep) for [+ a *or* d]
into (prep) on [+ a *or* d], tō [+ d]
invasion sēo herġung, -a
Ireland (ðæt) Īraland
island ðæt īeġland, -
it (pers pron) hit

J

jewelry ðā bēagas
to **join (I)** ±tīegan
journey sē sīð, -as
joy sēo wynn, -a
judgment sē dōm, -as
just as (conj) eallswā
Jutes (ðā) Iotas (Iotna)

K

Kent (sēo) Cent
Kentish (sē) Centisc-
to **kill (I)** ±cwellan
killer sē bana, -an
kind ðæt ±cynd, -; ðæt cynn, -
king sē beaggiefa, -an; sē cyning, -as
kingdom sē cynedōm, -as; ðæt rīċe, -u
kingly power sē cynescipe, -as
kinsman sē cnēowmǣġ, -māgas (-mǣġes); sē mǣġ, māgas, (mǣġes)
knee ðæt cnēo, - (cnēowes)
to **know** ±cnāwan, cnæwð, cnēow, cnēowon, cnāwen
(pp) ±cunnan, cann, canst, cūðe
±witan, wāt, wāst, wiste

L

lady sēo hlǣfdiġe, -an
lake sē mere, as; sēo sǣ, sǣ (sǣ)
land ðæt land, -
to **land (I)** lendan
landing sē ūpganga, -an
landlord sē landhlāford, -as
language sēo sprǣċ, -a
last endenēhst
late læt
later (comp) lætra
lately (adv) late
to **laugh (6)** hliehhan, hlōh, hlōgon, hlagen
law sēo lagu, -a
law-breaker sē lahbreca, -an
to **lay (III)** ±lecgan
to **learn (II)** ±leornian
learning sēo lār, -a
least (supl) lǣst
to **leave (I)** ±lǣfan
to **leave behind (7)** lǣtan, lēt, lēton, lǣten
leech-craft sē lǣċecræft, -as
legal ǣliċ
Leicestershire (sēo) Ligoraċeasterscīr
to **lend (I)** ±sellan [+ d *of person*, + a *of thing*]
letter ðæt ±writ, -u
to **lie (5)** ±licgan [liġeð] læġ, lǣġon, leġen
life sē feorh, feoras (feores); ðæt līf, -
light [*not heavy*] lēoht
like ġelīċ [+ d]
likewise (adv) swelċe
(conj) eallswā; swelċe [+ ind]
Lincolnshire (sēo) Lindcylenscīr
linden-wood shield sēo heaðulind, -a
linen līnen
little (adj, adv) lýtel
to **live** (III) libban
to **lock (2)** belūcan [-lýcð] -lēac, -lucon, -locen
London, England (sēo) Lunden
long lang
(adv) lange
longer (adv) mā
to **look (II)** ±lōcian
lord sē dryhten, dryhtnas; sē hlāford, -as
lordship sē hlāforddōm, -as
to **lose (7)** forlǣtan, -lēt, -lēton, -lǣten
loss sēo losing, -a
loud hlūd
loudly (adv) hlūde
loyalty sē holdscipe, -as

M

to **magnify (II)** ±miċlian
to **make (I)** ±wyrċan
(II) macian
(anom) ±dōn, dō, dēst, dyde
to **make a peace treaty (idiom)** [11] frið ±niman
ma'm [*in addressing a person*] lēof
man sē guma, -an; sē mann, menn (mannes); sē secg, -as
manner ðæt ±met, -u
manner of life sēo fōr, -a
mantle sē loða, -an
many maniġ, miċel
many a maniġ
mark sē nōt, -as
market ðæt market, marktu
marketing sē ċīeping, -as
marriage ðæt hǣmed, hǣmdru
marriage gift [*by the groom*] ðæt ġift, -
matins sē æftersang, -as
May sē Ðrimilcemōnað, -mōnðas
to **may (pp)** mōtan, mōt, mōst, mōste
maxim sē lārcwide, -as
mead sē medu, -a

meadow sēo mǽd, mǽdwa (mǽdwe)
meal ðæt melu, -u (melwes)
to **mean (I)** ±mǽnan
meanwhile (adv, conj) ðenden
meat sē mete, -as
to **meet (I)** ±mētan
meeting of spears sēo gārmitting, -a
merchant sē mangere, -as
Mercia (ðā) Mierċe (Mierċna)
Mercians (ðā) Mierċe (Mierċna)
Merton, Surrey (sē) Merantūn
middle ðæt middel, middlu
midnight sēo midniht, -a
mile sēo mil, -a
milk sēo meoluc, meolca
mine (pron) mīn
minster ðæt mynster, mynstru
mode of living sē drohtað, drohtðas
moderate ġemetliċ
money ðæt feoh, -u
monk sē munuc, -as
monkish munucliċ
monster sē āglǽca, -an
month sē mōnað, mōnðas
moot-hall ðæt mōthūs, -
more māra
    (adv) mā; māre
more than (idiom) ðe mā ðe
morning sē morgen, morgnas; sēo morgentīd, -a
most (supl) mǽst
mother sēo mōdor, - (mēder)
mound sē beorg, -as
to **mount (I)** ±stīgan
much maniġ; miċel
    (adv) miċel
Mucking, Essex (sēo) Mucing
multitude sē ġetalscipe, -as
to **must (pp)** sculan, sceal, scealt, scolde
    ðurfan, ðearf, ðearft, ðorfte
my (poss adj) mīn
my name is Redbod (idiom) iċ hātte Redbod
mystical rūnlilīċ

N

nail-fastened vessel sē næġledcnearr, -as
name sē nama, -an
to **name (II)** ±namnian
natives ðæt landfolc, -
nature ðæt ±cynd, -
natural ġeæðele; ġecynde
naturally (adv) ġecyndelīċe
near (adj, adv) nēah
    (prep) æt [+ d]; nēah [+ d]
necklace sē healsmyne, -as
need sēo nīed, -a
to **need (pp)** ðurfan, ðearf, ðearft, ðorfte
neither...nor (conj) ne...ne
nephew sē ±nefa, -an
never (adv) nā; nāwa
nevertheless (adv) ðēah
    (conj) ðēah
new nīewe
next (adj, pron) ōðer
night sēo niht, -a
nimble hræd
nine nigon
nine o'clock a.m. sē undern, -as
nine o'clock p.m. sē nihtsang, -as
no nān
    (adv) nā; ne
no more (indcl adj, adv) nā mā
nobleman sē ealdormann, -menn (-mannes)
noon sē middæġ, -dagas (-dæġes)
none nān
nones sēo nōn, -a
north norð
    (adv) norð
northern norð
northerner norðerne
Northumbria (ðā) Norðhymbre
Northumbrian (ðā) Norðhymbre
    (adj) norðerne
northwards (adv) norð
not (adv) nāht; ne
not a nān
not at all (adv) nāht
not only (idiom) nealles ān
note sē nōt, -as
nothing ðæt nāht, -
to **notice (3)** onfindan, -fand, -fundon, -funden
now (adv) nū
nowhere (adv) nāwērn
number ðæt ġetæl, -u
nun sēo nunne, -an

O

oath sē āð, -as
to **obey (I)** ±hīeran [+ d]
to **occur (3)** ġelimpan, ġelamp, ġelumpon,
    ġelumpen

of (prep) of [+ d]
off (adv) of
often (adv) oft
old eald; frōd; hār
Old Saxons (ða) Eald Seaxe (Seaxna)
on (prep) bufan [+ a *or* d]; on [+ a *or* d]
on account of (prep) for [+ a *or* d]
once (adv) ǣnes; hwīlum
one ān
  (pron) man
one hundred years (sē) hundwintras
only ǣnliċ
  (adv) ǣnlīċe
onto (prep) on [+ a *or* d]
onwards (adv) forð
opposite (adv) onġēan
or (conj) and, oððe
order ðæt bebod, -u
to **order (5)** biddan, bæd, bǣdon, beden
origin sēo ±sceaft, -a
other (adj, pron) ōðer
otherwise (adv, conj) elles
out (adv) ūt
out of (prep) of [+ d]
outside (adv) ūt
outside of (prep) wiðūtan [+ d]
over (prep) bufan [+ a *or* d]; ofer [+ a *or* d]
to **overcome (4)** ofercuman [-cymð] -cōm, -cōmon, -cumen
over-lord sē oferwealdend, -as
own ±āgen
  (pron) self
to **own (pp)** āgan, āh, āhst, āhte
Oxfordshire (sēo) Oxnafordscīr

P

parent sē ealdor, ealdras
Pascal Ēasterlic
to **pass through (5)** ðurhfaran [-færð] -fōr, -fōron, -faren
to **pay (3)** ġieldan, ġeald, guldon, golden
to **pay double [*as a penalty*] (3)** forġieldan, -ġeald, -guldon, -golden
to **pay for (I)** ābycgan
peace sē frið, -as
people ðā lēode (lēodena); ðæt folc, -,
people of Southern England (ðā) Sūðengle
people of Surrey (ðā) Sūðerge
perhaps (adv) twēoniġendlīċe
philosophy sēo ūðwitegung, -a
piece sē bita, -an
pirate sē flota, -an
place ðæt setl, -
place of slaughter sēo wælstōw, -a
platform sēo yppe, -an
play sē plege, -an; ðæt lāc, -
to **play (II)** plegian
pleasant līciendliċ
to **please (II)** līcian [+ d *or impersonal*]
pleasing ±līcwyrðe
to **plow (I)** erian
to **plunder (II)** ±herġian
poet sē scop, -as
point of view sēo scēawungstōw, -a
pond sē mere, as
poorly (adv) yfelīċe
position sē steall, -as
pot sē pott, -as
powerful strang
to **pray (II)** ġebedian
to **prepare (II)** ±ġearwian
prepared ġearu
to **press (2)** crūdan [crýtt] crēad, crudon, cruden
prime sē prīm, as
prince sē æðeling, -as; sē ealdormann, -menn (-mannes)
Privett Channel, Hampshire (sē) Pryfetesflōd
process sē gang, -as
to **proclaim (I)** ±cýðan
to **produce (I)** ±cennan
progress sēo forðweardnes, -sa
progressing forðweard
proper ±āgen; ±risne
property ðæt feoh, -u
propitious mildeliċ
proverb sē lārcwide, -as
to **pursue (II)** æfterfolgian
to **put (I)** āsettan
to **put to death (III)** āswebban
pyre sē ād, -as

Q

to **quarrel (1)** ±flītan, flāt, fliton, fliten
queen sēo cwēn, a
question sēo ±āscung, -a
quick hræd
quite (adv) ġenōg

R

race ðæt ±cynd, -
raid sēo herġung, -a
raised place sēo yppe, -an
rather than (idiom) ðe mā ðe
raven sē hræfn, -as
to **reach (I)** ġerǽċan
Reading, Berkshire (ðā) Rēadingas
reason sē mōdġeðanc, -as
rebellious wiðerrǽde
to **receive (5)** beġietan, -ġeat, -ġēaton, -ġieten
to **recognize (7)** cnāwan [cnæwð] cnēow, cnēowon, cnāwen
refuge in the fens sēo fenfriðu, -a
region sē eard, -as
reign ðæt rīċe, -u
to **remain (5)** ±licgan [liġeð] læġ, lǽġon, leġen
(6) ±standan [stent] stōd, stōdon, standen
remains of a host sēo herelāf, -a
remains of forging, i.e. sword (ðā) hamora lāfa
to **remember (pp)** ġemunan, ġeman, ġemanst, ġemunde
remnant sēo lāf, -a
to **require (5)** biddan, bæd, bǽdon, beden
to **restore (5)** āġiefen -ġeaf, -ġēafon, -ġiefen
result sē wæstm, -as
retainer sē hīredmann, -menn (-mannes); sē ġesīð, -as
to **retreat (I)** wiðstyllan
to **return (I)** ±wendan
reveler sē glīwingmann, -menn (-mannes)
to **ride (1)** ±rīdan rād, ridon, riden
right ±riht
ring sē bēag, -as
ring-giver sē beaġġiefa, -an
ring-mail ðæt hringnett, -
to **rob (4)** beniman, -nam, -nōmon, -nūmen
room sē rūm, -as
Roman (sē) Rōmanisc-
royal cyneliċ
royal city sē cynestōl, -as
royal family ðæt cynecynn, -
to **rule (7)** ±wealdan [wielt] wēold, wēoldon, wealden [+ d *or* g]
ruler sē bregu, -a (brega); sē frēa, -an
to **rush (I)** rǽsan

S

sacred hāliġ
sad drēoriġ
safe ġesund
sail sē seġl, -as
to **sail (I)** ±seġlan
(1) ±rīdan, rād, ridon, riden
sailor sē scipflota, -an
salvation sēo hāls, -sa
same (pron) ±ilca
to **save (I)** ±nerian
Saxons (ðā) Seaxe (Seaxna)
Saxony (ðā) Eald Seaxe (Seaxna); (ðā) Seaxe (Seaxna)
say sēo secge, -an
to **say (III)** ±secgan
(5) ±cweðan [cwiðð] cwæð, cwǽdon, cweden
±sprecan [spricð] spræc, sprǽcon, sprecen
Scandinavian sē Norðmann, -menn (-mannes)
(adj) norðerne
scholar sē ūðwita, -an
school sēo scōl, -a
Scots (ðā) Scottas
Scottish (sē) Scyttisc-
Scottish language (sē) Scyttisc-
sea ðæt wæter, - (wætres); sēo sǽ, sǽ (sǽ)
sea-voyage sē sǽsīð, -as
to **search for (I)** ± sēċan
seat ðæt setl, -
second ōðer
to **secure (II)** ±fæstnian
to **see (5)** sēon [siehð] seah, sāwon, sewen
to **seem (I)** ±ðynċan
self (pron) self
to **send (I)** sendan
to **separate (2)** clēofan [clīefð] clēaf, clufon, clofen
serious hefiġ
servant sē esne, -as
to **serve (II)** ±ðeġnian [+ d]
to **set (I)** āsettan
settlement sēo ±staðolung, -a
settler sē landsēta, -an
seven seofon
severely (adv) swīðe
sext sē middæġ, -dagas (-dæġes)
shadow sēo scadu, scadwa (scadwe)
to **shall (pp)** sculan, sceal, scealt, scolde
to **share (I)** ±dǽlan
sharpened on a grindstone mylenscearp
she (pers pron) hēo
she-monster ðæt āglǽcwīf, -
shield sē scield, -as

shield-wall sē bordweall, -as
ship ðæt scip, -u; ðæt lid, -u; sēo bāt, -a
ship's hold sē bosm, -as
ship's prow sē stefn, -as
to **shoot (2)** ±scēotan [scīett] scēat, scuton, scoten
short scort
shortbread sē healstān, -as
shoulder sē sculdor, sculdru (sculdres)
to **show (II)** ±sweotolian
to **show oneself (I)** ætīewan
silken seolcen
since (prep) fram [+ d]; siððan [+ a]
(conj) siððan [+ a]
sinew sēo seonu, seonwa (seonwe)
to **sing (3)** ±singan, sang, sungon, sungen
to **sink (1)** ±sīgan, sāg, sigon, siġen
sir [*in addressing a person*] lēof
sister sēo sweoster, - (-)
to **sit (5)** ±sittan sæt, sæton, seten
site sēo stōw, -a
six siex
six o'clock a.m. sē prīm, as
six o'clock p.m. sē ǽfensang, -as
skilled workmanship ðæt cræftwyrċ, -
slaughter ðæt wæl, walu (wæles)
slave sē esne, -as
to **slay (6)** slēan [slīehð] slōh, slōgon, slagen
to **sleep (7)** ±slǽpan, slēp, slēpon, slǽpen
sleeve sēo slīefe, -an
slightly (adv) lýtel
slow læt
slower (comp) lætra
slowly (adv) late
smaller (comp) lǽssa
so (adv, conj) swa
so...as (idiom) swa...swa
so that (adv) ðæt
(conj) ðæt; ðætte
society sē fērscipe, -as
solitary ānlīepiġ
some sum
someone (pron) hwā
something (pron) hwæt
something or other (pron) nāthwæt
sometimes (adv) hwīlum
somewhat (idiom) sumes
son sē eafora, -an; sē sunu, -a (suna)
soon (adv) ǽr, scortlīċe
to **sound (3)** ±singan, sang, sungon, sungen
source sē ord, -as;sē spring, -as
south sūð
South Anglians (ðā) Sūðengle
South Saxons (ðā) Sūð Seaxe (Seaxna)
southern sūð
to **speak (III)** ±secgan
(5) ±sprecan [spricð] spræc, sprǽcon, sprecen
spear sē daroð, -as; sē gār, -as
speech sēo sprǽċ, -a
spiritual gāstliċ
splendid wlanc
to **split (2)** clēofan [clīefð] clēaf, clufon, clofen
to **split into two (II)** twifyrċlian
sport ðæt lāc, -
spring sē spring, -as
to **stab (3)** ofstingan, -stang, -stungon, -stungen
to **stand (6)** ±standan [stent] stōd, stōdon, standen
star ðæt tungol, tunglu
statement ðæt spell, -u
still (adv) ġieta
to **stop (II)** stoppian
story ðæt spell, -u; ðæt stǽr, -
strange seldliċ
stream sē strēam, -as
street sēo strǽt, -a
strength sēo strengu, -a
to **stretch (I)** ±streċċan
strife ðæt wīġ, -; sēo sæċċ, -a
to **strike (6)** slēan [slīehð] slōh, slōgon, slagen
strong strang
stronger (comp) strengra
strongest (supl) strengost
strongly (adv) strenglīċe
student sē leornere, -as
study sēo lār, -a
to **study (II)** ±leornian
to **study philosophy (II)** ūðwitian
stupid stunt
to **submit (2)** ±būgan [býhð] bēag, bugon, bogen
to **succeed (II)** æfterfolgian
success sē siġe, -as
successor sē æftergengel, -genglas
such swelċ
to **suggest (3)** underweorpan [-wierpð] -wearp, -wurpon, -worpen
to **suit (3)** limpan, lamp, lumpon, lumpen
sun sēo sunne, -an
to **support (3)** ±helpan [hilpð] healp, hulpon, holpen [+ d *or* g]
surely (adv) hwæt
surge ðæt ēargebland, -
Surrey (ðā) Sūðerge
to **surround (I)** ±gyrdan

(III) ymbhabban
survivors (sēo) daroða lāf
Sussex (ðā) Sūð Seaxe (Seaxna)
sweat sē swāt, -as
to **swim (3)** ±swimman, swamm, swummon, swummen
swineherd sē swān, -as
sword sē mēce, -as; ðæt sweord, -; sēo ecg, -a; (ðā) hamora lāfa
sword-clash ðæt billġeslieht, -

T

table ðæt bord, -
to **take (6)** tacan [tæcð] tōc, tōcon, tacen
talk ðæt ġesprec, -u
tall grēat, hēah, lang
teacher sē magister, magistras
to **tell (I)** reċċan
ten tīen
test sēo fandung, -a
time sē tīma, -an; sēo tīd, -a
(the) **Thames River** sēo Temes
than (adv, conj) ðonne
thane sē ðeġn, -as
thank (II) ±ðancian [+ d *of person*, g *of thing*]
that (adv) ðæt
(conj) ðæt; ðætte
(pron) sē, ðæt, sēo; ðætte
(def art) sē, ðæt, sēo
(rel pron) ðe
that which (pron) ðætte
the (def art, dem pron) sē, ðæt, sēo
then (adv) ðā; ðonne
(conj) ðā; ðonne
there (adv, pron) ðǽr
therefore (adv) for ðǽm
therein (adv) ðǽrinne
they (pron) hīe
thick ðiċċe
thing ðæt ðing, -u
to **think (I)** ±ðenċan
(III) hycgan
to **think worthy of (pp)** onmunan, -man, -manst, -munde
this (dem pron) ðēs, ðis, ðēos
thither (adv) ðider
those left by spears, i.e. survivors (sēo) daroða lāf
thou (pers pron) ðū
though (adv, conj) ðēah
thought sē mōdġeðanc, -as; sē ðōht, -as
three ðrīe
three o'clock p.m. sēo nōn, -a
throne sē cynestōl, -as
through (adv) ðurh
(prep) ðurh [+ a, d, g, *or* i]
throughout (adv) ðurh
(prep) [+ a] ġeond
thus (adv, conj) swa
to **tie (I)** ±tīegan
tierce sē undern, -as
time sē tīma, -an; sēo tīd, -a
to (prep) on [+ a *or* d]; tō [+ d]
to that place (adv) ðǽrtō
to this side (adv) hider
to some extent (idiom) sumes
today sē tōdæġ, -dagas (-dæġes)
together (adv) ætsamne
tomorrow sē tōmorgen, -morgnas
too (adv) samod; tō
toward (prep) æt [+ d]
towards (prep) wið [+ g]
town sēo ċeaster, ċeastra
track sē lāst, -as
to **trade (II)** ±ċēapian
to **travel (II)** sīðian
treasures ðā frætwa (frætwa)
to **treat (II)** ±trahtian
treatise ðæt ±writ, -u
troop sēo ēorodcyst, -a
trouble sēo unstillnes, -sa
true sōðliċ; trīewe; wisliċ
truly (adv) wislīċe
trustee sē bīgenga, -an
truth ðæt sōð, -
tunic sēo tunece, -an
to **turn (I)** ±wendan
twelve midnight sē æftersang, -as
two twēġen

U

unavoidable unforbūgendliċ
under (prep) under [+ a *or* d]
under-garment sē underhwītel, -hwītlas
under-king sē undercyning, -as
undershirt sē undersyrċ, -as
to **understand (5)** onġietan, -ġeat, -ġēaton, -ġieten
(pp) ±witan, wāt, wāst, wiste
to **undo (anom)** undōn, -dō, -dēst, -dyde
unexpected unwēned

unfortunately (adv) unġesæliġlīċe
unimportant lýtel
uninjured ġesund
to **unite (I)** ±gadrian
unknown uncūð
unless (conj) būtan
until (conj) oð ðæt
  (prep) oð [+ a]
unwise rǣdlēas
up (adv) upp
upstream (adv) upp
use sēo nytt, -a
to **use (2)** ±brūcan [brýcð] brēac, brucon, brocen

V

valiantly (adv) unhēanlīċe
valley ðæt dǣl, -
vegetable sēo wyrt, -a
veil sē seġl, -as
very (adv) miċellīċe; wel
very much (adv) mǣst
vespers sē ǣfensang, -as
victory sē siġe, -as
vigorously (adv) ðearle
viking sē wīcing, -as
to **visit (5)** besēon (5) [-siehð] -seah, -sāwon, -sewen
vomiting fire līgfæmende

W

wagon sē wæġn, -as
waistband sē underwrǣdel, -wrǣdlas
Wales (ðā) Wēalas
walk sē stepegang, -as
wall sē weall, -as
walled town sēo burg, byriġ (burge)
war sēo beadu, beadwa (beadwe); sēo gūð, -a
war-hawk sē gūðhafoc, -hafcas
warrior sē beorn, -as; sē cempa, -an; sē eorl, -as; sē hilderīnc, -as; sē secg, -as; sē wīġsmið, -as
to **waste (I)** āġietan
to **watch (II)** weardian
watchman sē weard, -as
water ðæt wæter, - (wætres)
way sē weġ, -as; sēo fōr, -a
we (pers pron) wit
we two (pers pron) wē
(the) **Weald** ðæt Andred
to **wear (5)** wegan [wiġð] wæġ, wǣgon, weġen
weary wēriġ
week sēo wucu, -a
to **well (7)** weallan [wielð] wēoll, wēollon, weallen
well (adv) wel
Welsh ðā Wēalas
wergild ðæt werġield, -
Wessex (ðā) West Seaxe (Seaxna)
west west
West Saxons (ðā) West Seaxe (Seaxna)
western west
what hwæt
when (adv) hwonne; ðā; ðonne
  (conj) ðā; ðonne
where (adv) hwǣr
  (conj) hwǣr
whether (adj, adv, pron) hwæðer
  (conj) ġief; hwæðer
whether ... or (conj) sam...sam
which (adj) swelċ
  (rel pron) sē, ðæt, sēo; ðe
which of two (adj, adv, conj, pron) hwæðer
while sēo hwil, -a
  (adv, conj) ðenden
white hwīt
who, what (inter pron) hwā, hwæt
  (rel pron) sē, ðæt, sēo; ðe
whoever (pron) ġehwā; swā hwelċ swā
whole eall
why (adv, conj) hwý
widow sēo wuduwe, -an
wife ðæt wīf, -
to **will (anom)** willan wille, wilt, wolde
Wiltshire (sēo) Wiltūnscīr
to **win (6)** ġeslēan [ġeslīehð] ġeslōh, ġeslōgon, ġeslagen
Winchester, Hampshire (sēo) Wintanċeaster
winter sē winter, wintras
wise frōd; wīs
to **wish (anom)** willan wille, wilt, wolde
with (prep) be [+ d]; mid [+ a *or* d]; wið [+ a *or* d]
with difficulty (adv) earfoðlīċe
to **withhold (I)** wiernan [+ d *of person*, + g *of thing*]
within (prep) wiðinnan [+ a *or* d]
without (adv) ūt
  (prep) būtan [+ d]; wiðūtan [+ d]
without malice unfǣcne
witness sēo ±witnes, -sa
wolf sē wulf, -as

woman sē wīfmann, -menn (-mannes); ðæt wīf,-
woolen wyllen
word ðæt word, -
work sēo ġewyrht, -a
to **work (I)** ±wyrċan
worker sē wyrhta, -an
wound sēo wund, -a
to **wound (II)** ±wundian
wounded wund
to **wreak (5)** ±wrecan [wricð] wræc, wrǣcon, wrecen
wrist sēo wrist, -a
to **write (1)** ±wrītan, wrāt, writon, writen
wrong unriht

Y

yard sē ġeard, -as
year sē winter, wintras; ðæt ġēar, -u
yes (adv) ġēa
yesterday sē ġiesterdæġ, -dagas (-dæġes)
yet (adv) ġieta
York, Yorkshire (ðæt) Eoforwic
you (pers pron) ġē
you two (pers pron) ġit
young ġeong

Z

zealous ellenwōd

Index

A Select Bibliography

Bliss, Alan. *An Introduction to Old English Metre*. Oxford: Basil Blackwell, 1962; reprint ed. Old English Newsletter Subsidia, no. 20. SUNY-Binghampton: Center for Medieval and Early Renaissance Studies for the Old English Division of the Modern Language Association of America, 1993.

This booklet gives more detail than is included in most grammars, in a style that is easily understood by a student new to the topic.

Cable, Thomas. *The English Alliterative Tradition*. Philadelphia: University of Pennsylvania Press, 1991.

Campbell, Alistair. *Old English Grammar*. Oxford: Clarendon Press, 1959; reprint ed., 1991.

This book explains how the dialects of Old English differ and how the language evolved from the early to late periods of Anglo-Saxon times.

Diamond, Robert E. *Old English: Grammar and Reader*. Detroit: Wayne State University Press, 1970.

This basic grammar includes a good variety of readings with translations.

Hall, J. R. Clark. *A Concise Anglo-Saxon Dictionary*. 4th ed. Cambridge: Cambridge University Press, 1960. Reprinted with a Supplement by Herbert D. Meritt. Toronto: University of Toronto Press for the Medieval Academy of America, 1984.

This is an Old English to Modern English dictionary.

Ingram, Rev. J., trans. *The Saxon Chronicle: AD 1 to AD 1154*. N.p.: Longman, Hurst, Rees, Orme, and Brown, 1823; reprint ed., London: Studio Editions, Ltd., 1993.

This complete Anglo-Saxon Chronicle is in Old English with a Modern English translation.

Lass, Roger. *Old English: A Historical Linguistic Companion*. Cambridge: Cambridge University Press, 1994.

This book explains the differences in dialects and includes a glossary of terms used in the study of Old English.

Meyer, Erika, and Bicknese, Gunther. *Elementary German*. 3rd ed. Boston: Houghton Mifflin Co., 1976.

I used this book for a guide as to how to set out the chapters.

McArthur, Tom, ed. *The Oxford Companion to the English Language*. Oxford: Oxford University Press, 1992.

This is a source of definitions of terms used in the study English and its history.

Mitchell, Bruce and Robinson, Fred C. *A Guide to Old English*. 5th ed. Oxford: Blackwell Publishers, 1992.

This is my main source for grammar. For those who would like a more detailed explanation of the grammar, I recommend this book. It also includes readings in Old English.

Moreland, Floyd L., and Fleischer, Rita M. *Latin: An Intensive Course*. Berkeley: University of California Press, 1972.

This Latin textbook explains terms and rules of grammar clearly and concisely.

Morgan, Kenneth O., gen. ed. *The Oxford History of Britain*, 5 vols. Oxford: Oxford University Press, 1992. Vol. 1: *Roman and Anglo-Saxon Britain*, by Peter Salway and John Blair.

This book is a general source for the early history of England.

Quennell, Marjorie, and Quennell, C.H.B. *Everyday Life in Roman and Anglo-Saxon Times*. N. p.: B.T. Batsford, 1959; reprint ed. New York: Dorset Press, 1987.

Richards, Mary P., and Stainfield, B. Jane. "Concepts of Anglo-Saxon Women in the Laws." In *New Readings on Women in Old English Literature*, pp. 89-99. Edited by Helen Damico and Alexandra Hennessey Olsen. Bloomington: Indiana University Press, 1990.

Scragg, Donald G. "The Nature of Old English Verse." In *The Cambridge Companion to Old English Literature*, pp. 55-70. Edited by Malcolm Godden and Michael Lapridge. Cambridge: Cambridge University Press, 1991.

While this article was the only one used for this textbook, the complete book is a good introduction to the subject.

Sweet, Henry, ed. *Sweet's Anglo-Saxon Reader: In Prose and Verse*. 15th ed. Revised by Dorothy Whitelock. Oxford: Oxford University Press, 1967; reprint ed., Oxford: Oxford University Press, Clarendon Press, 1990.

This is a collection of readings from Old English sources.

61666209R00116

Made in the USA
Lexington, KY
16 March 2017